O resgate
de uma vida

O resgate de uma vida

Pelo espírito Schellida

Psicografia de
Eliana Machado Coelho

LÚMEN
EDITORIAL

O resgate de uma vida
pelo espírito Schellida
psicografia de Eliana Machado Coelho

Copyright @ 2014-2020 by Lúmen Editorial Ltda.

6ª edição – Novembro de 2020

Coordenação editorial: Ronaldo A. Sperdutti
Preparação de originais: Eliana Machado Coelho
Revisão: Profa. Valquíria Rofrano
Correção digitalizada da revisão: Eliana Machado Coelho
Projeto gráfico e arte da capa: Vivá Comunicare

Impressão e acabamento: Gráfica Loyola

6-11-20-3.000-39.800

DADOS INTERNACIONAIS DE CATALOGAÇÃO NA PUBLICAÇÃO (CIP)
(CÂMARA BRASILEIRA DO LIVRO, SP, BRASIL)

Schellida (Espírito).
  O resgate de uma vida / pelo espírito Schellida psicografado por Eliana Machado Coelho. - 1. ed. -- São Paulo : Lúmen Editorial, 2014.

  ISBN 978-85-7813-150-0

  1. Espiritismo 2. Psicografia 3. Romance espírita I. Coelho, Eliana Machado. II. Título.

14-04339   CDD-133.93

Índices para catálogo sistemático:
1. Romances espíritas psicografados : Espiritismo   133.93

Av. Porto Ferreira, 1031 - Parque Iracema
Cep 15809-020 - Catanduva-SP
Tel. 17 3531.4444

www.lumeneditorial.com.br | atendimento@lumeneditorial.com.br

www.boanova.net | boanova@boanova.net

2017

Proibida a reprodução total ou parcial desta obra sem prévia autorização da editora
Impresso no Brasil – Printed in Brazil

Sumário

Capítulo 1 – Um casal exemplar 7
Capítulo 2 – Duas amigas 23
Capítulo 3 – A submissão de Valéria 40
Capítulo 4 – A preocupação dos pais 56
Capítulo 5 – Rute e Sofia: novas amigas 73
Capítulo 6 – Uma conversa produtiva 87
Capítulo 7 – O retorno de Valéria 105
Capítulo 8 – A sabedoria de dona Leila 122
Capítulo 9 – A mediunidade de Hélder 143
Capítulo 10 – A dor da decepção 161
Capítulo 11 – O auxílio a Sofia 181
Capítulo 12 – O despertar de Valéria 198
Capítulo 13 – Lei Maria da Penha 217
Capítulo 14 – Não basta oração, atitudes são necessárias 236
Capítulo 15 – Sob efeito do álcool 253
Capítulo 16 – Pensamentos não vigiados, adoecem 272
Capítulo 17 – O passado bate à porta 292
Capítulo 18 – Qual é o sentido da vida? 304
Capítulo 19 – União 321

Capítulo 1

Um casal exemplar

04 de fevereiro. Manhã de segunda-feira.

Dia nublado e chuvoso. Véspera do feriado de carnaval.

Sofia olhava através das vidraças largas das portas, que davam para a sacada de seu apartamento. Tinha uma vista muito privilegiada do Rio de Janeiro.

Via o mar agitado, revolvendo a espuma branca até as areias da praia, esticando-a bem perto da mureta.

A temperatura estava amena naquela hora. Nem frio nem calor na cidade em que, normalmente, nessa época do ano, ficava abrasadora, com os termômetros em torno de 35º C.

Sofia pensava no quanto aquele lugar era bonito até mesmo nos dias nublados. Ela adorava a Cidade Maravilhosa, onde já morava há vinte anos, desde os doze, quando chegou ali com seus pais e irmãos vindos do interior, de um município gracioso chamado Rio das Flores.

Dos cinco filhos de Ágata e Bernardo, era a terceira. Exatamente a do meio. Esperta e vivaz se adaptou rápido. Fez amizades. Estudou e trabalhou sempre cheia de bom ânimo e perseverança.

Uma moça chamativa. Diferente. Pouca estatura, pele clara, cabelos pretos e brilhosos, curtos e repicados, arrumados graciosamente.

Seus olhos castanhos escuros eram expressivos e vivos ao encarar alguém.

Lábios grossos e bem torneados, geralmente com batom que os destacavam e ressaltavam mais ainda seus dentes largos e muito alvos no belo sorriso.

Corpo esbelto.

Era cuidadosa com sua saúde. Vegetariana. Não ingeria nada alcoólico nem fumava.

Ao completar vinte e cinco anos, após terminar o curso universitário, viu-se independente e decidiu ir morar sozinha, a contragosto de seus pais.

Arquiteta e decoradora de interiores, montou uma empresa junto com uma amiga.

No início foi difícil, mas Sofia era destemida. Enfrentava os desafios e sempre criava ânimo para conseguir algo mais.

Agora, nessa fase da vida, ganhava muito bem.

Havia cerca de seis meses que comprou aquele belo apartamento no bairro nobre da cidade, onde sempre sonhou.

Pagou uma fortuna. Acabou com suas economias. Precisou vender um terreno e seu outro apartamento, mas deu certo. Conseguiu. Assim que o decorou conforme desejava, mudou-se. Entretanto experimentou um vazio inexplicável.

Pensou que, ao ver seu sonho realizado, ela se sentiria a pessoa mais feliz do mundo. Porém, não.

Aquela aquisição foi um grande investimento e estava totalmente quitado.

Quando o comprou tinha em mente que, em caso de qualquer imprevisto ou que não gostasse ou ainda tivesse outra ideia, alugaria e teria um excelente rendimento.

O valor dos imóveis, naquela região da cidade, só crescia.

Só que um imprevisto aconteceu.

George, engenheiro civil, namorava Sofia há cerca de dois anos. Ele convidou-a para que morassem juntos.

Apesar de ter gostado da proposta, surgiu uma dúvida em suas emoções. Um temor que não conseguia explicar.

Não bastasse aquela insatisfação, aquele vazio desde quando se mudou para aquele belo apartamento, agora experimentava uma incerteza, uma indecisão incompreensível.

Abrindo as portas de vidro, deu alguns passos e chegou ao peitoril da sacada.

Inclinou-se. Olhou para o lado de onde poderia, normalmente, contemplar o resto da cidade e deparou-se com uma paisagem nublada. Nuvens espessas encobriam o monumento natural, pois a neblina se estendia na direção da Avenida Niemeyer e perdia-se toda a visibilidade do morro.

Ela olhou para baixo e observou o fluxo de veículos na avenida Delfim Moreira e na avenida Vieira Souto. Viu as pessoas que corriam ou caminhavam pelo calçadão, apesar do mau tempo.

Pensou na irmã que não gostava de chuva nem de trovões.

Sorriu.

Lembrou-se de quando era criança e ouvia seu pai dizer: "Devemos respeitar a natureza e não temê-la, muito menos desafiá-la. O medo existe tão somente em razão da ignorância. Ele, o medo, não nos deixa buscar a verdade que nos fará superar os obstáculos e as limitações que nos escravizam. Enquanto que o desrespeito nos exibe também como ignorantes, provocadores de tragédias difíceis de reparação. O correto é se libertar da ignorância. Assim viveremos em harmonia e paz. Não tema nem reclame do tempo. Aceite e respeite."

Era isso o que Bernardo dizia aos filhos e estava certo.

O correto na vida é respeitar as leis naturais que ordenam o Universo, a começar pela Natureza. Quando estiver sol, sorria e agradeça. Quando chover, sorria e agradeça. Não reclame. São bênçãos de Deus que se fazem necessárias para a vida e para a evolução. Reclamações geram um vício pernicioso, criador e mantenedor de energias ruins.

O vento fez alguns borrifos de chuva salpicarem em seu rosto e Sofia entrou.

Ao observar que molharia a sala, tirou os chinelos e ficou descalça.

Sentou-se no sofá e achou que era cedo demais para ir até a casa de seus pais. Havia sido convidada para almoçar.

Pegando o telefone, ligou para George, mesmo imaginando que o namorado estivesse dormindo.

— Acordei você? — riu ao ser atendida e ao perguntar.
— Não. Já estava acordado — ele respondeu com a voz rouca.
— Ah! Que pena!... — era assim que ela costumava brincar. — E aí? O que vai fazer hoje?
— Preciso levar meu carro na autoelétrica. Quero saber o que são aquelas luzes acesas no painel. Não posso deixar para depois.
— Vou almoçar na casa dos meus pais. Quer vir comigo?
Ele pensou um pouco e respondeu:
— Preciso dar uma passadinha lá na casa da minha mãe. Ela está reclamando. Disse que já faz um mês que não me vê.
— Tudo bem. Então à noite a gente se vê.
— Não fica zangada comigo? — George quis saber e riu ao perguntar.
— Lógico que fico! — foi verdadeira, apesar de bem-humorada. — Não posso fazer nada. Você tem obrigações com sua família, mas... à noite a gente sai. Tudo bem?
— Certo. Vamos a algum lugar?
— Lógico, George. E é você quem vai escolher.
Ele riu. Gostava daquela forma extrovertida, sincera e espirituosa de Sofia brincar.
— Sabe... estou morrendo de vontade de ir caminhar na chuva — ela disse. — Olhei daqui de cima e vi algumas pessoas correndo, caminhando... Deu uma vontade de ir até o Posto 11...
Ficaram conversando por mais algum tempo e ela acabou não indo caminhar.

* * *

Em outro bairro, Ágata, mãe de Sofia, bebericava no copo o mate frio enquanto olhava a chuva.
Sorriu ao ouvir o ronronar do trovão ao longe. Lembrou-se de quando moravam no interior e experimentou uma ponta de saudade da vida no campo à medida que escutava o gotejar dos pingos de chuva na vidraça da janela da sala de estar.

Para ela, a cidade do Rio de Janeiro era verdadeiramente surpreendente. Repleta de novidades. Ainda não se sentia totalmente acostumada, embora já morasse ali há cerca de duas décadas, convencida pelo marido de que precisariam ir para um lugar melhor, mais promissor a fim de criar, ensinar, educar e orientar seus cinco filhos.

Mudaram-se repletos de perspectivas e um enorme temor.

Alex, o filho mais velho, tinha dezesseis anos, Hélder quatorze, Sofia doze, Valéria oito e Flávio seis.

Outro ronronar de trovão e ela sorriu.

Todas às vezes que chovia ficava na expectativa para ouvir o marido Bernardo dizer: Adoro chuva.

Quando moravam no interior, todas às vezes que, nas tardes quentes e ensolaradas, no céu reuniam aquelas nuvens brancas e fofas, com aquele acinzentado nas bordas, ela esperava o marido contemplar o céu, olhar para as montanhas, observar um pouquinho e dizer, sempre no mesmo tom: vai chover. Adoro Chuva.

Não demorava e as nuvens fofas se uniam encobrindo o azul do céu. Um vento quente soprava e, junto com ele, logo vinham os primeiros pingos grossos da tempestade de verão.

De repente, os rosnados dos trovões, os flashs dos raios e os estouros das descargas elétricas que assustavam quando caíam bem próximas.

Em dias assim, sempre que estavam em casa, o marido gostava de ir para a varanda na frente da casa. Isso quando a chuva não era soprada forte do sul. Se assim fosse, a varanda era lavada e ninguém conseguia ficar lá, a não ser que quisesse se molhar.

Em outros dias, quando a chuva era normal, Bernardo aproveitava e deitava na rede que se esticava da parede até a coluna que sustentava as vigas onde o telhado se estendia de comprido com largo beiral do lado de fora da casa.

Das telhas vermelhas, as águas se derramavam como uma cortina, escorrendo até o chão.

Ágata nunca perguntou o que pensava ou sentia. Apreciava vê-

-lo ali, como um observador incansável, tranquilo, olhando a chuva enquanto se embalava suavemente na rede morosa.

Quantas e quantas vezes ele fez aquilo com um dos filhos pequenos estirado sobre o peito.

O barulho da chuva, o balançar lento da rede, o espalmar suave de sua mão carinhosa nas costas dos filhos só poderia trazer paz, confiança e tranquilidade aos pequenos.

Ágata sempre se sentiu confiante ao lado de Bernardo, que lhe ensinou muita coisa, principalmente a ser forte.

Sua vida sempre foi pacata.

Casou-se aos vinte e quatro anos de idade. Quando completaram dezoito anos de casados, em uma tarde chuvosa do mês de janeiro, um trator de esteira, que estava elevado para ser consertado, escorregou e caiu sobre Bernardo.

— Está nas mãos de Deus. Não podemos dar esperanças.

Foram as palavras dolorosas ouvidas de um médico que não sabia como informar à família que, dentro de seus limites humanos, não poderia fazer mais nada por aquele homem ferido.

Ágata se viu desesperada. Ele era tudo em sua vida e na vida dos filhos.

Bernardo era espírita e sempre lia os livros de Francisco Cândido Xavier para ela e para os filhos. Embora Ágata, por sua vez, gostasse de ir à igreja de Santa Tereza D'Avila, igreja da matriz na cidade de Rio das Flores onde Alberto Santos Dumont e sua irmã Sofia foram batizados. Nome no qual se inspirou para dar a sua primeira filha.

A igreja de estilo neogótico, com uma alta e bela torre pontiaguda, muito chamativa, tinha seu interior singelo, aconchegante e de abençoado sossego.

Foi em uma festa junina realizada por essa igreja que ela e o marido se conheceram.

Jovem, ela e as amigas ficavam observando os rapazes de longe e, entre risos e gracejos, as meninas logo repararam que Bernardo não tirava os olhos de Ágata.

Não demorou e, pelo correio elegante, que é um bilhetinho enviado por um colaborador da festa, o belo rapaz mandou um recadinho admirando a graciosidade de Ágata, fazendo-lhe elogios em versos harmoniosos e de bom gosto.

Em seguida, ele lhe ofereceu uma música anunciada nos alto-falantes da festa. E ela mandou agradecer.

Após alguns bilhetinhos lisonjeiros, veio o pedido para se encontrarem na porta da igreja a fim de conversarem um pouco e se conhecerem.

Ágata, incentivada pelas amigas, aceitou.

Em meio as músicas típicas juninas, as luzes e os fogos de artifícios do evento, além do radialista, que falava constantemente nos alto-falantes, encontraram-se. Quase não disseram nada um ao outro, pois os amigos de ambos, a certa distância, ficaram observando-os e deixando-os constrangidos.

Nos anos que se seguiram o casal ria muito daquele primeiro encontro e, sempre que surgia oportunidade, relembravam essa história entre os filhos e amigos.

E foi para essa igreja de Santa Tereza D'Ávila, onde se casaram, que, dezoito anos depois, Ágata correu e, de joelhos aos pés do altar, orou, ardentemente, pela vida do esposo, logo após o acidente.

Com todas as forças de seu coração, pediu a Deus que Bernardo se recuperasse e continuasse ao seu lado e dos filhos.

Com o passar dos dias, o marido foi transferido para um hospital na cidade do Rio de Janeiro, onde seu estado de saúde ficou estável, embora preocupante.

Ao sair do coma, Bernardo não se recordava muito bem dos últimos acontecimentos.

Dias se passaram para que o homem se lembrasse até do próprio nome.

A notícia mais triste foi de que ele precisaria de uma cadeira de rodas pelo resto da vida.

Para Bernardo, em vez de revolta, essa notícia gerou reflexão, apesar da tristeza.

Ágata, embora angustiada, agradeceu a Deus pelo companheiro permanecer ao seu lado e dos filhos e prometeu-lhe cumprir o juramento que fez no altar.

Retornando para casa, enquanto recuperava-se, o marido conversou muito com sua mulher ponderando a situação e a fez entender que, ali, em uma cidade do interior do Rio de Janeiro, o futuro para ele, naquele estado, era pouco promissor.

Além disso, precisavam pensar nos filhos.

O futuro dos meninos era algo bem importante.

Alex, o filho mais velho, estava quase terminando o colegial, o que corresponde ao Ensino Médio atualmente, e precisava pensar em fazer um bom curso universitário.

Ágata, pessoa simples, nunca havia se imaginado vivendo no município do Rio de Janeiro. Pensar naquela metrópole, às vezes assustava-a.

Hoje admitia ter feito isso por causa do marido que sempre cuidou e se preocupou com o bem-estar de todos, desejando um futuro melhor.

Ele acreditava que a cidade de Rio das Flores, por ser pequena, teria pouco para oferecer, e não poderia proporcionar muito a todos.

Embora tivessem alguns parentes ali, não poderiam ficar dependentes.

Eram donos de um sítio produtor de ovos com alguns poucos empregados e era Ágata quem tomava conta do negócio, enquanto o marido trabalhava pela região como mecânico de trator, mas, agora, estava aposentado por invalidez.

Portuguesa, a família de Bernardo chegou à região por volta do século XIX, durante o Ciclo do Café, quando o lugar ainda era uma vila, a Freguesia de Santa Tereza de Valença, uma região rica pelas lavouras de café. Teve sua estação ferroviária inaugurada em 1882, a Estrada de Ferro Rio das Flores.

Com o tempo, a Vila Freguesia de Santa Tereza de Valença, como outras regiões no Brasil, sofreu com a crise econômica do Ciclo do Café e, logo em seguida, com a libertação dos escravos.

O êxodo rural foi inevitável. E do café para a agropecuária foi somente um passo.

Em 1929, a Vila passou a ser município.

Nessa época, boa parte da família de Bernardo voltou para Portugal. Só ficou seu pai e um irmão cuidando de uma fazenda dividida ao meio, tornando um sítio para cada um.

Ágata se lembrava muito de ouvir seu pai contar que foi em 1943, três anos antes de ela nascer, que o município passou a se chamar Rio das Flores, nome oriundo da estação ferroviária.

Após essa retrospectiva, a saudade gotejou em seus pensamentos. Recordou o momento em que chegou com os filhos e com o marido para residirem definitivamente ali. Bernardo passou a frequentar uma pequena casa espírita bem próxima de onde moravam. Ela, apesar de ir à igreja católica, também o acompanhava ao centro.

Ágata suspirou fundo.

O barulho do ranger da porta lhe chamou a atenção.

Virou-se.

Abaixou o olhar, que antes vislumbrava o céu através da janela, e sorriu para Bernardo que, com os óculos na ponta do nariz, abaixava o queixo, olhando por cima das lentes para vê-la melhor.

Ele girou as rodas de sua cadeira e foi à direção de Ágata.

Encurtando o caminho, indo até ele, a mulher o beijou de relance nos lábios e entregou-lhe, nas mãos, o copo com chá mate frio.

Ele aceitou e sorriu.

Sem demora, comentou:

— Está chovendo. Adoro chuva — e ficou olhando a água caindo através da janela.

— Vai querer ficar lá fora, na área, olhando a chuva?

— Agora não. Tô sentindo cheiro de bolo! — riu.

O riso da mulher ecoou cristalino. Então, enquanto empurrava a cadeira, disse:

— Vamos pra cozinha salvar um pedaço pra você, pois os meninos ainda não levantaram e se chegarem até o bolo antes de você...

15

— Em plena segunda-feira e estão dormindo até essa hora?! — brincou ele.

— É segunda-feira de carnaval! É feriado e ninguém trabalha hoje.

— Não. O carnaval é amanhã, terça-feira. Hoje é dia de pegar no batente! — riu e brincou.

A mulher continuou rindo. Gostava de vê-lo brincar daquele jeito.

Chegando à cozinha, ela posicionou a cadeira de rodas no lugar à mesa, que sempre ficava reservado ao marido, e se virou para preparar um café.

Pegou a jarra de vidro, colocou água e preparou a cafeteira.

— Faça um café fraco, meu bem. Por favor — ele pediu com jeitinho.

— Pode deixar. — Um momento e ela falou: — O Alex ligou cedo. Disse que mais tarde passa aqui.

— Ele vem para o almoço?

— Não disse nada. Mas acho que vem — disse Ágata, acomodando-se à mesa frente ao marido.

— Cadê o bolo? — ele perguntou de um jeito engraçado.

— Deixa o café ficar pronto.

Ágata estendeu as mãos sobre a mesa e balançou as pontas dos dedos em direção ao marido, como se pedisse para pegar as suas. Bernardo apanhou-as, apertando-as de um jeito a exibir carinho e a esposa comentou:

— Eu estava lembrando de quando a gente veio para cá. Às vezes, ainda sinto saudade da minha casa antiga, dos bichos no quintal, do sítio, da granja...

— As mudanças são necessárias e, muitas vezes, para isso, é preciso deixar um lugar, mudar de vida, desapegar. Falando em mudar... E a Sofia? — referiu-se à filha.

— Também disse que vai dar uma passadinha aqui.

— Vou conversar com ela — falou em tom de preocupação.

O barulho de água borbulhando no final da evaporação, provocada pela cafeteira, indicou que o café estava pronto.

Ágata soltou das mãos de Bernardo, levantou-se, lavou a garrafa térmica, que estava com café das primeiras horas do dia, e colocou o outro fresquinho.

Apanhou as xícaras, pratos e talheres e ajeitou tudo na mesa, colocando entre eles o bolo que havia preparado.

Bernardo pegou a faca e cortou um pedaço, servindo-se.

Nesse instante, Valéria, a outra filha do casal, ainda de pijama, chegou à cozinha.

— Bom dia — disse sem animação.

— Bom dia! — cumprimentou o pai, observando-a.

— Bom dia, filha! Dormiu bem? — indagou a mãe.

— É... Dormi. — respondeu visivelmente mal-humorada, puxando uma cadeira e se sentando. Colocando os cotovelos sobre a mesa, esfregou o rosto com as mãos, de um jeito forte, como se quisesse amassá-lo.

— Quer um suco, Valéria? — perguntou a mãe, sempre prestativa e querendo agradar.

— É. Pode ser — tornou com a voz rouca e preguiçosa, torcendo o rosto e envergando a boca ao dar um suspiro.

— Como andam as coisas no serviço, filha? — quis saber o pai.

— A mesma droga de sempre. Muito serviço, pouco dinheiro e pouca folga.

— Valéria, agradeça a Deus por estar empregada. Não fale desse jeito — orientou Ágata de forma simples enquanto pegava algumas laranjas e colocava no balcão ao lado da pia para espremê-las.

— É que tá uma droga, mesmo! Ali só tem gente invejosa e fofoqueira!

— Nós atraímos para junto de nós sempre as companhias que se afinam conosco — disse o pai.

— Lá vem o senhor com o mesmo papo — resmungou e calou-se.

A mãe colocou o copo de suco a sua frente e também a xícara com pires e os talheres para que se servisse.

Após beber o suco, Valéria cortou um pedaço de bolo e se serviu.

Estava puro desânimo e emburrada. Nos últimos tempos, enervava-se por qualquer motivo. Via defeito em tudo e parecia, de alguma forma, querer reclamar ou brigar, seja pelo que fosse.

Não demorou muito e Flávio chegou à cozinha.

— Bom dia! — cumprimentou mais animado do que a irmã.

— Bom dia! — pai e mãe responderam juntos no mesmo tom.

— Quer que te faça um suco, filho?

— Não, mãe. Obrigado. Vou tomar um café com leite. Tem pão?

— Tem. E tem o queijo que você gosta — tornou a senhora.

Virando-se para a irmã, perguntou com simplicidade:

— E aí? Achou o fone?

— Não. Você vai ter que me dar outro! Novinho!

— Mas não fui eu que peguei. Você deve ter perdido e...

— Fone de ouvido? — indagou o pai, interrompendo-os.

— É! O Flávio perdeu o meu!

— Perdi nada! Nem vi esses fones.

— Eu achei um, ali, no sofá. Estava enfiado no vão entre o assento e o braço. Coloquei lá em cima da mesa da sala. Não sabia de quem era.

— Tá vendo?! Você deve ter deixado lá e ficou me culpando! — defendeu-se o irmão.

— Vá se danar!

— Olha!!! O que é isso, Valéria?! Veja como fala! — zangou-se Ágata de imediato.

— E a senhora ainda fica protegendo ele! — exclamou Valéria, levantando-se irritada e arrastando a cadeira com jeito bruto. Virando-se, saiu do recinto.

Havia bebido poucos goles de suco deixando todo o restante do desjejum sem tocar.

O pai a seguiu com olhar reprovador, mas não disse nada.

— Eu, hein! — reclamou Flavio de boca cheia.

— Não sei o que deu nessa menina. Vive nervosinha — disse a mãe.

— É falta de umas boas chineladas — comentou Flávio que depois riu.

— Não fale assim, filho. A Valéria deve estar com algum problema para ficar irritada desse jeito.

— Então ela sempre está com problemas, mãe. Porque sempre está irritada.

Mais alguns minutos e Bernardo acabou de tomar o último gole de café que havia na xícara. Colocou o último pedaço de bolo na boca e, enquanto mastigava, manobrou a cadeira de rodas para se afastar da mesa e sair da cozinha.

Ágata o observou com o canto dos olhos e nada perguntou. Sabia o que ele iria fazer.

Seguindo pelo corredor, o pai parou frente à porta do quarto da filha e deu três batidas rápidas, perguntando a seguir:

— Posso entrar?

— Pode — respondeu a voz com um tom de contrariedade.

Ele entrou e observou a filha sentada na cama tentando desmanchar o emaranhado que havia no fio dos fones de ouvido que, antes, pegou sobre a mesa da sala.

Correndo o olhar pelo quarto, o senhor não deixou de observar as portas dos armários abertas e as prateleiras com roupas postas de qualquer jeito.

Gavetas abertas, exibiam peças enroladas e fora do lugar, como se estivessem reviradas.

Sobre a cama, onde Valéria estava sentada, mais roupas jogadas.

— E então?...

— E então, o quê? — ela perguntou sem encará-lo.

— O que foi aquilo lá na cozinha, agora há pouco?

— Tô de saco cheio! Foi isso!

— Por quê? — indagou o pai em tom tranquilo.

— Ah!... Sei lá.

Vendo-a com uma irritação que chegava a ser percebida pelos movimentos frenéticos das mãos ao mexer nos fios, ele pediu:

— Deixe-me tentar.

— Toma — e entregou-lhe de modo abrupto.

Enquanto procurava ver uma forma de desmanchar o emaranhado, Bernardo perguntou:

— Por que está irritada, nervosa desse jeito? Você não era assim.

— Não sei. Parece que tudo me irrita.

— Não são as pessoas ou as situações que nos irritam. Somos nós que nos permitimos irritar com as situações e as pessoas. Ninguém pode fazer conosco aquilo que não deixamos.

— Ah, pai. Não é bem assim não.

— Eu já disse várias vezes a você, Valéria. Procure viver diferente. Cultive a paz. Nós sofremos as consequências dos sentimentos que abrigamos no coração. Tudo o que fazemos e sentimos repercute em nossa vida. — O pai observou e pediu: — Olhe a sua volta. Olhe para você. Olhe para o seu quarto. Tudo isso representa o que você tem por dentro. Pensamentos e atitudes incorretos, inadequados com seu nível de elevação geram bagunça por dentro e por fora também. Como se diz, assim como é por dentro é por fora. Você sabe disso.

— O senhor está reclamando da bagunça do meu armário?

— Não tenho nada com isso. Essa bagunça incomoda a você mesma. Ela representa você.

A filha nada respondeu nos primeiros minutos e o senhor não disse mais nada. Sabia que, se muito falasse, não seria ouvido. Valéria precisaria pensar, refletir no que ele havia dito.

Alguns minutos e ela tornou mais calma. Na verdade, desanimada.

— Sabe o que é?... Não tenho muito ânimo para fazer as coisas nos últimos tempos.

— As pessoas de êxito, que obtêm resultados felizes ou satisfatórios, realizam o que é preciso sem esperar pelo ânimo. Elas, normalmente, saem fazendo as coisas. Muitas vezes, se esperarmos pelo ânimo, nunca realizaremos nada. — Breve pausa e estendeu-lhe a mão com os fios dos fones de ouvido totalmente desembaraçados, dizendo:

— Toma, filha.

Valéria ergueu o olhar, estendeu o braço e pegou-os.

— É que não sei o que me dá. Tem hora que tem tanta coisa pra fazer. Acho que deixar as coisas em ordem não tem fim. O trabalho não acaba nunca.

— Você tem razão. Trabalho não acaba nunca. Porém, quando deixamos as tarefas acumularem, tudo fica ainda pior. Sabe, filha, você tem que refletir sobre o que é que precisa ser melhorado, dentro de você, para que seu exterior tenha o mesmo reflexo agradável.

— Como assim?

— Talvez você venha fazendo ou deixou acontecer algo que não está de acordo com os seus princípios. É bem provável que isso a incomode moral ou espiritualmente. Daí que não se sente bem e se irrita, descontando em outras coisas ou nas pessoas, inclusive nas pessoas que te amam.

— Eu não desconto em ninguém — falou em tom moderado, parecendo envergonhada.

— Desconta nas pessoas quando briga com seus irmãos ou com sua mãe ou comigo. Desconta nas coisas quando precisa dar atenção a algo e nega. Não faz. É o caso do seu quarto desarrumado, do seu serviço que tanto reclama, dos colegas com quem não se dá bem. — Breve pausa e comentou: — Hoje eu reparei que sua mãe estava bem disposta de manhã, como sempre está. Ela se prontificou para fazer um suco, levantou-se da mesa e deixou de tomar café junto comigo para espremer laranja e você ficou com aquele mau humor, de cara feia. Nem mesmo agradeceu quando ela lhe deu o suco, colocou xícara e pires, talheres e prato para que comesse o bolo. Sua mãe merecia, pelo menos, que dissesse: obrigada, mãe. Não tinha que se preocupar porque, de verdade, ela não tinha de se preocupar mesmo. Você e seus irmãos são bem grandinhos e podem se virar muito bem com as refeições. Até eu, que sou cadeirante, sei me virar.

— E o que faço para melhorar?

— Comece arrumando o mais próximo. Comece pelo começo. Cuidando de você, de sua aparência, da sua alimentação, das suas palavras. Quando queremos mudar, devemos ir fundo. Comece arrumando e corrigindo os próprios pensamentos e a linguagem. Eles saem de você. — O pai parou, refletiu um pouquinho, sorriu, generosamente, e ainda disse: — Comece respirando fundo e pensando antes de responder de forma ofensiva às pessoas mais próximas de você. Melhore, não só as palavras, mas também a maneira de falar. — O senhor ofereceu um tempo para que Valéria assimilasse a ideia, depois completou: — Sabe filha, já vi muita gente dizendo: Ah! Minha família não me entende! Meus irmãos não falam comigo! Ninguém colabora comigo. Daí eu pergunto: Será que essa pessoa, em alguns momentos, não deixou de entender e ouvir sua família? Com certeza essa pessoa se distanciou. Não colaborou não ajudou e agora só recebe de volta o que ofereceu. O mesmo acontece com os amigos que nos rodeiam. É comum nós nos afastarmos dos outros ou oferecer atitudes, palavras e comentários não agradáveis que fazem com que os outros se afastem de nós e, depois, nos queixamos da distância que mantêm de nós. Precisamos, antes, observar se não é nossa atitude que, de alguma forma, agride, desagrada, maltrata, magoa os outros. Consequentemente, a resposta que obtemos nos deixa tristes, irritados e insatisfeitos.

O pai conversava com volume baixo na voz macia.

Falava de uma forma generosa, pois sabia que o modo brando de verbalizar é sempre agradável, passando pelos órgãos auditivos sem agredi-los, indo direto à consciência e à razão, gerando bons pensamentos e equilibrando a reflexão.

Valéria deu um suspiro e meio sorriso e o pai desfechou:

— Pense nisso. Comece arrumando tudo o que estiver mais próximo. Comece por você. Por dentro. Toda limpeza e arrumação são melhores quando feitas de cima para baixo, de dentro para fora.

Vendo-a, ainda em silêncio, ele esboçou um sorriso e a deixou sozinha.

Bernardo tinha toda razão.

O nosso interior é simbolizado em nosso exterior pelas coisas que fazemos ou não, pelo que acumulamos a nossa volta, escolhemos para ouvir, comer, cheirar. Tudo nos representa.

Capítulo 2

Duas amigas

Alguns meses antes...

Valéria, formada em Direito, trabalhava em uma grande empresa, no departamento jurídico, havia alguns anos.

Era dona de muita perspicácia para lidar com tudo naquela organização. Conhecia tudo e todos e era benquista.

Muito amiga de Rute. Viviam sempre juntas.

Certo dia, logo após voltarem do almoço, Valéria estava sentada a sua mesa e a amiga se aproximou comentando:

— O Dr. Honório vai se aposentar. Estou cuidando da documentação dele. Agora é pra valer.

— Cá pra nós, já não era sem tempo. Ele já poderia curtir uma aposentadoria, viajando e passeando com a esposa. Conhecendo lugares... Tem que aposentar para curtir a vida enquanto tem saúde física, mental, disposição e ânimo. Ele até que poderia só prestar algumas consultorias, mas... — opinou Valéria.

— Concordo. — Rute pensou um pouquinho e perguntou: — Quem será que vai ficar no lugar dele, hein?

— O Dr. Alberto, claro — tornou a outra em tom de ironia ao levantar as sobrancelhas para se expressar.

— É bem provável que sim. Mas... Quem será que vai nos coordenar no lugar do Dr. Alberto, se ele for para a diretoria?

Valéria não conseguiu segurar o sorriso, por mais que tentasse, quando começou a avaliar, mentalmente, um por um de sua seção.

Ela era a mais antiga ali. Desde seu período de estágio, que conquistou superando outros candidatos, foi muito prestativa e eficiente em tudo o que fazia. Ao término da faculdade de Direito, estava empregada.

Sempre um passo a frente. Fosse em qual tarefa fosse. Eram comuns os elogios por suas realizações bem feitas.

Orgulhava-se disso.

Uma ponta de ansiedade, mista a um sabor de alegria, varou-lhe o peito e se exibiu no sorriso largo.

— Você bem que merece a promoção — disse Rute, sorrindo junto.

— Bom demais para ser verdade.

— Ora, por que não?! — E sem aguardar por uma resposta, prosseguiu: — Sem dúvidas você é a mais competente aqui na seção. Tem anos de empresa. Conhece tudo... Será você, Valéria! — sorriu satisfeita.

— Não gosto de pensar em coisas que não aconteceram. Não gosto de criar expectativas. Se não der certo, fico decepcionada. Além disso, tem o Éverton. Ele está aqui quase o mesmo tempo que eu e conhece tudo também.

— O Éverton não é tão competente quanto você! — foi direta. — Ora! Não queira comparar-se ao sujeito!

Valéria se virou com discrição e correu o olhar para a mesa do colega, que ficava em outra sala de divisórias de vidro com persianas.

— Ai! Não quero ficar animada, Rute. Deixe-me trabalhar. Tenho que preparar essa petição pra semana passada — riu de si mesma.

— Saindo daqui hoje, vamos àquele barzinho lá na Tijuca?

— Acho que vou, mas vou sair daqui tarde. Jurei que...

— ...hoje não saio daqui antes de terminar essa petição! — Rute interrompeu a colega, brincando. Ela a conhecia bem e sabia o quanto a outra era dedicada.

Rindo, a amiga deu as costas e foi falando pausadamente, antes de sair da sala:

— Valéria, Valéria! Acabe com o serviço ou o serviço acaba com você!

A outra sorriu e voltou ao que estava fazendo.

* * *

Antes do final do expediente, Valéria se serviu de um café e foi até as janelas da copa de onde podia observar a rua.

Estava um calor impressionante.

Tinha ouvido, no noticiário, que a temperatura, naquele dia, havia passado dos 43º Celsius, quase 44º.

Embora ajudasse, o ar condicionado parecia não dar conta do calor.

Mesmo assim, Valéria não abria mão do café expresso, enquanto a maioria optava por água, sucos ou chá gelado.

Olhando através da vidraça, observava o vaivém de algumas poucas pessoas que se atreviam a andar sob o sol que ainda brilhava firme e forte.

Ela estava acostumada ao calor. Adorava o sol e, sempre que podia, com os devidos cuidados, apreciava se deitar na esteira sobre a areia da praia.

Valéria era uma moça bem bonita e chamativa.

Cabelos castanhos claros, compridos e que ficavam mais claros pelas luzes artificiais. Viviam escovados, com movimentos soltos nas ondas largas que chamavam a atenção com o balançar natural.

Lábios finos, bem delicados com a cor suave de um batom discreto.

Olhos verdes, expressivos nos longos cílios curvos. Magra, corpo bem torneado, a custa de exercícios na academia ou corrida no calçadão da praia, quando podia, além de uma alimentação saudável, que fazia questão de manter.

Gostava de se bronzear, porém era cautelosa e tomava os melhores cuidados com sua pele.

— O que será que tem de tão importante lá em baixo na rua?

— Ai! Que susto, Éverton! — exclamou Valéria levando a mão ao peito. Logo sorriu.

— Desculpe-me. Não quis assustá-la — tornou ele que achou graça, mas não deu importância. Indo até o refrigerador, o rapaz o abriu e pegou uma jarra com suco e levou até a pia. Pegando um copo no armário, serviu-se e guardou a jarra no mesmo lugar.

Ao procurar por Valéria com o olhar, viu-a sentada à mesa rodeando a xícara de café, perdendo o olhar em ponto algum.

Sobre a geladeira, Éverton pegou um pote de vidro em que havia alguns biscoitos e o colocou sobre a mesa.

Puxando uma cadeira, sentou-se e, abrindo o pote, ofereceu biscoitos a Valéria:

— Aceita?

— Não. Obrigada.

O rapaz começou a se servir.

Não se contendo, ela perguntou:

— Você sabia que o Dr. Honório vai se aposentar?

— Não — negou, mesmo sabendo a verdade. — Vai mesmo? Ele já disse isso antes. Lembra?

— Lembro, sim. Mas agora parece que é pra valer. A Rute está cuidando da documentação. Em pouco tempo... — Breve pausa e comentou: — Admiro tanto o Dr. Honório! Uma lucidez e disponibilidade impressionantes!

— Certamente o Dr. Alberto vai sair da nossa seção para assumir o cargo na diretoria. Você não acha? — Éverton perguntou.

— Não sei. Penso que sim. Ele é o mais preparado — Valéria opinou.

— E para nos coordenar?... — ele perguntou de modo astucioso, com certa malícia.

— Pode ser qualquer um de nós. Todos somos competentes. Ou, talvez, venha gente de fora.

— Não! Não fariam isso com a gente! — ele se expressou surpreso, até pareceu indignado. — Seria um absurdo se fizessem isso.

— Precisamos nos preparar para tudo. Não acha? — tornou ela, sorrindo.

Éverton ficou pensativo. Sabia que, pela capacidade, Valéria certamente era a mais indicada para assumir a chefia da seção. Entretanto, naquele momento, começou a passar por suas ideias a possibilidade de ele ser o indicado. Por que não?

No minuto seguinte, o rapaz, aparentemente, mudou de opinião:

— É verdade. Acho que você tem razão. Tudo pode acontecer. Vamos nos preparar e aguardar. — Observando-a bem, comentou, mudando o clima da conversa: — Você está muito bonita e elegante. Fica bem de bege.

— Obrigada — ela sorriu ao agradecer, embora soubesse que seu tailleur não fosse da cor bege, e sim da cor marfim, mas não iria corrigi-lo. Seria indelicado. Ela era muito sensata. Sabia que homens não são muito atentos a detalhes específicos como os de cores, por exemplo.

Valéria se levantou e colocou a xícara com o pires na pia.

Nesse momento, Éverton perguntou:

— O que vai fazer hoje, depois do expediente?

— Combinei com a Rute de irmos a um barzinho, lá na Tijuca. Está tão calor.

— Eu ia te convidar para isso. Quer ir a um barzinho? Sei lá... jogar conversa fora...

Valéria pensou um pouco, depois decidiu:

— Por que não vem com a gente?

— Posso mesmo?! — sorriu satisfeito.

— Claro! Vamos sim!

— Quando estiver pronta é só me chamar — alegrou-se ele, levantando-se.

— Está bem! — virou-se e foi para sua sala.

***

No início daquela noite quente de sexta-feira, Rute, Valéria e Éverton se reuniram em uma mesa que ficava na calçada larga no bairro da Tijuca.

Era uma rua bem movimentada com aquele tipo de comércio.

No fundo do bar, um conjunto tocava música ao vivo, tipo bossa nova, que podia ser ouvida lá fora, em volume baixo e agradável aos clientes.

Éverton havia pedido ao garçom de avental preto que trouxesse um calço para a mesa que estava balançando. Não podiam mais trocar de mesa. O lugar estava cheio.

O rapaz, bem simpático e educado, atendeu ao pedido, depois trouxe os três chopes com uma porção de azeitonas verdes.

— Eu quero uma porção de fritas! — Ligeira, Rute pediu antes que o moço se afastasse novamente.

Éverton ergueu o copo e propôs um brinde:

— À sexta-feira!!!

— Uhull! À sexta-feira!!! — concordou Rute ao tinir dos copos batendo.

Valéria só encostou o copo e sorriu. Estava mentalmente cansada. Na verdade, preferiria ter ido embora para casa. O dia tinha sido bem movimentado.

O assunto sobre serviço foi inevitável até que Rute olhou de relance para alguém, que passava perto, e chamou:

— Luciana!

A moça olhou e ficou animada ao sorrir.

Aproximando-se, cumprimentou com beijos no rosto e disse:

— Nossa! Tá tão cheio hoje. Não tem nenhuma mesa nem lá dentro.

Rute olhou para Éverton e em seguida para Valéria que, com o olhar e o discreto balançar de ombros, concordaram que a outra ficasse ali com eles.

— Senta aí com a gente — Rute convidou.

— Estou com aquelas duas ali — apontou. — Amigas minhas.

— Pedimos mais uma cadeira para o garçom. Não tem problema — propôs Éverton.

Luciana se animou e sorriu, chamando as amigas para se juntarem a eles.

Já ajeitadas à mesa, o garçom os serviu novamente e uma conversa entre Luciana e Rute se iniciou paralelamente.

Havia muitas novidades, pois as amigas não se viam havia algum tempo.

Aproveitando a oportunidade, Éverton se aproximou mais de Valéria e começou a conversar.

— Terminou o que precisava no serviço?

— Terminei — ela sorriu largamente. — E já fechei os memorando também.

— Tem serviço simples que acaba se complicando, não é mesmo?

— Verdade.

— Sabe, fiquei pensando muito sobre a saída do Dr. Alberto — tornou ele.

— Eu não. Nem lembrei mais disso — ela confessou.

— Quem será que vai ocupar o lugar dele? — ele perguntou como se não a tivesse ouvido.

— Você é um candidato — ela sorriu mais ainda.

— Ora... O que é isso?

E a conversa seguiu...

Já passava da uma hora da manhã quando saíram do bar e Rute ofereceu:

— Eu te levo, Valéria.

— Não! De jeito algum. Pode deixar que eu a levo — afirmou Éverton convicto.

— Já que estão a fim de dar carona, podem me levar em casa — brincou Luciana.

— Gente! Não briguem por minha causa. Vou de táxi — afirmou Valéria, brincando.

— De jeito algum! — tornou o rapaz, tocando-a nas costas para conduzi-la para que saíssem.

E foi feito dessa forma.

Éverton levou Valéria em casa e Rute, as outras amigas.

***

Na semana que se iniciou, as amigas conversaram e Valéria contou:

— Ele me deixou em casa. Rolou um carinho... Um beijo... No sábado à tarde, ele me ligou e ontem pegamos um cinema.

— Como assim?! Tão rápido?! — admirou-se Rute.

— Nem sei explicar. Estamos nos conhecendo. Sabe como é, né?

A partir de então, um romance se iniciou entre Valéria e Éverton.

Com o passar do tempo, Valéria se viu muito ligada a ele, mas a amiga contestava.

— Não acha que está muito dependente do Éverton, não? Nunca mais saímos. Você sempre precisa conversar com ele sobre o que vai fazer ou não.

Valéria não gostou, mas procurou ver o lado da amiga e justificou:

— É que a gente está namorando firme. Gosto de falar pra ele o que vou fazer.

— Já conhece a família dele?

— Ainda não.

— Levou o Éverton a sua casa?

— Não. Ele acha que não é o momento.

— Ai, Valéria... Qual é? Desculpe-me por ser tão sincera, mas eu posso falar porque sou sua amiga. Que namoro firme é esse que um não conhece a família do outro?

A outra ficou pensativa, depois confessou:

— Sabe, Rute, isso às vezes me incomoda. Estamos sempre juntos, mas quando o assunto é conhecer a família... Mas acho que no começo é assim mesmo.

— Não sei não. Sabemos muito pouco sobre o Éverton.

Valéria ficou calada. Isso a incomodava em demasia.

***

Algum tempo depois, e para a surpresa de todos, Éverton foi indicado a assumir a chefia da seção, cargo que todos esperavam fosse ocupado por Valéria que, aparentemente, não se incomodou e disse já esperar por tal resultado, pois o julgava capaz.

Por intermédio de outros conhecidos, Rute ficou sabendo que Éverton havia manipulado, de algum modo, para que Valéria não fosse a indicada.

Segundo os comentários, ele passou a dizer que todos os trabalhos apresentados por ela passavam antes por suas mãos, por isso a advogada exibia tanta eficiência.

Apesar de ver seu rosto marcado por uma expressão preocupante, Rute se surpreendeu por Valéria não acreditar, quando tentou avisar a amiga.

— Mentira!

— Pode ser, mas é o que se comenta.

— Não basta ser gente mesquinha e ignorante! São mesmo invejosos, que não querem ver a felicidade de ninguém.

— Só comentei o que eu soube. Não me inclua nesse pacote! — defendeu-se Rute.

Magoada, Valéria não disse mais nada.

Entretanto passou a adotar um comportamento diferente: quieto, sério e calado. Quando conversava, era sobre serviço.

Até com sua melhor amiga passou a ser mais reservada.

Aos poucos, afastou-se até de Rute.

Entre Valéria e Éverton havia um relacionamento restrito, em que outros não participavam.

Ele não conhecia a família da moça. Ela, por sua vez, não sabia muito sobre os familiares dele.

Valéria passou a ser misteriosa e, quando saía com Éverton, nunca dizia a ninguém onde iam ou onde estiveram. Por mais que a mãe perguntasse, ela dissimulava. Falava que saía com as amigas, mudava de assunto ou se irritava encerrando a conversa a fim de não dar satisfações sobre o que fazia.

Com o tempo, esse isolamento começou a interferir em sua personalidade e, consequentemente, em seu serviço, que passou a não ter a mesma qualidade de antes. Talvez, pela falta de comunicação com os colegas, misto a sua vibração de contrariedade.

O relacionamento com Éverton continuava restrito. Só os dois.

Com o passar dos dias, Valéria começou a fazer as primeiras cobranças quanto a ser apresentada à família do rapaz e ele a sua.

— Sabe o que é?... Não conheço sua mãe nem sua família e...

— Conhece meu irmão.

— Não é o suficiente, Éverton! Somos sempre só nós dois! Nem sempre estamos em público. Vivemos socados aqui neste apartamento. Chamo você para ir a minha casa e não quer. Peço pra sair um pouco e nada. Puxa vida! Estou cansada.

— É que me sinto tão exausto, amor — comentou com jeito meigo, afagando-lhe o rosto e enlaçando-lhe uma mecha de cabelo atrás da orelha. — Vivo estressado, cansado mentalmente, desde que assumi o novo cargo. Você sabe, não me dão sossego lá na empresa. Às vezes, acho que o Dr. Alberto está de marcação pra cima de mim. — Um momento e falou: — Quando saio dali, não quero saber de mais nada. E quando estou com você, sinto uma coisa tão boa que não quero mais ninguém para me atrapalhar. Por isso não gosto de sair. Não quero ir pro interior ver minha família.

— Mas, e a minha? É tão perto! Quando vai aceitar ir a minha casa?

— Nas férias. Deixe-me tirar umas férias — e beijou-a na testa, com carinho, puxando-a para si.

Valéria se deixava conduzir.

Entretanto, quando estava sozinha, analisando a situação, observava sempre as mesmas desculpas e não via como poderia convencer Éverton a um compromisso mais aparente perante os outros.

Na empresa, não queria comentar sobre o namoro pelo fato de ele ser seu chefe.

Ela não sabia o que fazer.

Gostava de Éverton, mas sabia que o jeito que ele tinha para encarar o namoro não era normal.

***

Certa manhã, Valéria acordou com o celular tocando.
Olhou o relógio: 5h30min.
Pegou o aparelho e viu, no visor, que se tratava de Éverton.
Para ele telefonar aquela hora, algo bem sério tinha acontecido.
Preocupada, atendeu ligeira:
— Oi, amor. Tudo bem?
— Não. Nada bem — ele murmurou.
— O que foi? O que aconteceu?
— Meu pai faleceu.
Valéria não sabia o que dizer. Não estava preparada para aquela situação.
Como frase decorada, disse:
— Sinto muito. Como você está?
— Preocupado com minha mãe. Preciso ir para Três Rios — referiu-se à cidade onde sua família morava. — Meu irmão foi quem ligou do hospital. Não vou trabalhar. Depois, de lá, ligo pro Dr. Alberto e conto tudo.
— Quer que eu vá com você? Posso fazer uma mala em dois minutos.
— Valéria, você sabe que não vai dar. Como vai se justificar no serviço ou em casa? Só estou avisando para saber por que eu vou faltar.
— Está certo. Tudo bem.
— Eu telefono quando chegar. A gente vai se falando.
— Tudo bem. Boa viagem.
— Obrigado. Beijo. Te amo.
— Beijo. Também amo você.
Despediram-se.
Valéria desligou, mas não conseguia pegar no sono.
Levantou-se. Estava um calor incrível aquela hora da manhã.
Tomou um banho demorado e se trocou. Não parava de pensar no assunto, embora nem tenha conversado tanto com ele.

Após o desjejum, foi para a empresa.

Nas primeiras horas do início do expediente, Rute soube do motivo da ausência de Éverton e procurou a amiga para conversar.

— E aí? Tudo bem?

— Tudo. E você?

— Tudo. Eu soube da morte do pai do Éverton.

— É, menina. Você viu? Ele me ligou, cedinho, avisando.

— Coitado. Sabe dizer se o homem estava doente?

Nesse instante, Valéria se deu conta de que não sabia qual era a causa da morte. Não havia perguntado e ele não comentou.

— Rute do céu! Eu acordei tão assustada com o celular tocando que até esqueci de perguntar sobre o que foi que o pai dele morreu! — sobressaltou-se com o que fez.

— É assim mesmo. Te pegou de surpresa. E o Éverton, como está?

— Na verdade, ele pareceu bem conformado. Estava preocupado com a mãe. Como ela estava.

— Preparado ou não para a morte de alguém, as pessoas que ficam sempre sofrem.

— É verdade — concordou Valéria.

— Vem almoçar comigo hoje? — convidou Rute, sorrindo para a outra.

Sem pensar muito, Valéria concordou. Há tempos não almoçava com a amiga.

— Vou sim.

— Passo aqui. Até mais — saiu de perto, sem olhar para trás.

— Até mais — ficou satisfeita.

＊＊＊

Durante o almoço...

— Liguei para o Éverton.

— Ah!... E aí? — quis saber Rute, curiosa.

— Ele já havia chegado. Então perguntei do que o pai dele morreu. Tive que pedir desculpas, pois estava meio dormindo quando conversamos às cinco e meia da manhã.

— E do que o homem morreu?

— Diabete, pressão alta... Disseram que a diabete estava com o nível muito elevado. Por mais que a mulher dele pegasse no pé, ele abusava. Até que entrou em coma por conta da diabete alta e não aguentou.

— Essa doença é silenciosa e perigosa demais.

— Por isso é sempre importante manter os exames de sangue de rotina em dia. Nunca se sabe.

— É mesmo. — Depois de algum tempo, Rute perguntou: — E vocês dois? Como estão?

Lentamente, o sorriso suave que Valéria esboçava foi se desfazendo à medida que ela ficava mais reflexiva na pergunta feita pela outra.

Embora considerasse muito Rute, fazia algum tempo que não conversavam a respeito de assuntos tão pessoais, íntimos.

Nos últimos tempos, Valéria se sentia angustiada e nem sabia explicar direito a razão.

Pensou um pouco, enquanto tomava um gole de água. Secou os lábios com o guardanapo que sobrepôs novamente à mesa, soltou leve suspiro e respondeu:

— Ás vezes, é difícil de falar sobre como estamos. Nós nos damos bem. Mas tem hora que... Acho que vivemos muito isolados das outras pessoas. Sempre somos só nós dois. Não saímos com amigos. Um não conhece a família do outro. No serviço, então... — calou-se. Não terminou o que ia falar.

Rute fez uma expressão interessante ao erguer as sobrancelhas. Remexeu-se na cadeira, secou os lábios com delicadeza e considerou, usando sua fala habitual:

— Olha, Valéria, sou sua amiga e é por isso que eu tenho que falar. — Esperou que a outra a encarasse e prosseguiu com suavidade na voz: — Eu vejo isso mesmo que falou e mais. Você era uma pessoa comunicativa, animada. Sempre presente. Quando começou a namorar o Everton, continuou assim. Mas, depois que ele foi promovido, você mudou muito. Mas mudou muito mesmo! — enfatizou. — Você se isolou, se separou dos outros. Passou a ter outro comportamento. Se não for sobre serviço, quase não conversa com ninguém. Esse seu comportamento ajudou, colaborou para que o relacionamento de vocês dois fosse fechado, blindado. É lógico que não precisamos ter muita gente envolvida no nosso compromisso pessoal, mas viver isolada, como vocês fazem, não é legal. Pode ser bem prejudicial. Precisamos de amigos, de colegas. Não podemos evitar a convivência social. Não podemos nos isolar.

— Nem sei explicar como isso foi acontecendo, Rute.

— Quando estamos apaixonadas, ficamos cegas. Não sabemos mesmo como deixamos acontecer o que nos desagrada ou incomoda. Na verdade, achamos que vai passar, que, com o tempo, o outro vai mudar de comportamento.

— Você tem razão — concordou Valéria abaixando o olhar.

— Sabe aquela tal história que vemos se repetindo e se repetindo, né? — E exemplificou: — Quando a mulher conhece um homem que bebe, fuma e vive no bar arrumando encrenca, ela se apaixona por ele e acredita, de verdade, que ele vai mudar. Acredita que aqueles vícios não vão piorar, que não vão se agravar e pensa que, por sua influência, com o tempo, o homem vai ser diferente: vai deixar de beber, de fumar, de frequentar o bar, de falar palavrões e tudo mais. Só que isso não acontece. E é bem provável que piore. O vício da bebida, do fumo e da frequência no bar, assim como os outros, só pode e vai piorar à medida que os problemas e as dificuldades forem surgindo, principalmente, na vida a dois.

Naquele momento, Rute teve um pressentimento estranho que se cravou como uma dor em seu peito.

Bebeu um gole de água, secou os lábios e dobrou o guardanapo. Olhou para a amiga e sobrepôs à mão a da outra, que estava estirada suavemente sobre a mesa. Com isso, Rute a fez olhar e Valéria falou:

— Não temos problemas entre nós, Rute. O Éverton só gosta que vivamos sem a interferência dos outros.

— Amiga! Pense! Por que não podem namorar e ter amigos ao mesmo tempo? Trabalham juntos e têm amigos em comum.

— Ele quer evitar que o pessoal, lá do trabalho, saiba. Ele é meu chefe e...

— Mas todo o mundo, lá na empresa, sabe que vocês dois namoram. Ele quer evitar que saibam o quê? — Breve pausa e falou: — O que impede de um conhecer a família do outro? — A amiga não respondeu e Rute prosseguiu: — Sabemos que ele não é casado, que não tem ninguém. Por que, então, esse isolamento? Não é para ele ir para a sua casa e ficar sentado, namorando no sofá. É estranho, no mínimo. — Mais uma vez o silêncio como resposta e Rute questionou: — E você? Por que aceita isso?

— Adoro o Éverton. Gosto muito dele.

Rute deu um suspiro, envergou a boca para baixo e desviou o olhar para um canto. Depois disse:

— Quando ama, mulher é um bicho besta. Acaba se entregando de corpo e alma a um relacionamento e ainda vira pantufa.

— Pantufa?!

— Sim, pantufa! — Vendo uma interrogação na expressão da amiga, explicou: — Pantufa são aqueles sapatos de inverno, bem quentes, normalmente, para andar dentro de casa e à noite. Em geral, são de pelúcia e tem a aparência de bichinhos como coelho, gato, urso... São bem fofinhos! — sorriu. — Criança adora. Lá, no sul, a gente usa pantufa quando está muito frio, depois guarda e só pega de novo quando precisa. Os homens não saem com elas na rua por nada desse mundo e as esconde, normalmente, de todos. Então, para alguns homens, namorada é como pantufa: só usa quando precisa e esconde de todo mundo pra ninguém saber que ele tem.

Valéria ofereceu um sorriso forçado e justificou:

— Mas nós estamos nos acertando.

— Por que você não força um pouquinho a barra? Afinal, já estão juntos há?... Quanto tempo, mesmo?

— Vai fazer dois anos — respondeu timidamente.

— É tempo mais do que suficiente. Não acha? Não dá para entender a razão de um relacionamento escondido.

Valéria não sabia o que dizer. Chegou a se arrepender de ter dado a oportunidade daquele assunto.

Diante do silêncio, inesperadamente, ela propôs:

— Podemos ir? Preciso dar uma passadinha no shopping para trocar uma meia fina que comprei. O tamanho está errado.

— Claro. Vamos sim.

Rute concordou e entendeu que a amiga estava insatisfeita com sua opinião sobre o assunto.

* * *

Saindo dali, dirigiram-se até o shopping que ficava bem perto.

Valéria foi até a loja de que precisa. Fez a troca da peça que queria e, antes de irem, Rute pediu:

— Vamos até a livraria comigo? Quero dar uma olhada nos lançamentos.

— Claro. Vamos lá — concordou.

Na grande livraria, percorreram corredores e olharam estantes.

Rute se deteve um pouco mais na seção de livros espiritualistas e tomou, em suas mãos, um que lhe chamou a atenção, em especial, pela capa.

Ela o observou bem. Leu o resumo do romance, abriu e deu uma boa olhada.

Ao ver a amiga com o exemplar literário nas mãos, Valéria perguntou ao sorrir:

— Você ainda acredita nisso?

Rute retribuiu o sorriso e contrapôs:

— E você, ainda não acredita?

— Não mesmo.

— Então, o que acha que somos? Uma experiência vinda do nada?

— Não sei o que somos, Rute. Mas daí, acreditar em reencarnação e mais um monte de baboseiras... É muito pra mim. Meu pai e alguns, lá em casa, creem nisso. Eu não.

— Prefiro acreditar em reencarnação e mais um monte de baboseira a não acreditar em nada. Pelo menos, com isso, vivo feliz. E não tem nada melhor do que viver feliz! — riu gostoso. Pegou o exemplar, brincou ao bater de leve na cabeça da amiga ao dizer: — Uma hora isso vai entrar de vez na sua cabeça! — e pegou o livro dirigindo-se para o caixa.

— Não acredito que vai comprar isso! — brincou. Tinha muita liberdade para isso.

— Esse já é meu!

Riram ecoando um som melodioso e agradavelmente cristalino.

Capítulo 3

A submissão de Valéria

Por conta da conversa que tiveram no restaurante, Valéria se aproximou mais de Rute que, por sua vez, achou melhor não dar tantas opiniões na vida da amiga ou ela poderia se afastar novamente.

Éverton exercia grande influência sobre a namorada e, por mais que Valéria tentasse, não conseguia mudá-lo.

— Por que você resiste à ideia de ir a minha casa? — Valéria questionava.

— Já conversamos sobre isso um milhão de vezes. Por que insiste nisso? — irritava-se ele.

Com jeito meigo, ela perguntou:

— Não pode fazer isso só pra me agradar?

— Pra te agradar? Veja se cresce, Valéria! — respondeu ele enquanto mexia em alguma coisa no armário de seu apartamento.

— Não temos nada para esconder de ninguém, meu amor — ela falou de um jeito carinhoso ao se aproximar e fazer um afago em suas costas.

Virando-se rápido, Éverton a pegou pelos braços e a chacoalhou com firmeza, olhando-a nos olhos.

Com semblante sisudo, testa franzida, voz baixa e firme, falou com os dentes cerrados:

— Escuta aqui, já estou cheio dessa conversa de eu ter de ir a sua casa, de sairmos com amigos ou coisa assim. Entendeu?!!!

Após longo olhar faiscante, soltou-a dando-lhe um leve empurrão e virou as costas.

Valéria levou um grande susto.

Tomou fôlego e paralisou alguns segundos, de boca aberta.

Piscou demoradamente e suspirou ao mesmo tempo em que esfregava, levemente, os braços onde ele apertou.

Não conseguia organizar os pensamentos. Estava confusa.

O que foi aquilo? Uma agressão?

Questionou-se sem formular exatamente uma resposta.

Seus olhos ficaram marejados e ela procurou um lugar para se sentar. Mas, ao olhar para a mesa, viu sua bolsa e pensou em ir embora.

Alguns passos até uma cadeira e Éverton correu atrás dela, alcançando-a.

Segurando-a pelos ombros, beijou-lhe o pescoço e a fez virar, pedindo:

— Desculpe-me. Por favor. Não quis ser rude com você.

Aos trinta anos de idade, ele era um rapaz bonito. Alto, forte, pele morena clara. Olhos castanhos claros, meio esverdeados. Voz cativante e sorriso bonito.

Ao fazer um carinho em seu rosto, puxou-a para si, agasalhando-a no peito.

— Não queria falar desse jeito com você. Desculpa. Foi um momento de... Sabe, estou cheio de problemas, preocupações... Nem consigo pensar direito.

Sorrindo, mas parecendo ainda confusa, ela disse, considerando-se culpada por uma falha que nunca cometeu:

— E eu ainda te enchendo com probleminhas tão bestas, não é?

— É... Não vamos dar tanta importância a isso, não é mesmo?! — Olhando-a nos olhos e segurando, carinhosamente, seu rosto fino entre as mãos, declarou: — Eu te amo tanto! Tanto!...

Beijaram-se.

Valéria ficou satisfeita e soube entender.

* * *

Com o passar dos dias, estavam em um restaurante requintado. O lugar era muito elegante e, da mesa onde estavam, podiam ver o mar, o céu azul pontilhado de nuvens que pareciam ter sido pintadas à mão.

Estavam no meio da refeição quando Éverton comentou:

— Tenho visto você e a Rute muito juntas ultimamente.

— Sempre fomos amigas e nos damos muito bem.

— Seu melhor amigo sou eu. Não se esqueça disso.

Ela sorriu lindamente. Entendeu que Éverton gostava tanto dela que era capaz de sentir ciúme até da sua melhor amiga. Não sabia distinguir amor de possessividade.

Valéria não compreendia que ciúme nunca esteve relacionado com amor.

Naquela noite, chegando ao apartamento dele, o rapaz puxou uma cadeira onde colocou uma pasta. Tirou o paletó e o ajeitou no encosto.

Virando-se para Valéria, que colocava sua bolsa em outro lugar, pediu:

— E então, promete se afastar um pouco da Rute?

— Mas Éverton... — surpreendeu-se. — Não vejo motivo para eu fazer isso.

Ele se aproximou, envolveu-a em seus braços e beijou-lhe a testa. De um modo carinhoso, disse:

— Seu motivo sou eu.

— Como assim? — perguntou, erguendo a cabeça e procurando olhá-lo enquanto era balançada, lentamente, de um lado para outro como se estivessem dançando.

Éverton enrolou a mão em grande mecha comprida dos cabelos de Valéria e, vagarosamente, foi puxando-a para trás e para baixo.

— O que você está fazendo? Para — pediu tímida e assustadamente.

Nesse momento, ele a apertou contra o peito e afirmou:

— Sou louco por você, Valéria. Não quero te dividir com ninguém.

— Você está me machucando.

— Não estou machucando. É uma forma de carinho. É como demonstrar o meu amor.

Ela tentou se afastar e ele a segurou mais forte e, puxando-lhe os cabelos para trás, fez com que erguesse a face e a beijou.

Soltando seus cabelos, começou a acariciá-la como se aquilo fosse uma forma de carinho.

* * *

Na semana que se seguiu, Rute estava sentada ao lado da amiga e ambas riam de algum episódio engraçado ocorrido na copa da empresa.

— Precisei sair de perto, menina. Não aguentei. Ainda bem que a copeira chegou — contava Rute, rindo.

— Que mancada — comentou Valéria rindo junto. — Justo perto do Dr. Alberto.

— A piada nem foi tão engraçada assim, mas quando ele cuspiu o café para rir... Foi o máximo. — Em seguida, olhando o relógio, Rute falou em tom engraçado: — Deixe-me ir lá terminar aquele processo, senão... — E olhou de relance para a sala de Éverton e concluiu baixinho: — Hoje seu chefe tá com uma cara, hein!

Valéria olhou ligeira em direção à sala do namorado e confirmou o que a outra disse, tentando justificar:

— É que ele está cheio de problemas pra resolver. Coitado. Todo o mundo tá cobrando e... — calou-se. Não terminou o que iria dizer.

— Ai, Valéria. Seja sensata, vai! Quando o Dr. Alberto estava na chefia dessa seção, enfrentava os mesmos problemas, as mesmas pressões... nem por isso ficava mal-humorado ou descontava na gente.

— Cada um tem seu jeito, Rute — contrapôs insatisfeita, observando novamente a sala pelo canto dos olhos.

— Vem almoçar comigo hoje?

— Não. Hoje não dá. Talvez amanhã.

— Legal. Tô indo.

***

No final do expediente, Éverton chamou Valéria até sua sala. Conversaram a respeito do trabalho e depois ele perguntou:

— Sobre o que você e a Rute tanto riam?

— Sobre um episódio engraçado que aconteceu lá na copa. O pessoal estava tomando café e o Dr. Bento contou uma piada. Então...

— Não quero saber — expressou-se com um tom rude, muito áspero na voz grave e calma. — Já não disse para se afastar dela?

Valéria sentiu-se mal. Não gostou do jeito dele.

Não sabia o que dizer. Por isso, pegou os documentos de que precisava, bateu-os na mesa, alinhando os papéis, e se virou.

Quando ia saindo, Éverton chamou:

— Valéria! — Ao vê-la virar, disse: — Precisamos conversar. Vamos lá para casa hoje.

— Minha mãe está reclamando que eu não paro na minha casa. Vou pra casa hoje.

Em pé, exibindo raiva, espalmando as mãos sobre a mesa, falou em tom grave:

— Eu disse que você vai lá pra casa. Então, você vai lá pra casa hoje!

— Não — disse somente e se virou, indo para sua mesa.

Ao pegar sua bolsa e se arrumar para ir embora, Valéria sentia-se angustiada.

Um tremor, um mal-estar a dominava.

O que seria isso?

Alguma emoção pelo clima ruim entre ela e Éverton?

Por que ele precisava falar daquele jeito rude com ela?

Isso a magoava tanto, provocando um sentimento atormentado.

Gostava muito dele e desejava que fosse diferente.

— Valéria — chamou a voz de Éverton as suas costas.

— Ai, que susto! — virou-se.

— Vamos lá pra casa. Vamos?

— Não. Não posso mesmo — respondeu timidamente e com receio.

— Vai ficar emburradinha só porque eu disse aquilo? — perguntou de modo mais calmo e quase com um tom de deboche.

— Minha mãe tem reclamado que...

— Espere aí! Quantos anos você tem? Ainda precisa dar satisfação para a mamãe?! — exclamou quase sussurrando.

Valéria se sentiu ainda mais magoada e reclamou:

— Não gosto quando fala desse jeito comigo, você sabe.

Éverton soltou um suspiro ruidoso. Contrariado, virou-se e foi para sua sala.

Ela não sabia o que pensar nem como reagir.

Pegando suas coisas, lançou a alça da bolsa em seu ombro e se foi.

O metrô estava bem lotado e lento aquele horário e demorou para que chegasse à estação mais perto de sua casa onde ainda pegaria um lotação ou um táxi, se encontrasse algum aquele horário.

Não sentiu o passar do tempo nem pareceu perceber o desconforto do transporte coletivo, pois seus pensamentos estavam congestionados de indagações, contrariedades que não podia conter.

Caminhando pelo meio das pessoas, nem se deu conta do caminho de volta.

Na estação onde desceu, pegou um táxi.

Ao pagar a corrida ao taxista, que se lembrava dela, por ser a quarta vez que a levava para casa em menos de três meses, o homem perguntou:

— Tudo bem com a senhora?

— Sim. Tudo — respondeu, parecendo acordar.

— É que a senhora não está tão sorridente hoje como das outras vezes.

Valéria sorriu educada e perguntou:

— Acho que foi o senhor que me trouxe aqui da última vez, não foi?

— Fui eu sim.

— Com tantos passageiros, como se lembra de mim?
— Tenho boa memória — sorriu e disse: — Olha o troco.
Valéria pegou, não conferiu e guardou o dinheiro.
Abriu a porta do carro e, quando ia descendo agradeceu:
— Obrigada.
— Olha, moça! — chamou o motorista. Ela já estava fora, praticamente ao lado da janela do veículo. Ao vê-la olhar, o homem estendeu-lhe a mão que segurava um folhetinho com uma mensagem psicografada por Francisco Cândido Xavier. — Achei você muito triste hoje. Faça uma oração ou leia este folheto. Sei que vai ajudar.
Valéria, por educação, pegou o folheto, forçou um sorriso e, agradecendo, guardou-o na bolsa.
O motorista do táxi se despediu, manobrou o veículo e se foi.
Quando Valéria pegou a chave para abrir o portão, do carro que parou na rua as suas costas, soou a voz de Éverton:
— Não está zangada comigo, está? — Ela se virou e ele sorriu, pedindo com jeito meigo: — Vem cá, meu amor. Vem.
Valéria obedeceu.
Ajeitou a pasta, a bolsa e contornou o carro, entrando nele.
Éverton a envolveu com carinho e fez-lhe um agrado no rosto. Enlaçou uma mecha de cabelo atrás da orelha para vê-la melhor e falou, invadindo sua alma através de seus lindos olhos verdes:
— Desculpe-me. Não queria vê-la triste. É que eu amo tanto você que não quero dividi-la com mais ninguém.
— Às vezes, você fala de uma maneira tão ríspida que...
Ele levou o braço e alcançou no banco de trás um lindo buquê de rosas vermelhas, arranjado com trigos desidratados e minúsculas florezinhas brancas que faziam as rosas se destacarem ainda mais.
A visão das flores calou Valéria que sorriu, lindamente, ao abraçar o buquê.
— São lindas! — ela admirou.
— Não mais do que você. Aceite como meu pedido de desculpas.
Ela sorriu mais ainda, abraçou-o e beijou com carinho.

— Obrigada. São muito lindas! Obrigada. Adorei!

— Ainda bem. Eu fiquei tão triste com o que ocorreu. Você ficou magoada. Não entendeu o que eu quis dizer.

— Mas é que... Não posso ir para seu apartamento hoje.

— Eu entendo. Não se preocupe. Agora vai. Entra. Não quero que se prejudique por minha causa.

Sorridente, Valéria pegou as flores e foi capaz de entender Éverton.

* * *

No tempo que se seguiu, Éverton exibia, vez e outra, uma expressão rude ou fala grosseira. Mas não parou por aí.

Suas atitudes passaram a ser agressivas para com Valéria que se submeteu aos seus caprichos e aceitava seus pedidos de desculpas e promessas de que aquilo não iria mais acontecer.

Em meio ao abrasador verão carioca, a moça precisou fazer uso de blusas que lhe cobrissem as costas e os braços para que ninguém visse algumas marcas roxas que se formaram por conta de alguma agressão de Éverton.

Ela chegava a dizer a si mesma que não aceitaria mais qualquer tipo de agressividade vinda do namorado, mas não cumpria a promessa e sempre cedia aos agrados, carinho, flores e presentes vindos com pedido de desculpas e reconciliação.

Esses acontecimentos proporcionavam um misto de angústia e contrariedade que, consequentemente, refletiam em seu comportamento, proporcionando mudança de atitude que passaram a ser negativas e desleixadas.

Valéria acreditava que, de alguma forma, Éverton iria mudar, tornar-se um homem gentil, amoroso e social. Ela tinha certeza disso.

Sentimentalmente, transformou-se em uma mulher dependente e submissa. Sempre aceitando que o namorado opinasse nas decisões de que precisava tomar.

Às vezes, sentia vontade de conversar com alguém sobre sua situação, mas como fazer isso? E se Éverton ficasse sabendo? Justo ele que não queria vê-la tendo amizade com ninguém. Ele reclamava até quando ela dizia ter conversado com a irmã.

Oprimida e angustiada, seguiu calada em seu sofrimento íntimo.

***

Sozinha, ali, em seu quarto, enquanto refletia sobre as palavras de seu pai, Valéria ouviu uma gargalhada gostosa.

Sem perceber, sorriu.

Era Sofia, sua irmã, que havia chegado. Conhecia aquele riso cristalino.

Após bater à porta do quarto, não esperou que respondesse e enfiou a cabeça no vão, espiando ao se anunciar.

— Sou eu! Tem alguém aí?!

— Oi! Entra! — pediu Valéria.

Sofia entrou e fechou a porta atrás de si. Correu o olhar pelo quarto e expressou-se admirada ao mesmo tempo em que ia à direção da outra.

— Nossa! Que bagunça! — falou e riu. Perto de Valéria, beijou-a no rosto e a abraçou. — Oi! Tudo bem?

— Tudo. — Valéria, sentada na cama, afastou algumas peças de roupa e pediu: — Senta aí.

A outra obedeceu e sentou-se encolhendo uma perna cujo pé prendeu na dobra do outro joelho.

Observando, novamente, Sofia perguntou:

— O que houve por aqui? Tá de mudança? — sorriu e brincou.

— Não tive tempo nem ânimo para arrumar meu quarto essa semana. A mãe ficou reclamando. Então eu tranquei a porta e levei as chaves pra ela parar de me encher. Mas... Deixa isso pra lá. Conta. E você?

— Estou bem — sorriu e encarou a irmã.

— Você sempre está bem, né, Sofia? — expressou-se desanimada, finalizando a frase com um suspiro e um sorriso forçado.

— Problemas, dificuldades e desafios não deixam de aparecer. Porém o mais importante não são eles, e sim o nosso comportamento diante deles. Se nós estivermos bem, os resultados do que fazemos serão satisfatórios.

— E você e o George, como estão?

— Estamos bem.

— O pai ficou preocupado quando a mãe disse que vocês estavam pensando em morarem juntos.

— É. Eu sei. O pai já veio conversar comigo a respeito. Sabe, foi só uma ideia. Nós estamos namorando há dois anos e... — fez breve pausa ao sorrir. — Toda união requer cuidado, atenção e preocupação. Não sei se vamos morar juntos antes de nos casarmos. O George quer e eu estou pensando muito. O pai e a mãe estão preocupados porque estão acostumados a uniões à moda antiga. Casamento na igreja e no civil. Vestido de noiva, véu, grinalda e buquê... — sorriu levemente. Fez longa pausa e perguntou: — Lembra quando eu quis ir morar sozinha? — Não esperou que a outra respondesse e riu gostoso, de forma melodiosa. — Nossa! Eles ficaram assustados. Acho que até hoje a mãe não se conformou.

— Se vocês se unirem, vão morar no seu apartamento?

— Não. De jeito nenhum. Meu apartamento, com aquela vista, vale um excelente aluguel. Foi tão difícil adquiri-lo. Você não tem ideia. Eu e o George pensamos em morar em outro lugar. Eu até prefiro, sabe? Sei lá... As Leis são iguais para todos hoje em dia. Vai que... — riu. — Se der algo errado, para eu tirá-lo de dentro da minha própria casa, vai ser difícil. É capaz de eu ter de pagar pensão ou...

— Que exagero! O George é engenheiro. Ganha bem. Não tem com o que se preocupar — opinou a irmã.

— Não é assim que funciona não, Valéria. Ainda estou indecisa — falou mais séria. Um momento e Sofia quis saber: — E você? Como está? E o misterioso romance? — falou, entonando a voz, como se brincasse.

— Que misterioso romance? — indagou preocupada.

— Sempre que eu falo com a mãe, ela diz que você não chegou, que não está... Lógico que ninguém trabalha tanto, né? Quem é ele? — sorriu, aguardando uma resposta.

Valéria ficou pensativa e, após um minuto, quando fez menção de responder, tomou o fôlego e sorriu, desistindo.

Tomada por um medo súbito, disfarçou ao responder:

— Não é nada sério.

— Por que tanto mistério, Valéria? Pelo que eu percebo, faz bastante tempo que você está com esse cara. — A irmã não respondeu e abaixou a cabeça. Sofia, inclinando-se para olhá-la nos olhos, indagou:

— É algum romance proibido? Ele é casado?

— Não! Lógico que não! — reagiu. — É que... — ficou temerosa em tocar no assunto.

— Se não é casado, por que tanto mistério?

— Não sei o que há com o Éverton, ele não quer que os outros saibam de nosso namoro. Só isso.

— Como só isso?! Por quê?!

— Ah... Vivemos bem assim — Valéria respondeu tão somente.

— Vocês trabalham juntos? — tornou Sofia curiosa.

— Trabalhamos.

— Você gosta dele?

— Lógico. Gosto sim.

— Será que gosta dele ou aprendeu a obedecer às regras dele? — sorriu ao perguntar.

— Hein?... O que você disse? — surpreendeu-se, quando a irmã pareceu adivinhar.

— Escuta bem, Valéria. Sou sua irmã e quero o seu bem e por isso vou falar desse jeito. — Deu uma pausa e continuou: — Você sempre foi muito submissa. Nunca se valorizou e faz o que os outros determinam. Pelo que eu estou vendo, esse cara está fazendo gato e sapato de você. Onde já se viu?! O sujeito não quer assumir você! Que namoro é esse?! — Sofia perguntou firme e a outra não soube responder. Aproveitando-se do silêncio, a irmã alertou-a: — Valéria, você precisa se valorizar mais. Se esse cara gosta de você e não tem nada a esconder, por que não assume o compromisso? — Silêncio. — Você é muito bonita, inteligente, trabalhadeira. Por que razão ele quer esconder um relacionamento? Dê um pé no sujeito!

— Não é assim! — reagiu.

— Então o que é?

— Olha, Sofia, a vida é minha e eu sei o que estou fazendo. Deixa comigo tá!

— Pelo menos, ele é bom pra você?

Nesse momento, Valéria se irritou:

— Olha, não se mete, tá?! — levantou-se e foi até a janela, abrindo-a.

— Tudo bem. Tudo bem... Mas saiba que não estou gostando disso. Esse relacionamento é muito estranho. Se estivesse te fazendo bem, você não estaria tão irritada assim. — Sofia pensou um pouco e, inspirada, tocou no ponto certo: — Ele é seu chefe?

— É sim. O Éverton é meu chefe. Algum problema?

— Sei... Você tinha tudo para ser promovida, mas o cara é que foi promovido no seu lugar. Sei...

— Olha aqui, não se mete na minha vida! — zangou-se ainda mais.

Levantando-se, Sofia passou a mão por sua roupa, ajeitando-se enquanto dizia:

— Cuidado, Valéria. Isso não está me cheirando bem. Apesar de a vida ser sua, você é minha irmã e eu a considero muito. Não quero que se machuque. Pense bem.

Dito isso, saiu do quarto deixando-a sozinha e ainda mais triste.

***

Na sala de estar, Alex, a esposa Ivone e o casal de filhos gêmeos, Isis e Théo, de três anos, haviam chegado.

Sofia se abaixou, abraçou os sobrinhos que agarraram em seu pescoço. Beijaram-se muito por todo o rosto.

Ela adorava as crianças.

Logo, os pequenos correram para perto de Flávio, o outro tio, que acabava de chegar à sala.

Levantando-se, Sofia beijou Alex, a quem não via há algum tempo e, em seguida, a cunhada Ivone, que abraçou demoradamente.

Os irmãos e os sobrinhos foram para outro cômodo e as cunhadas ficaram ali, conversando.

— Você sempre linda, Sofia! — elogiou Ivone, olhando-a de cima abaixo.

— São seus olhos!

— Há tempo não nos vemos, hein! Você está sumida. Não foi mais lá na minha casa...

— Muito trabalho. — Um momento em que ambas se acomodaram no sofá da sala e Sofia perguntou: — E você, o que tem feito?

— Cuidando da clínica, da casa, desses dois pirralhos, do seu irmão... — riu. — Levando a vida de sempre.

— Eles se adaptaram bem na escolinha nova, não é?

— Ah, sim! Adoraram. O bom dessa escolinha é que, de lá da clínica, eu consigo monitorar tudo. Entro na internet e vejo a escola toda. Isso é ótimo para mães que trabalham.

Ivone era fisioterapeuta e, junto com o marido, possuíam uma clínica de reabilitação com vários tipos de terapias alternativas.

— Vocês foram ao centro espírita?

— Fui sim. Adorei! Seu irmão também gostou muito. O legal é que tem evangelização infantil durante a palestra — disse Ivone.

— É uma casa espírita ótima. Tem outras atividades como: oficina de trabalhos manuais para a melhor idade, cursos de informática... Aos poucos vai conhecer. Eu colaboro com a oficina de reciclagem e arranjos florais. Vou lá uma vez por semana. Toda terça-feira à tarde. Tem uma turma bem grande. Você precisa ver.

— Sabe o que eu queria, Sofia? — não esperou por uma resposta e disse: — Dar um jeito de me propor para oferecer exercícios físicos ou Yoga para pessoas acima de quarenta anos. Em um trabalho voluntário, claro. Algo que sempre quis fazer e só agora, por conta das crianças na escolinha, posso realizar.

— Isso fará muito bem a você, Ivone. Sabe, muita gente acredita que ser colaborador, voluntário ou tarefeiro na casa espírita vai ajudar os outros, quando, na verdade, esse tipo de atividade ajuda muitíssimo aquele que se propõe a essa tarefa.

— Concordo totalmente. Embora eu esteja bastante atarefada, creio que me ausentando da clínica dois dias por semana, no período da tarde, vou me proporcionar a uma terapia diferente da que trabalho, ali, rotineiramente.

— Quem trabalha em casa espírita é o primeiro a receber. A assistência espiritual chega aos tarefeiros antes de ir para os demais. Eu me sinto tão bem quando estou lá. Tem dia que algumas coisas podem chatear ou desgastar, mas, lá, durante e depois dos trabalhos na oficina, parece que a vida se torna mais leve. Não vou lá ajudar, vou lá e sou ajudada.

— Gosto do jeito que fala. Você é tão alto-astral, Sofia. Difícil pensar que algo te chateia.

Sofia sorriu de modo gracioso. Encolheu os ombros e relaxou, falando, em seguida, de modo tranquilo:

— Ninguém está livre de crises emocionais e situações estressantes. Não adianta esquentar. Tudo passa. Devemos dar o melhor de nós para que tudo se resolva da melhor maneira. Dar o melhor é fazer o que está ao nosso alcance, não menos. Sentar e reclamar, sem tomar uma atitude, sem ter um posicionamento, prejudica-nos ainda mais. Ficar estressada, puxar os cabelos, gritar, brigar, também não resolve problemas. O que resolve são as nossas atitudes.

— E quando não podemos ou não dá para tomar uma atitude ou ter um posicionamento diante de um problema? O que fazer?

— Ore e não faça mais nada. Quando não dá para fazer algo, ore. Quando a vida me coloca em situações difíceis e que não consi-

53

go fazer nada, simplesmente não faço nada. Procuro focar em outro assunto. Vou fazer outra coisa senão vou ficar louca e esquentando a cabeça com algo que, por mim, não terá solução. Lógico que também peço a Deus que proporcione uma boa solução para mim e para quem mais estiver envolvido.

— Você falou uma coisa interessante sobre a solução ser boa para você e para os outros.

— É verdade. Não podemos ser egoístas e querer tudo de bom só para nós. De repente, o que dá errado é o mais certo — riu. — Certa vez, eu estava decorando uma cobertura muito luxuosa para um empresário dinamarquês muito exigente. Diga-se de passagem. O homem queria muitos detalhes. Interferia direto nos projetos. Mandou que viesse de fora, da Alemanha, objetos e mobílias para a decoração. Nossa, menina! Foi um trabalho tenso! Então, aconteceu de algumas mobílias, que eu encomendei sob a aprovação dele, virem erradas. A Vânia, minha sócia, ficou desesperada. Entrou em pânico — riu gostoso. — Não sabíamos o que fazer com os móveis e objetos que pareciam não combinar com nada. Daí que peguei um canto da sala, próximo à piscina, e dei um jeito. Arrumei dali, arrumei de lá e, no final, eu achei que havia ficado muito bom. O estilo contemporâneo combinou com o clássico da decoração principal. Só que era tudo bem diferente do que o cliente exigia. Pensei em dizer para ele que aquela mobília seria temporária, pois fizeram uma entrega errada e que, em breve, trocaríamos tudo. Isso era tudo o que eu poderia fazer. Mas, quando o homem viu, adorou! Então, tive outro trabalho que foi o de não ter que trocar aquelas peças. O errado acabou dando tão certo! E, por intermédio desse dinamarquês, eu fui recomendada para outros três trabalhos que continuou me promovendo.

— Entendo. Mas, diante de algumas dificuldades, é difícil pedir que o melhor aconteça para beneficiar todos.

— Quando as coisas saem erradas, Ivone, é para o nosso aprendizado. Pode ter certeza.

Bernardo, que se aproximou e ouviu parte da conversa, opinou:

— O poder de Deus, as atuações dos amigos espirituais, dos benfeitores que nos acompanham sempre estarão conosco se os nossos pensamentos, se nossas atitudes, palavras e desejos continuarem no bem. Se continuarem positivos. Quando, em situações bem problemáticas, fizermos tudo de forma honesta e benéfica e, mesmo assim nos sentirmos prejudicados, não estaremos abandonados. Certamente, seremos guiados para um melhor caminho. Apesar da contrariedade, da dor emocional ou da indignação, por alguma injustiça, devemos acender em nós a chama da esperança e da fé, pois tudo vai se encaminhar conforme a vontade de Deus. Precisamos seguir atuando. Não podemos parar e ficar sentados, lamentando ou chorando. — Elas o olharam e sorriram e Bernardo lembrou: — Tem uma passagem de Jesus, no Sermão da Montanha, em que o Mestre diz: " Assim também brilhe a vossa luz aos olhos dos homens, a fim de que, vendo as vossas boas obras, eles glorifiquem o vosso Pai que está nos céus." Temos que fazer brilhar em nós o que nós temos de melhor. Isso significa ser atuante, mostrar o nosso trabalho. E ainda, não sermos orgulhosos nem esperarmos elogios dos outros, pois Jesus ensina que os outros devem agradecer ao Pai pelo nosso trabalho. Se o nosso trabalho, se a nossa luz é grande, é benéfica, é boa, é porque Deus está conosco.

Elas ficaram pensativas.

Nunca tinham pensado na profundidade daquele ensinamento.

Hélder surgiu, havia acordado aquela hora, e interrompeu a conversa ao cumprimentá-las.

Foi nesse instante que Ágata apareceu cumprimentando a nora, que se levantou, correspondeu ao cumprimento e, depois, todas foram para a cozinha.

Durante a refeição naquele dia, Ágata e Bernardo, sentados um ao lado do outro, se sentiram bem e realizados ao terem todos os filhos e netos reunidos à mesa do almoço. Até mesmo Valéria estava mais bem-humorada.

Capítulo 4

A preocupação dos pais

Os dias foram passando...

Sofia se encontrava em sua empresa quando seu irmão Hélder telefonou perguntando se ela teria um tempo para conversar com ele.

— Se você for à noite lá na minha casa nós conversaremos melhor. Não vai dar para ficarmos à vontade aqui na empresa. Estou tão sobrecarregada agora e, na parte da tarde, vou visitar um cliente.

Hélder concordou e, conforme combinaram, no início da noite, ele foi até o apartamento da irmã.

— Oi! Entra! — convidou após beijá-lo.

Após os primeiros passos, ele admirou:

— Como ficou bonito aqui, hein!

— Faz tempo que veio me visitar e, desde a última vez, mudei muita coisa. Gostou?

— Lógico! Ficou ótimo!

Hélder caminhou até a sacada e ficou algum tempo contemplando a vista para o mar.

Sofia o deixou vislumbrar a maravilhosa paisagem por alguns instantes, aproximou-se e só então perguntou:

— Você pareceu preocupado quando me ligou. Aconteceu alguma coisa?

Ele se virou. Voltaram para a sala e o rapaz explicou:

— Aquele dia, lá na casa do pai, não conseguimos conversar direito, por isso vim aqui. Estou preocupado com você, Sofia. Não sei explicar.

Ela sorriu. Aproximou-se e, indicando o sofá, pediu:

— Sente, Hélder. Fique à vontade. — Ao vê-lo acomodado, sentou-se sobre a própria perna dobrada e, ao lado do irmão, esticou o braço no encosto do sofá, em uma posição que podia vê-lo bem, quase de frente. Em tom brando, comentou: — Às vezes, vejo todos muito preocupados comigo, só porque não moro com vocês.

— Vou ser bem direto. Por que você e o George não se casam? Por que essa de se unirem tão somente? Vocês são solteiros e isso não faz sentido. Isso é muito liberal.

— Não se trata de ser liberal. Liberal seria trocar de namorado ou parceiro a toda hora. Não é o meu caso. Eu e o George namoramos há dois anos e queremos ficar juntos. É isso. Se nos dermos bem, nós nos casamos.

— O pai está contrariado. A mãe então... Nem se fala.

— Sabe, Hélder, acredito que vocês precisam se preocupar mais com a Valéria do que comigo.

— A Valéria está bem. Está lá em casa com a gente.

— Sim, eu sei. Só que, muitas vezes, não sabemos o que está acontecendo com os que estão bem próximos. Vê-la todos os dias, saber onde ela está, não significa saber se ela está bem. Conversei com a Valéria e não acredito que ela esteja legal. Achei nossa irmã bastante perturbada, angustiada, triste e... Sei lá! Tem alguma coisa errada.

— Será? — duvidou.

— Tenho certeza de que a Valéria está com algum problema sério. Talvez, por conta de ela ter uma mudança lenta no comportamento, vocês não tenham percebido direito.

— Talvez alguns problemas no serviço. Ela comentou sobre uma mudança e, você sabe que a Valéria não se dá bem com isso. Sempre demora um pouco para se adaptar. Um tempo atrás, ela comentou sobre uma possível promoção que não aconteceu. Ficou decepcionada, claro. É possível que ainda não tenha se acostumado com a ideia.

— Mas isso faz muito tempo, não faz?

— Sim, mas... Ela nunca se adaptou rápido. Lembra-se de quando nós viemos morar no Rio? — alargou o sorriso.

— Lógico que lembro. Eu tinha doze anos. A Valéria oito. Nossa! Ela sentiu tanto! Estranhou a escola. Demorou a fazer novos amigos. Sofreu muito.

— Se bem que ela estava muito abalada com o que tinha acontecido com o pai — tornou o irmão.

— Todos nós nos abalamos e sofremos muito. Externar dor emocional não significa sofrer mais do que aquele que se cala. Valéria, talvez, não tenha sabido lidar tão bem com a situação e isso, aparentemente, faz com que alguns entendam que ela sofreu mais. Quando, na verdade, ela é quem não soube lidar com os próprios sentimentos.

O irmão ficou reflexivo, depois concordou:

— Isso é verdade. Nossa irmã sempre pareceu mais fraca, mais frágil.

— Não é culpa dela. Eu sei. Para pessoas que se fragilizam com qualquer coisa, a vida sempre é complicada. Em vez de elas mobilizarem força interior para analisarem situações difíceis, encontrar soluções, superar obstáculos e se saírem vitoriosas, elas acabam se envolvendo ou atraindo mais encrencas, podendo se tornar um fardo para os outros.

O irmão sorriu, observou por alguns minutos, e comentou:

— Você é tão parecida com o nosso pai.

— Vou tomar isso como um elogio. Obrigada — riu gostoso. — Nosso pai é um homem muito sábio.

— É verdade. Outro dia, o pai estava falando que toda pessoa que reclama da vida é porque está fazendo pouco.

— Também penso assim. Concordo totalmente. Quando estamos ocupados, com o coração e a mente, ou seja, de corpo e alma, voltados para um trabalho bom, para um projeto útil, não encontramos o que reclamar. Agora, basta ter um tempo vazio, ocioso e reclamamos de tudo. O problema está para o que atraímos, espiritualmente falando. Quando vivemos nos queixando, reclamando, seja de situações ou de pessoas, espíritos que vibram nessa sintonia, que não apreciam as coisas boas e adoram meter o pau nos outros, aproximam-se de nós e permanecem ao nosso lado se alimentando, psiquicamente, das energias mentais que produzimos. Eles nos inspiram e nos influenciam sem que possamos perceber. E aí, vamos nos afundando na mediocridade, atraindo situações, problemas dos mais diversos e que nunca sabemos no que vão resultar as energias ruins que criamos ou atraímos.

Depois de pensar um pouco, Hélder quis saber:

— Você acha que os espíritos podem estar sempre presentes?

— Lógico que sim! — sorriu. — Sempre estamos rodeados de entidades que se afinam, que se comprazem com aquilo que estamos fazendo.

— Você sabe que nunca fui muito ligado nisso. Na verdade, não sei se acredito, mas... Podemos ver ou ouvir espíritos? — perguntou bem tímido, inseguro.

— Os médiuns, aqueles que a ciência chama de paranormais, sim. Esses podem ver o que existe no plano espiritual. São pessoas mais sensíveis e capazes de perceber, mais facilmente, o que existe normalmente e que a maioria não capta, não vê nem ouve.

— Não é coisa de doido, não? — riu.

— Não. É mediunidade. Por quê? Está interessado em...

— Não! Não estou interessado em nada. Longe de mim... Eu vim aqui para falar sobre você e a decisão que vai tomar.

— Eu não sabia que você, Hélder, era homem das antigas — riu.

— É... Acho que sou. Não gosto de situações inseguras. Por isso estou preocupado com você.

— Estou feliz por isso.

— Está feliz por eu estar preocupado com você ou por eu ser meio antiquado?

Sofia gargalhou gostoso. Inclinou-se e empurrou, levemente, o ombro do irmão.

Logo respondeu:

— Pensei na primeira opção, mas creio que também fico contente por ser antiquado. Romantismo faz bem. Está faltando romantismo no mundo atual. — Um momento e comentou: — Já pensei muito e estou me decidindo. Eu e o George somos bem sinceros um com o outro. Se não der certo, os prejuízos serão emocionais.

59

— Mas os prejuízos emocionais são feridas bem maiores do que as físicas. Você sabe.

Ambos se calaram. Sentiram um aperto no peito. Algo que não comentaram e não sabiam o que era.

Entreolharam-se longamente.

Ela sorriu e Hélder propôs:

— Então eu pago o jantar — levantou-se.

— E eu aceito! Vou pegar minha bolsa — levantou-se animada.

— Ainda está nessa de vegetariana? — perguntou enquanto a viu indo pelo corredor.

— Lógico! Isso não tem como mudar — foi falando e o irmão se aproximando para ouvir.

Conversaram muito naquela noite.

Em alguns momentos, Sofia percebia que o irmão se interessava por assuntos sobre mediunidade, mas, quando ela queria se aprofundar, ele recuava e não falava mais.

Sempre soube que Hélder e Valéria nunca se interessaram por Espiritismo.

Acreditou que a maturidade chamava o irmão para a reflexão, uma vez que eles sempre ouviram o pai comentar sobre isso com muita naturalidade.

* * *

Sofia fez uma pequena recepção em seu apartamento no seu aniversário.

Amigos, pais e os irmãos estavam lá.

Para surpresa de todos, inclusive dela, George levou as alianças e a pediu em noivado.

Ela aceitou e comemoraram isso também.

* * *

Por mais que Valéria insistisse, Éverton não quis acompanhá-la à recepção da irmã. Seria uma boa oportunidade para que o apresentasse à família, mas o rapaz não aceitou.

Por determinação dele, eles não se expunham perto de outras pessoas.

Em determinadas situações, por conta de alguma contrariedade, Valéria sofria agressões físicas e emocionais devido ao temperamento dominador e possessivo de Éverton que passou a ameaçá-la caso ela se afastasse dele.

— Mas isso não é vida. Vivemos fugindo dos outros. Todo o mundo, lá na empresa, sabe que a gente está junto e que temos um compromisso. Não sei o que você quer esconder — Valéria argumentava de modo tímido.

— Dá minha vida cuido eu! É da minha conta a exposição do nosso compromisso.

— Olha, Éverton, não aguento mais. Estou cansada disso — reclamou sem energia, mais temerosa do que confiante.

— O que você quer dizer com isso? — indagou ele de um jeito pausado, impondo extrema insatisfação no tom da voz grave.

— Que... Puxa vida! Assim não dá... — tornou ela em tom acovardado, devido à imposição dele.

— O que é que não dá? — perguntou no mesmo tom ameaçador de antes. Ao se aproximar, ele trazia, no olhar e na postura, algo que a intimidava mais ainda.

Éverton, por seu modo de agir, atraía para si espíritos simpáticos e semelhantes a tudo o que apreciava. Por gostar de ser possessivo e dominador, por gostar de se impor, promovendo medo, dores físicas e emocionais, espíritos imperfeitos e perversos se ligavam a ele procurando incentivá-lo cada vez mais àqueles tipos de torturas, usando os próprios impulsos inferiores do rapaz.

Em situações assim, muitos perguntam onde está o espírito protetor ou anjo da guarda que não intervém?

O espírito protetor respeita o livre-arbítrio do encarnado, embora sempre envie ao seu protegido elevados conselhos por meio do bom pensamento que lhe sugere. Mas quando, infelizmente, não é ouvido, afasta-se por seus conselhos serem inúteis, pois observa que a vontade do encarnado é mais forte para ouvir o que lhes sugerem os espíritos inferiores[1].

Se o espírito protetor se impuser, o encarnado não evolui. Não progride.

Então ele se afasta e ora. Procura intervir para que as coisas não aconteçam tão ostensivamente. Sempre esperançoso de que seu protegido se liberte dos erros e enganos saindo das provas dolorosas mais instruído e tendo opiniões mais positivas, sabendo distinguir o certo do errado e, assim, mais sábio e disposto.

Enquanto agia, pela própria vontade, deixando-se influenciar por espíritos apreciadores do mal, Éverton se aproximou de Valéria, empurrando-a com o próprio peito à medida que a segurava pelo braço, apertando com força.

Ela sentiu-se mal. Uma sensação estranha correu em seu corpo naquele momento.

Temerosa, se acovardou e fugiu-lhe o olhar.

Diante da dor, ela se queixou baixinho, quase sussurrando:

— Você está me machucando...

— É para que se lembre de não me ameaçar — disse em tom grave e baixo, pressionando-a contra a parede.

— Não estou te ameaçando... — tornou ela com o mesmo tom frágil na voz.

— Está me ameaçando sim. Quando diz que não aguenta mais, que assim não dá, eu sinto uma ameaça. Não quero mais ouvir isso. Você entendeu? — impôs-se de modo bruto.

— Está doendo... Não faz isso — ela reclamou novamente de modo tímido, sem encará-lo.

— Por agora já está bom. Ela entendeu o recado — influenciou o espírito que o acompanhava.

---

1. Nota da Autora Espiritual: Conforme nos é ensinado em *O Livro dos Espíritos*, da questão 489 a 521).

Nesse momento, Éverton soltou o braço que apertava e se transformou, parecendo outra pessoa ao dizer:

— Eu te amo, Valéria. Não vou conseguir sobreviver sem você. — E, com a mesma mão que a machucou, fez-lhe um carinho no rosto e nos cabelos. Sorriu amavelmente e se curvou, beijando-a, enquanto a envolvia em um abraço carinhoso.

Apesar do medo que experimentava em momentos tensos como aqueles, quando estava longe do namorado, Valéria entendia que o amor que ele sentia por ela era tão intenso que Éverton não conseguia se controlar diante da ideia de perdê-la. Acreditava que aquela insegurança passaria com o tempo e que ele se renovaria. Seria outro homem, mais compreensivo, amável e gentil.

Valéria não entendia que aquele comportamento possessivo, agressivo era doentio e perigoso.

Para piorar, nos momentos em que o rapaz era generoso, geralmente após um episódio agressivo, ela se sentia amada e apreciava seus carinhos, sua atenção.

* * *

Algum tempo depois...

Em uma manhã bem movimentada, Sofia orientava a colocação de painéis de parede na luxuosa residência de um cliente.

As peças não encaixavam como ela queria. Seu funcionário, específico para aquele trabalho, estava impaciente naquele dia, nervoso e reclamando muito sobre o material.

Por mais que tentasse, não havia como argumentar com o rapaz que só se queixava.

Foi então que o assunto foi interrompido pelo celular que tocou, insistentemente, dentro da bolsa que ela não sabia onde estava exatamente.

Sofia levantou papelões, caixas e peças do painel para encontrar a bolsa e pegar o aparelho. Ao consultar o visor, murmurou:

— Minha mãe me ligando... — Atendendo, retirou-se para um canto, procurando fugir do barulho do local: — Alô!
— Oi, filha! Tudo bem?
— Tudo, mãe. E a senhora, o pai?...
— Estamos bem. Desculpa por ligar pra você nesse horário. Sei que está trabalhando e deve estar bem ocupada.
— Ora, mãe... Não se preocupe. O que foi?
— Quer almoçar com a gente hoje? Vem pra cá.
— Almoçar? Hummm... — Lembrou das placas do painel que não encaixavam, do funcionário zangado e pensou no tempo que teria para resolver isso antes de decidir. Consultou o relógio e disse: — Tudo bem. Vou sim. Mas... Estou um pouquinho sobrecarregada hoje e não vai dar para sair mais cedo. Por volta da uma hora ou uma e meia, pode ser?
— Está ótimo. Eu e seu pai estamos aguardando.
— Legal! Estarei aí!
— Fica com Deus, filha.
— Amém, mãe. A senhora também. Fica com Deus.
Desligou.
Sofia incomodou-se com o telefonema. Algo não deveria estar bem para sua mãe telefonar aquela hora e pedir que almoçasse com ela.
Era seu hábito telefonar, sim, mas sempre à noite, quando sabia que estava em casa, longe da correria, do trabalho ou do trânsito. Quando queria que almoçasse com eles, também fazia o convite na noite anterior.
Olhou em volta e suspirou fundo. Guardou o aparelho e voltou para solucionar o problema com o painel.

* * *

Antes do horário combinado, chegou à casa de seus pais. Estava contente por ter resolvido o desafio no serviço mais cedo do que esperava.

Após estacionar seu carro na rua, tocou a campainha e entrou. Tinha a chave do portão, mesmo assim anunciou-se:

— Tem alguém em casa?! — brincou ao abrir a porta. — O cheiro está muito bom.

— Entra, filha! — pediu sua mãe indo ao seu encontro para beijá-la.

— E aí, mãe? Tudo bem?

— Tudo bem? E você?

— Estou ótima! — admitiu ao beijá-la.

— Sempre ótima! — repetiu seu pai indo ao seu encontro ao rolar as rodas da cadeira em sua direção.

— Oi, pai! — beijou-o também. — Como o senhor está?

— Ótimo! — riu ele. — Sempre ótimo!

— Lave as mãos e venha para a cozinha. O almoço já está pronto — pediu Ágata em tom calmo.

Já, na cozinha, sentados à mesa, conversavam sobre diversos assuntos enquanto almoçavam.

Sofia ficou na expectativa, aguardando um dos dois iniciar algum assunto importante. Até que Bernardo virou-se para ela e disse:

— Sabe, Sofia, fui eu que pedi para que sua mãe a chamasse para vir aqui hoje, porque estão acontecendo coisas que não estamos gostando e eu queria sua opinião a respeito.

— O que é?

— É o Hélder e a Valéria — respondeu o pai.

— Sua irmã está muito diferente e estranha a cada dia — interferiu a mãe. — Não sei explicar. Tem alguma coisa afetando a Valéria.

— Nós achamos que ela está assim por causa do namorado — acrescentou Bernardo em tom preocupante. — Já faz algum tempo, sua irmã namora alguém que não conhecemos. Sabemos que trabalha com ela. Só isso.

Diante da pequena pausa na conversa, Ágata contou:

— Já perguntei sobre o moço. Disse para ela trazê-lo aqui. Só que, toda vez que eu toco no assunto, ela desconversa. Fica irritada. Não quer dar satisfações. Além disso, quando sai, não diz aonde vai. Volta esquisita. Nos últimos tempos, deu pra passar a noite fora e sem avisar. Fico preocupada, pois ela não atende o celular. Não manda uma única mensagem e a gente, aqui em casa, não sabe o que aconteceu.

— Por conta disso — disse Bernardo na sua vez —, fui falar com seu irmão e achei o Hélder muito frio. Estranho também. Ele disse que a Valéria é maior e deve saber o que está fazendo. Seu irmão não é disso. Ele sempre se preocupou com vocês duas. Ele está muito diferente.

— E não é só isso — tornou a mãe. — O Hélder vem agindo como nunca. Achei que ele estava cheirando bebida. Não quer mais conversar com a gente, como fazia antes. Quase não está comendo. Aliás, até emagreceu.

— Fui falar com ele. Depois que me ouviu, ele disse: "tenho trinta e quatro anos, pai. Eu nem deveria morar com vocês ainda". Virou as costas e saiu. Ele nunca fez isso.

— Não sei o que está acontecendo aqui em casa, Sofia. Sempre fomos pais que resolveram as coisas na conversa. Você sabe, filha.

Sofia ficou pensativa e após um instante, perguntou:

— E o Flávio, como está?

— Ele está bem. Bastante concentrado na faculdade. Você sabe como é. Ele quase não tem tempo, concilia o trabalho com os estudos... Aparentemente o Flávio está bem.

— Embora a Valéria não me surpreenda, estou achando muito estranho o comportamento do Hélder. Algum tempo ele me procurou se importando comigo. Incomodando-se com o fato de eu me unir ao George. Jantamos fora e conversamos muito. Ele me pareceu bem. Quanto à Valéria... Tenho percebido que existe alguma coisa errada com ela sim. Deve estar com algum problema e arrisco dizer que é sério.

Embora Ágata frequentasse o centro espírita com o marido, ia todos os domingos à igreja e se dizia católica.

Por isso, comentou:

— Outro dia, lá no centro, conversa vai, conversa vem... comentei com uma senhora amiga nossa sobre meus filhos sempre terem sido muito unidos e educados. E que, apesar disso, nos últimos tempos, dois deles estavam ficando estranhos. Ela me disse para tomar cuidado. Que pode ser caso de obsessão.

— Sim, mãe. Isso pode ser, mas um espírito obsessor sempre usa inspirações que estão nas nossas tendências. Nós não temos que nos afastar do obsessor. Nós precisamos nos afastar ou nos libertar das tendências que fazem com que o obsessor fique perto de nós. Por exemplo, se eu sou esquentada, grito e brigo quando as coisas não saem do jeito que eu quero, é a oportunidade de um espírito obsessor se aproximar e começar a me incentivar e me inspirar, em nível de pensamento, de uma forma que eu não perceba. Então eu passo a ser mais agressiva, violenta com meus gritos e exigências. Daí fico nervosa, indignada e me exacerbo com frequência. Se meu espírito protetor afastar esse obsessor de mim, não vou crescer nem evoluir, espiritualmente falando. Muitas vezes, meu espírito protetor deixa o obsessor do meu lado para eu ver e sentir o quanto a atitude de brigar e gritar é feia, ridícula, prejudicial para a minha vida. Isso servirá para eu ver o quanto a atitude de brigar ou gritar é feia, ridícula e prejudicial para a minha vida. Servirá para eu ver o quanto eu sou pequena, chata e sem evolução. Quem precisa mudar de atitude sou eu e não o obsessor. Se eu domino os meus pensamentos, palavras e ações, eu tenho o controle sobre o que sinto e o que faço, entendo que os gritos e as brigas não resolvem situações e sim me estressam, deixam-me doente. Assim, o tal obsessor não exercerá qualquer poder sobre mim. Não terá qualquer controle sobre minha vida. Duvido que Deus seja tão cruel para deixar um outro irmão inferior ficar do meu lado, infernizando-me se eu estou fazendo tudo para me tornar uma pessoa melhor. Se eu for controlada, prudente, equilibrada, o obsessor não terá o que fazer do meu lado. Ele vai se cansar e vai embora, ou aprenderá comigo, com os meus exemplos. Injustiças não acontecem. Deus não erra.

— Pode ter um obsessor do lado deles? — indagou a senhora, talvez, por não entender a explicação.

— Sim, pode. Do lado deles e do nosso também. Depende de cada um de nós dar atenção às inspirações que chegam. Quando fazemos o que nos é inspirado, agradamos o obsessor e ele continua, ali, bem pertinho. Sabe, mãe, é igual àquela visita bem tratada. Quando conversamos sobre o que a visita gosta, ela recebe de nós atenção. Oferecemos um café com bolos e biscoito e tudo mais, essa visita gosta e volta. Devemos ficar bem atentos sobre o que vamos receber de uma visita. Se ela não é boa, não devemos nem abrir o portão. Por isso costumo dizer que não é o obsessor que precisamos orientar nem mudar, é aquele que oferece atenção e atitudes que agradam ao obsessor que precisa se orientar e se mudar.

— Viu? — perguntou Bernardo ao sobrepor a mão à da esposa, sustentando suave sorriso. — Foi exatamente o que falei.

— E o que a gente deve fazer? — perguntou a mãe angustiada.

Sofia pensou um pouco, olhou para o pai e disse:

— É necessário conversar com eles sem demonstrar essa apreensão toda. Isso é um bom começo.

— Já tentamos fazer isso. A Valéria ainda ouve um pouco, embora não se manifeste, mas o Hélder... Nem quer ouvir — comentou Bernardo.

— Vocês querem que eu converse com eles? — perguntou a filha.

— Acho que com você eles vão falar mais — tornou a mãe.

— Tudo bem. Posso tentar sim — concordou Sofia, apesar de não se sentir bem com a ideia.

Começaram a falar de outros assuntos enquanto que, no plano espiritual, Vicente os observava.

Seus olhos frios e sua atenção se voltavam para Sofia.

Rodeando-a, analisou seus pensamentos, sentindo suas vibrações. A aproximação de Lucídia o interrompeu.

Virando-se para ela, o espírito Vicente sorriu e, ao ser correspondido, pediu:

— Quero que fique junto dela. A partir de agora não a perca de vista. Quero ser informado de tudo. Vamos ver se, realmente, Sofia coloca em prática tudo o que propõe aos outros. Quando puder, interfira em seu ânimo.

Lucídia sorriu. Aproximando-se de Vicente, fez-lhe um afago na face e se posicionou ao lado de Sofia.

Sofia viu-se dominada por uma angústia, mas não sabia exatamente a razão.

Ficou preocupada com os irmãos, mas não sabia o que iria falar. Por um instante, achou que não deveria se meter na vida deles.

Seu compromisso com George, sua casa, seu trabalho já lhe causavam muita ocupação.

Saindo da casa dos pais, foi para o centro espírita onde era voluntária na oficina de trabalhos manuais.

Aquele era um dia em que proporcionaria atividade ao grupo reunido.

Chegando lá, cumprimentou alguns conhecidos e se sentou no banco que havia no largo corredor.

O espírito Lucídia estava junto dela e procurou passar-lhe sentimentos de desânimo.

Sem ser visto, o espírito Tássio, mentor de Sofia, posicionava-se logo atrás de sua pupila observando a reação de ambas.

As energias e vibrações inferiores de Lucídia atraíram para junto de Sofia uma senhora colaboradora daquela casa espírita.

Essa mulher era alguém que costumava cultivar pensamentos e sentimentos infelizes. Sempre de reclamações ou críticas.

— Oi, Sofia! Tudo bem com você? — perguntou a senhora.

— Oi, dona Flora. Estou bem. E a senhora?

— Menina!... Não tô muito bem não. Olha como tão meus pés. — Sentou-se ao lado da outra e suspendeu a barra da calça para exibir melhor os membros. — Inchados, né? Tem dia que eu não aguento. Olha... pra eu vir aqui pro centro, é uma dificuldade... Só Deus sabe. Além disso, meu marido... Já viu, né? Ontem ele bebeu feito um bode. Ele fala muito, sabe? Reclama muito. Não entende por que eu venho pra cá. Diz que eu sou boba. Fico trabalhando de graça pros outros.

Minha vida é dura, sabe? Olha... Não sei por que Deus me deu tantas provas. Semana passada fui ao médico e agora vou ter de tomar um remédio de uso contínuo. Não bastava o que é pra pressão alta. Agora, tem outro pro diabete. A idade vai chegando e a gente...

A mulher não parava de falar, criando uma vibração pesada, triste, sintonizando-se com espíritos queixosos e infelizes.

Essa senhora não era uma criatura agradável.

Ninguém gostava de sua presença. Ela não buscava soluções para seus desafios. Não tinha resignação.

Não era a melhor companhia para Sofia. Não, naquele momento. Depois de longas reclamações, a mulher perguntou:

— E você, Sofia? Como vai a vida? Fiquei sabendo que ficou noiva.

— Fiquei noiva sim. Estou bem, obrigada.

— Depois de casar é que você vai ver o que é bom pra tosse. Morar sozinha é uma coisa. Mas depois... Ter cueca de homem pra lavar, ver roupas dele jogada pelo chão do quarto, toalha de banho molhada sobre a cama, ter que arrumar a comidinha dele na hora certa... Limpar, lavar, passar, arrumar, cozinhar!... Coitadinha de você. Vida de casada não é fácil. Nem sei pra que é que a gente se junta a um homem. Nem todas têm a sorte de encontrar um marido que ajuda. E, depois que a gente se dedicou a vida toda pra ele, fazendo de tudo, com a idade, alguns são capazes de trair, arrumar outra. Depois que a gente deu o melhor de nós, acham que estamos velhas e nos jogam fora. Vida de mulher é difícil, viu, filha? Vai se acostumando.

Sofia gostaria de descansar um pouco ali, mas a conversa começou a ficar muito desagradável. Pensou em se levantar, mas não conseguia. Sentia algo que parecia prendê-la.

Lucídia, percebendo crescer as vibrações inferiores, lançava energias de desânimo para que Sofia se envolvesse em tais vibrações.

Tássio, observando que sua pupila fraquejava com a indecisão, aproximou-se mais e a fez pensar que não era obrigada a ouvir tudo aquilo.

Imediatamente, Sofia sorriu, forçosamente, lançou a alça da bolsa ao ombro e se levantou dizendo:

— Tenho de ir para a oficina de artesanato agora. Preciso preparar o material. Em outro momento, conversamos. Com licença, dona Flora.

Seu mentor sorriu e a acompanhou desimpregnando-a daquelas densas energias tóxicas, conforme os pensamentos de Sofia mudavam e se concentravam no que tinha de fazer.

Ela se sentiu bem melhor após a prece que fez para iniciar as atividades. Brincou e riu muito com os acontecimentos divertidos da aula. Teve uma ótima tarde.

Chegou mais cedo a sua casa.

Saindo do elevador, que servia somente aquele apartamento, foi abrir a porta da sala e percebeu que já estava destrancada.

Provavelmente foi George quem deixou a porta destrancada. Ele possuía as chaves.

Chegou ao hall, onde havia um aparador de vidro sustentando um vaso com belo arranjo floral, que refletia no grande espelho e olhou para ver se as chaves dele estavam lá, onde o noivo sempre as colocava. Mas não.

Foi para a sala de jantar e, no encosto da cadeira, sobreposto, viu o blusão de um agasalho do noivo.

Sobre a grande mesa de vidro havia uma jarra de suco que estava cheia até a metade. Dela, escorria o suor que molhou a mesa.

Um copo, cheio até o meio, foi deixado ali, também.

— George?! — chamou.

Ninguém respondeu.

Sofia deu um suspiro de insatisfação ao pegar a jarra e o copo para levar à cozinha.

Colocou a jarra na geladeira. O copo na cuba da pia e, ao olhar para o lado, no balcão, viu um prato com restos de alimentos. Centenas de minúsculas formigas haviam encontrado aquilo antes dela.

— Droga! — reclamou ao colocar o prato dentro da cuba da pia e abrir a torneira. Pegou um pano úmido e passou sobre o balcão. Depois, voltou para a sala e limpou a marca da jarra e do copo na mesa.

— Será que o George não conhece o descansa-copo? Por que não pegou uma bandeja, pelo menos? — murmurou em voz alta. — Custava também ter colocado o prato na cuba da pia e jogado água? — Um momento e ainda disse: — Também... É uma droga! Formigas em um apartamento! É um absurdo! Esse pamonha desse síndico já deveria ter feito a dedetização desse prédio. Se a gente não reclamar...

Deixou o pano de limpeza na lavanderia. Voltou até a sala, pegou sua bolsa e o blusão do noivo e se dirigiu para o escritório onde encontrou o seu computador ligado e as luzes acesas.

Olhando sobre a bancada, viu alguns de seus projetos jogados. Ela sabia que não os deixou lá. Era bem organizada. Tinha certeza de tê-los colocados dentro de uma pasta no armário.

— Que droga, viu! — ficou mais zangada ainda. — ele precisou da pasta e foi pegar a minha! Não é a primeira vez!

Ajeitou os papéis e desligou o computador.

Deixando ali a bolsa e o blusão, apagou as luzes ao sair.

Foi para o seu quarto e viu, no banheiro da suíte, roupas do noivo que estavam jogadas e uma toalha molhada sobre sua cama.

Ficou muito insatisfeita.

Arrumou e deixou tudo do jeito que gostava.

Ficou pensando no que dizer para George sobre aquela desordem. Não estava acostumada àquilo.

O que mais a deixou irritada foi o fato de ele ter deixado a porta aberta.

Era perigoso. Não poderia ter acontecido.

Foram esses e outros acontecimentos, oportunos para a espiritualidade inferior, que serviram para o início de um desequilíbrio emocional e espiritual. Em vez de se vigiar, Sofia começava a se irritar.

Tudo o que ensinou para os pais, no almoço, não usou para si.

Capítulo 5

Rute e Sofia: novas amigas

Era sexta-feira.
Sofia telefonou para sua irmã Valéria e a convidou:
— Almoça comigo hoje?
— Hoje?... — titubeou. — Não sei. Estou tão ocupada. Acho que terei de fazer um almoço muito rápido. Não daria para conversarmos.
— Então vamos fazer melhor: que tal ir à noite a minha casa? Vamos conversar mais à vontade e não teremos preocupação com o horário. Você dorme lá.
— Acho que não vai dar, Sofia — tornou a outra.
— Quando podemos nos ver, então?
— É que...
Sofia se recusava a aceitar um não como resposta. Pensou rápido e interrompeu, argumentando:
— Valéria, somos irmãs e nunca temos um tempo para um papo! — riu. — Vamos deixar disso. Faremos o seguinte: amanhã nos encontramos na praia de Ipanema. No lugar de sempre. Sei que não vai trabalhar e que adora sol. Vamos bem cedinho. Faremos uma caminhada na areia. Depois tomamos uma água de coco e jogamos conversa fora. — Diante do silêncio, disse para tentar persuadi-la: — Sabe, estou precisando fazer isso. Faz um tempo que estou bem sobrecarregada e... Vamos, vai!
— Tudo bem. Amanhã eu posso.
— Eu te mando uma mensagem no celular quando estiver saindo de casa.

— Combinado.

Valéria concordou.

Conversaram por mais algum tempo e se despediram.

* * *

Na manhã seguinte, o dia estava simplesmente magnífico.

O sol parecia brilhar mais do que o comum. A brisa suave, o céu de um puríssimo azul convidavam a uma ida à praia.

Tudo era perfeito.

Alguns caminhavam. Outros corriam. E havia aqueles que apenas apreciavam a exuberante vista da Cidade Maravilhosa.

Sofia ainda parecia estar com sono enquanto esperava pela irmã no lugar combinado.

Foi com quase uma hora de atraso que Valéria apareceu:

— O quê!!! Vestida assim?! — surpreendeu-se Sofia, exclamando sem antes mesmo dar bom dia à outra.

Valéria usava uma calça de agasalho e tênis nos pés. Uma camiseta regata e, por cima, vestia uma camisa fina, parcialmente aberta.

Cabelos soltos, uma viseira e óculos escuros.

— Oi... — cumprimentou, beijando a irmã no rosto.

— Oi — correspondeu Sofia. — Olha pra mim! Eu vim de biquíni e canga, chapéu, sacola e esteira... pra você vir de agasalho de corrida! Pensei que iríamos pegar um sol. Caminhar um pouco na areia, mas... não mais do que isso.

— É... Acho que eu não entendi — falou desanimada, sem olhar para a irmã, parecendo contemplar o mar. Depois disse: — Não tem problema. Fico assim mesmo.

— Assim mesmo não. Vamos até o meu apartamento pegar um biquíni meu e...

— Não! De jeito nenhum — interrompeu-a. — Estou bem assim. Eu quase não vinha. Nem quero demorar muito. Acordei com um pouco de dor de cabeça.

Sofia desanimou. Tinha planos de pegar sol, bronzear-se. Afinal, ainda era cedo. Sem muitas alternativas, convidou:

— Vamos ali, no quiosque, tomar uma água de coco.

Valéria concordou.

Assim que se acomodaram em uma mesa, o dono do estabelecimento se aproximou e as cumprimentou:

— Sofia... Valéria... Quanto tempo! Pensei que tivessem mudado o ponto de encontro.

— Não, Adiel. Estivemos sumidas mesmo — respondeu Sofia.

— O que vão querer? — perguntou ele.

— Você vê dois cocos gelados pra nós, por favor — tornou ela.

— Pra já! — animou-se Adiel.

Ao vê-lo se afastar, Sofia virou-se para a irmã e indagou:

— E aí, tudo bem?

— Tudo — respondeu, virando-se para o mar e sobrepondo os pés no outro banquinho, ficando com o cotovelo apoiado sobre a mesa e de lado para a irmã.

— Aquele dia você não estava bem. Melhorou? — perguntou Sofia.

— Estou ótima. E você? — fazia as perguntas mecanicamente. Não queria estar ali.

— Bem. Estou sem novidades — respondeu Sofia com simplicidade.

Havia algo estranho no ar. Pareciam estar sem assunto. Era como se não quisessem conversar.

— E o George?

— Está bem.

— O que vão fazer? Casar?

— É uma decisão bem séria. — Suspirou fundo, olhou em volta e, depois, completou: — Tenho de pensar bem.

— Estou pensado em fazer o mesmo.

— Como assim? Fazer o mesmo o quê?

— Eu e o Éverton estamos pensando em morarmos juntos.

— Mas Valéria!... Nem conhecemos esse rapaz! Ele é um completo estranho!

— Não vai me criticar por algo que você está pensando em fazer.

— Não senhora! Meu caso é bem diferente. Eu conheço toda a família do George e ele a minha. Nossas famílias se falam, convidam-se para um aniversário ou outra data comemorativa. A mãe dele sempre me liga. Eu vou visitá-la. Namoramos, ficamos noivos e nos conhecemos bem o suficiente para isso. Não vou morar com ele nem ele comigo. Se formos nos unir, vamos para um apartamento novo. Tudo novo. Independente do que já temos. Resumindo: nós nos conhecemos muito bem. Agora... quanto a você e esse tal de Éverton, o que sabemos desse moço, muito mal, é o nome dele. E só o primeiro. — Um momento e perguntou: — Você conhece a família dele?

— Isso não vem ao caso! — reagiu.

— Como não vem ao caso?! É lógico que sim! Isso é muito importante para você saber com quem está se metendo.

A aproximação do garçom, trazendo à água de coco, intimidou-as.

Sofia agradeceu e esperou que o homem se afastasse para perguntar novamente:

— Não conhece a família dele, por quê?

— Não vou me unir à família dele. É o Éverton que me importa.

— Já contou isso pra mãe?

— Não. Mas já estou arrumando as minhas coisas.

— Como assim?!!... — surpreendeu-se mais ainda.

— Eu amo o Éverton e faço tudo por ele. Você fala assim porque não sabe o que é amor! — exaltou-se e a encarou por de trás das lentes dos óculos escuros.

Sofia riu ironicamente e comentou:

— Desculpe-me Valéria... Não acredito que você seja a pessoa certa para falar de amor para mim. Você tem mudado muito desde que se envolveu com esse sujeito. Mudado para pior. Se o cara fosse legal, já teria querido conhecer nossa família e você não estaria assim tão estranha e agressiva. A companhia de pessoas boas nos faz melhor do que já somos e o contrário também acontece. Observe bem em que você está se transformando para saber com quem anda.

Longa pausa e Valéria atacou:

— Você é impulsiva, age irrefletidamente. Não aceita palpite de ninguém. Decide fazer suas coisas sem dar satisfações e acha que eu não posso fazer o mesmo. Quando foi morar sozinha, comunicou a todos e se foi. O pai nunca gostou disso. Eu nunca fui contra o que fez. E, agora, era você a primeira quem deveria estar do meu lado.

— Não foi bem assim! Planejei muito bem tudo o que fazer quando comprei um apartamento para ter minha vida! Não foi da noite para o dia! — ressaltou-se e falou de forma mais acalorada: — Eu estaria do seu lado se isso tivesse acontecendo em outras condições. Mas veja! Olha para a sua situação! Olha para você, minha irmã! Parece que está feliz?! Sinto que não está! Nunca, em toda a nossa vida, eu a vi assim, desta forma: solitária, angustiada, nitidamente infeliz! Acho que isso aconteceu desde quando decidiu namorar um cara que trabalha com você e que, muito provavelmente, roubou o cargo de chefia que era para ser seu e...

— Onde ouviu essa história?!

Manifestando-se de modo brando, disse com doçura na voz e no olhar que se prendeu à outra:

— Ouvi essa história em seu silêncio. — Longa pausa e Sofia perguntou no mesmo tom: — Não é verdade? — Novamente a irmã não disse nada. — Olha, Valéria, procure se colocar do lado de fora da sua própria vida e analisar a situação, o seu relacionamento e depois diga se o correto é se unir a um cara que te traz tantos transtornos emocionais, problemas que te angustiam, que esquentam a tua cabeça. Um cara que, pelo jeito, não quer conhecer sua família para não ter qualquer responsabilidade em dar satisfações sobre você e seu relacionamento. Ele também não quer que você conheça a família dele porque não quer que tenha para quem reclamar. Posso garantir que vocês não têm amigos, não saem em grupo e ele, certamente, não quer que, no serviço, saibam que namoram. Agora pensa, se hoje, sem viverem juntos ele te constrange e faz isso, imagine se viverem sob o mesmo teto.

— Acho que você não sabe o que é amor! Eu amo o Éverton!

— Eu prefiro nunca ter amado na minha vida a amar dessa maneira submissa, servil e aceitar exatamente tudo o que o outro impõe em troca de... Em troca do que mesmo?!

— Olha aqui, Sofia! Se você me chamou aqui para me dar sermões eu...

— Veja quem está aí!!! — em tom alegre e inesperado soou a voz de Rute, que se aproximava. Bem perto, disse: — Eu estava indo lá pro posto onze, quando olhei e vi vocês. — Cumprimentou-as com beijos e perguntou: — Como estão as coisas?

— Tudo bem e você? — perguntou Sofia. — Nossa faz tempo que não nos vemos. Você sumiu de lá de casa.

— Estou bem. Andei sumida por conta de muito trabalho. Fiz um curso que me roubou todo o tempo. — Percebendo um clima emocional estranho pairando no ar, Rute decidiu: — Bem... Vou andando.

— Também vou indo. Minha cabeça está estourando — decidiu Valéria. Virando-se para a irmã, perguntou: — Você paga aí?

— Pode deixar — afirmou entristecida.

Levantando-se, beijou Rute que estava mais próxima.

Depois, Sofia recomendou:

— Vê se se cuida, hein!

— Pode deixar — respondeu já se afastando.

Ao ver a amiga indo embora, Rute falou de modo lamentoso:

— Acho que estraguei a conversa de vocês duas, não foi?

— Não. A conversa já estava acabada. A Valéria não queria ouvir mais nada.

— Desculpe-me se atrapalhei alguma coisa, mas... Se eu puder ajudar.

Rute era bem esperta. Suspeitou de a conversa ser a respeito do compromisso de Valéria e Éverton.

— Pode — disse Sofia.

— O quê?

— Acho que você pode ajudar sim. — Olhando-a firme, Sofia sorriu e perguntou: — Tem um tempinho?

— Tenho. Tenho sim. — Dizendo isso, Rute se acomodou frente à outra e perguntou: — É sobre o namoro dela, não é?

— Como você sabe? Tá tão evidente assim?

— Olha, Sofia, se eu não gostasse tanto da sua irmã, não me importaria e, com certeza, não estaria conversando com você. O fato é: o comportamento da Valéria mudou muito desde quando começou a namorar o Éverton. Nós sempre fomos ótimas amigas. Até mesmo quando ela ou eu namorávamos outros caras, nossa amizade sempre foi a mesma. Saíamos juntas para almoçar, trocávamos confidências, íamos com nossos namorados a cinemas, teatros, shows... Íamos à casa uma da outra...

— Eu sei. Lembro-me disso. Sempre admirei a amizade de vocês. Invejava por não ter uma amiga assim — riu.

A outra correspondeu com um sorriso e prosseguiu:

— Só que desde que ela e o Éverton começaram a namorar, sua irmã ficou muito diferente. Tudo começou assim: A Valéria era a mais cotada para assumir o cargo de chefia lá na empresa. Não sei se você ficou sabendo.

— Fiquei sabendo disso sim.

— E o Éverton tinha alguma possibilidade, mas não como ela. Daí ele se aproximou dela e passou a se destacar. Falou que tudo o que a Valéria fazia passava antes por ele e... — Contou com todos os detalhes que sabia. — Hoje ela se fecha. Não conversa com mais ninguém lá na empresa, a não ser sobre o serviço. Só que... — calou-se.

Ao ver que Rute olhava para o mar de modo pensativo, titubeando em falar, Sofia insistiu:

— Só quê?... Conta. Tudo o que disser poderá ajudar e vai ficar só entre a gente.

— Deixe-me fazer uma pergunta, Sofia. Ela tirou os óculos de sol?

— Óculos de sol?... — estranhou. — Não. Não tirou.

— Há algum tempo, eu acho que... Ai Sofia... É uma suspeita muito grave. Perigosa, se não for verdade.

— Fala logo! — incomodou-se a outra.

— Acho que o Éverton coage a Valéria de alguma forma. Talvez a agrida. Pronto! Falei!

— O quê?!!! — assustou-se. — O que você disse?!! Por quê?! Baseada em que você diz isso?! — fez várias perguntas de uma só vez sem dar tempo para Rute responder.

— Venho percebendo a Valéria usando blusa cobrindo os braços e pescoço em pleno verão. Chegou a usar lenço no pescoço. Semana passada estava com uma camisa de manga comprida com os punhos dobrados. De repente, vi uma mancha roxa que se desfazia, algo que estava sumindo. Agora está com esses óculos escuros a semana toda.

— Como assim?! O que minha irmã virou?!

— Estou muito chateada com isso e... Pra dizer a verdade, foi Deus que me guiou para vir por aqui e encontrar você. Não costumo fazer esse caminho.

— Rute, percebe a seriedade de tudo o que me contou?

— Percebi há mais tempo do que você. Só que, sozinha, não posso fazer nada.

— A Valéria me disse que ela e o Éverton estão pensando em morarem juntos.

— Acho que ele está exigindo isso. Ele a intimida de alguma forma.

— E por que minha irmã aceita?!

— Por alguma fraqueza psicológica. Dependência emocional, não sei. Algo sequestra sua consciência e não a deixa reagir e se libertar.

— Minha irmã é formada em direito! Conhece Leis! Não posso acreditar que sofra agressões físicas!

— A Lei Maria da Penha não serve só para agressões físicas. A agressão emocional é também tão violenta quanto a física.

Sofia se viu envolvida por uma amargura impiedosa. Uma contrariedade inigualável. Olhando para a outra, perguntou como se implorasse:

— Rute, o que eu faço?

— Ainda não sei, mas estarei nessa com você. O que fizer, eu ajudo.

— Aqui não é um bom lugar para a gente conversar. Vamos lá para o meu apartamento. É bem perto.

— Vamos sim.

Sofia se levantou, pagou o que havia consumido e, junto com Rute, foi para o seu apartamento.

***

Pouco depois...

— Que apartamento lindo! — admirou-se após entrar. — Quanto bom gosto!

— Obrigada — sorriu satisfeita. — Venha, sente-se — convidou-a ao levá-la para a sala de estar. Acomodando-se ao lado de Rute, virou-se para ela e pediu: — Preciso saber mais. Qualquer informação pode ser útil. Tenho de dar um jeito de ajudar minha irmã.

Conversaram por longo tempo e Rute contou o que mais sabia ou se lembrava.

Sofia ofereceu-lhe um suco e elas acabaram se conhecendo mais.

O assunto foi direcionando-se para o plano espiritual.

— Sem dúvida. Os dois estão envolvidos com espíritos que apreciam agressões e masoquismo — opinou Sofia.

— Ainda bem que você acredita nisso e tem conhecimento. Tentei dizer isso para a Valéria, mas ela não aceita. Não acredita.

— A minha irmã diz que tem medo dessas coisas. Como se o medo e a ignorância nos livrassem de espíritos inferiores que querem se meter nas nossas vidas, por prazer ou por vingança.

— Devemos pensar da seguinte forma: sempre estamos acompanhados. O nível de espírito que nos acompanha é de acordo com o que estamos fazendo ou pensando. Se falamos de doença, de dores ou de problemas difíceis de resolver, espíritos que trabalham para o bem, com esperança e perseverança não estarão ao nosso lado. Ao contrário. Serão os espíritos queixosos, problemáticos, doentes e que não conseguiram resolver seus desafios, quando encarnados, que vão se afeiçoar e gostar de ficar junto de nós.

— Concordo totalmente — Sofia sorriu. — Lá, no centro que frequento, existe uma companheira que só reclama. Quase ninguém gosta de sua companhia e ela também reclama disso. Com todo o conhecimento espírita que tem, deveria ter percebido que somente encarnados e desencarnados afins, que apreciam queixas e não soluções, são os que ficam junto a ela. Sabe, teve um dia que eu fiquei dando atenção a ela. Depois, cheguei aqui e comecei a ver uma coisa fora do lugar aqui, outra ali... Comecei a reclamar em pensamento e até passei a acreditar que ela tivesse razão. Fiquei chata e me senti meio pra baixo. Depois, falei comigo mesma: Sofia, afaste isso de você. Não aceite essas reclamações como sendo suas porque não são. Em vez de queixas, busquei soluções.

— E encontrou as soluções?

— De certa forma sim. Estou trabalhando na solução porque é coisa que não depende só de mim.

— Entendo.

— Sabe, Rute, precisamos ter opiniões bem formadas, corretas, equilibradas. Isso é ter posicionamento e não ceder. Precisamos ter opiniões e tomar atitudes. Dificuldades e problemas teremos em qualquer fase da vida. O nosso comportamento determinará o tipo de espírito que estará ao nosso lado. Podemos atrair aqueles que nos ajudam nas queixas, que nos ajudam a ficarmos nervosas e irritadas ou podemos atrair aqueles espíritos que nos fortalecem e nos inspiram a encontrarmos soluções.

— Isso é a pura verdade — Rute sorriu. No instante seguinte, ela observou o relógio e decidiu: — Sofia, já tomei muito do seu tempo.

— Não! De jeito nenhum! Fui eu quem a fez perder um dia lindo como esse para vir até aqui. Desculpe-me.

— Não peça desculpas. Gosto muito da Valéria. Não quero que minha amiga sofra. Fique com o meu telefone. Vamos pensar em alguma coisa. Quem sabe, falando um pouco mais, ela consegue acordar. Vou ajudar no que puder.

— Obrigada. Não sei ainda o que fazer, mas acredito que vai aparecer uma solução. — Um momento e disse: — Só tenho um pedido a fazer.

— Pode fazer.

— Se, por acaso, perceber alguma coisa, alguma lesão... Você me avisa, por favor.

— Aviso sim. Vou ligar pra você. Passe o número do seu celular e do apartamento — Rute pegou o celular na bolsa de praia, agendou o número da outra e se levantou. — Vou manter contato.

— Claro, por favor. Foi muito bom encontrar você. Obrigada, Rute — agradeceu muito sinceramente.

— Não por isso.

Sem demora, Rute se foi.

* * *

Sofia sentiu-se mal com aquela revelação. Não se conformava com a ideia de sua irmã se submeter a tamanha imposição e até agressões. Ninguém deve ser submisso à outra pessoa.

Saber aquilo tudo a castigou.

Não deixava de imaginar e pensar no assunto.

Não conseguiu fazer mais nada pelo resto do dia.

* * *

Era domingo e, apesar do dia lindo, não quis ir à praia.

Pela manhã, telefonou para o noivo. Ele disse que à tarde iria até lá para assistir a um jogo de futebol. Afinal, a televisão do apartamento de Sofia era nova, grande e com uma excelente imagem.

Ela não apreciou a ideia. Gostaria de sair, passear um pouco, mas não disse nada. Talvez fosse melhor ficarem por ali.

* * *

Sofia encontrava-se em seu escritório, quando ouviu barulhos e percebeu certas movimentações pelo seu apartamento.

Deveria ser George, mas não pareceu que o noivo estivesse sozinho.

Ela demorou um pouco antes de ir até a sala, mas, ao ouvir o som da televisão, foi até lá.

— Oi, Sofia! — cumprimentou o noivo assim que a viu. — Eu trouxe o Josué e o Amir pra gente assistir o jogo aqui.

Um golpe de surpresa desagradável dardejou Sofia, entretanto a aproximação dos amigos de seu noivo a intimidou de falar alguma coisa.

Educada, sorriu e os cumprimentou sem deixar transparecer sua insatisfação.

Os rapazes se sentaram e pareciam bem à vontade.

Um deles colocou o pé para descansar sobre a mesinha do centro da sala de estar e ela, olhando de longe, não gostou nada. Porém ficou quieta.

George chamou Sofia até a cozinha e pediu:

— Me arruma alguma coisa pra eu pôr os salgadinhos que eu trouxe.

Ela pegou a petisqueira e despejou o amendoim e outro salgadinho que estavam nos sacos.

Ao se virar, viu o noivo pegando latas de cervejas na geladeira.

— Você trouxe cervejas para cá?! Eu não bebo e não gosto de bebida alcoólica na minha casa.

— Mas nossos amigos bebem. Não tem nada demais — beijou-a rapidamente no rosto e foi para a sala equilibrando as bebidas e a petisqueira.

Sofia sentiu-se esquentar.

Foi até a sala e os olhou pelas costas devido ao ângulo em que estavam.

Acovardando-se, ela não disse nada e foi para o escritório.

De lá, ouvia os gritos e as expressões da pequena torcida para o clássico de futebol.

Isso a irritou muito. George sabia que não gostava daquilo tudo em sua casa.

Bem mais tarde, após ouvir o barulho dos amigos irem embora, Sofia apareceu na sala e escutou o noivo, ainda bem expressivo, falar sobre o jogo.

Na primeira oportunidade, ela o interrompeu e perguntou:

— Você sabe que eu não bebo e não gosto de ter bebidas aqui. Por que trouxe cervejas pra cá hoje?

— Ora, Sofia!... — riu. — O que é que tem? São nossos amigos!

— São seus amigos, não meus — falou com jeitinho. Mesmo assim, reclamou: — Olha a bagunça e a sujeita que ficou na minha sala! Por que não os levou para o seu apartamento ou para a casa da sua mãe?

— Porque lá não tem uma TV dessas. — Aproximando-se, ele a abraçou pelas costas e beijou-lhe o rosto. — Calma, vou limpar tudo.

— Outra coisa — ela o interrompeu e se virou —, outro dia, você deixou a porta destrancada. Cheguei e estava aberta. Também não gosto disso. Como se não bastasse, as luzes do escritório estavam acesas e meu computador ligado — não comentou sobre a pasta. Achou que seria muita coisa.

— Ah... É que recebi uma ligação e precisei sair correndo. O Josué estava com problemas lá na obra.

Sofia não disse mais nada e o viu pegando as coisas que estavam sobre a mesinha do centro.

Ela voltou para seu escritório e terminou o que fazia.

Depois que George se foi, pois precisava levantar cedo no dia seguinte, ela tomou um banho e foi para a sala.

Pegou o controle remoto e ligou a TV.

Ao andar descalça pelo tapete, sentiu na sola do pé, grudar restos de salgado e amendoim. Olhou para a mesinha e a viu suja e molhada com a umidade que escorreu das latas de bebida e seu sofá também tinha restos de alimentos.

George havia tirado as coisas, mas não deixou o local limpo como encontrou.

— Ai! Droga! — expressou-se brava.

Foi até a lavanderia, pegou o aspirador e aspirou os resíduos. Ao passar pela cozinha viu copos, pratinhos e petisqueira sujos dentro da cuba. Irritou-se ainda mais.

Voltou para a sala. Sentou-se e ficou com o controle remoto nas mãos, passando os canais. Nenhuma programação na TV lhe agradava.

Voltou a pensar no assunto sobre sua irmã e sentiu-se impotente, embora quisesse ajudar.

Lembrou-se da senhora Flora, tarefeira do centro espírita que frequentava. Embora não fosse agradável ouvir suas excessivas queixas, havia algo para aprender com o que a mulher falou.

"Cada dia que passa o George parece pior" — pensava. — "Na verdade ele não está pior, está se revelando. Revelando sua verdadeira personalidade, vícios e costumes. Sabe de tudo o que eu não gosto e do que não quero, mas não respeita minhas opiniões. Se é assim agora... Depois de casados a coisa tende a piorar. Não vou conseguir mudá-lo. Aliás, ninguém muda ninguém. O que deveria acontecer é uma tomada de consciência por parte dele ou minha... Ele deveria ser maduro o suficiente para perceber que está me contrariando. Acho que temos muito o que conversar."

Capítulo 6

Uma conversa produtiva

Inesperadamente, para a surpresa da família, Valéria pegou suas coisas e se mudou, definitivamente, para o apartamento do namorado.

Acreditava que, se estivessem morando juntos, Éverton não teria do que reclamar. Ela estaria sempre presente e isso o acalmaria. Assim sendo, o companheiro seria sempre amoroso e atencioso como nos melhores momentos, quando estavam juntos.

Ágata não se conformava com a decisão da filha.

Assustou-se quando Valéria disse que não queria ter seus parentes visitando-a com frequência. Inconformada, procurou Sofia para conversar.

Em uma noite chuvosa, no apartamento da filha mais velha a mãe questionava:

— O que nós podemos fazer?

— Nada, mãe. Não podemos fazer nada. Foi escolha dela.

— Uma péssima escolha! Eu não me conformo.

— Sim, foi uma péssima escolha, mas não podemos interferir. A Valéria é maior de idade, independente, advogada... Não é incapaz e não podemos interditá-la.

— Esse rapaz... Esse Éverton não presta! Eu sei, filha! Vi isso quando olhei pra ele. Coração de mãe não se engana. Quando fomos ao apartamento para saber, pelo menos, onde nossa filha estaria morando, eu tive dificuldade para entrar com a cadeira de rodas de seu pai e o Éverton ficou lá, olhando, sem me ajudar.

— Entendo. Gente assim... — Um instante e perguntou: — O que o pai está achando disso?

— A mesma coisa que nós duas. Seu pai está contrariado. Nunca vi esse homem assim. Se ele pudesse, iria lá e arrancaria a Valéria daquele lugar. Mas isso é impossível.

Sofia pensou em contar para a mãe sobre a suspeita de que Valéria sofria agressões, mas decidiu não fazer isso. Essa informação destruiria o coração daquela mulher já tão preocupada.

— Olha, mãe, quando a Valéria abrir os olhos e vir que o cara não é o príncipe que ela pensou que fosse, vai voltar atrás e sair de lá. Ainda bem que não se casaram. Estão só vivendo juntos.

Algum tempo de silêncio e Ágata perguntou:

— E você, filha? Ainda está com a ideia de viver juntada também?

— Sabe, mãe, às vezes penso que seja uma experiência interessante para saber se estou com a pessoa certa.

— Não precisa viver junto para saber isso.

Em tom quase implorativo, Sofia perguntou:

— Então... Como saber se é a pessoa certa, mãe?

— Não sabemos. — Encarou os olhos ávidos da filha e disse: — Não sou estudada. Só que tenho visto muita coisa na vida. Eu sou do tipo de pessoa que não precisa de experiência ruim para aprender. Normalmente, observo muito e procuro aprender com as experiências alheias. Sei que todos que se aproximam, a ponto de se unirem ou se casarem, é por conta de uma atração que nem sempre é fácil de explicar. São muitas as razões. Geralmente é sexo. Mas a vida não é feita só de sexo. Na grande maioria das vezes, quando as pessoas se interessam uma pela outra, o sexo é o primeiro da lista de interesse. Depois que se unem, o sexo fica em último lugar, pois descobrimos que outras coisas são mais importantes e urgentes. — Breve pausa e prosseguiu: — Cada um procura alguém por um motivo. Muitas pessoas querem ter alguém do lado porque não querem ficar sozinhas. Existe quem quer ter alguém porque é controladora. Acredita que é amor aquele sentimento de apego, de possessividade e controle. É aquela história de se ter alguém só para chamar de seu ou de sua. Acha que o mundo vai acabar se ficar sem a pessoa. Pensa que vai morrer. Mas não é isso o que acontece. Alguns, principalmente algumas mulheres, ficam inquietas com a idade e acabam se propondo a qualquer porcaria só para não ficarem sozinhas. Eu admiro muito uma mulher que cuida de sua vida, passeia, trabalha, viaja, tem amigos, muitas vezes, tem sua casa própria e não se propõe a arrumar um homem porcaria. Um homem porcaria não arca com os compromissos do dia a dia. Não divide tarefas, despesas. Não enfrenta dificuldades. Um homem porcaria sai de casa para não ver a complexidade da vida a dois, principalmente, quando se tem filhos. Ele vai para o bar. Sai com amigos. Vai jogar. Quando volta, briga, acusa a mulher por tudo o que existe de errado em casa e fora dela. Agride com palavras ou até fisicamente. Magoa, entristece a companheira. E tem mulher que prefere ficar sozinha, curtindo até um pouco de solidão, em alguns dias, para não se sujeitar a um homem banana ou egoísta que só pensa nele. Ela prefere esperar para ver se aparece alguém melhor, mas não se propõe a isso. Curte um namorado, amigo...

— Mãe, a pessoa perfeita existe? A senhora acha que cada um tem sua alma gêmea?

— Acho que cada um de nós tem uma alma afim. Uma pessoa querida que nos completa. Mas nem sempre essa pessoa que nos completa é perfeita. Ela é recheada de defeitos e manias assim como nós. Então, é a compreensão, a paciência, a afetividade de um que vai ensinando o outro. Tem que haver equilíbrio. Cada um deve dar cinquenta por cento para a união dar certo. Se um der oitenta e o outro só vinte por cento, o que dá mais se sacrifica e o que oferece menos não evolui.

— E como saber se uma união vai dar certo ou não?

— Como eu disse, não sabemos. Mas podemos procurar os sinais. Se você namora firme ou é noiva pode observar alguns defeitos, manias, costumes, vícios, hábitos e por meio disso analisar a pessoa com quem está. Não pense que os defeitos, hábitos, vícios do seu namorado vão mudar, naturalmente, depois do casamento, pois não vão. A não ser se ele for uma pessoa preparada para isso. Madura. Consciente. Que sabe o que quer. Só que isso é muito raro, minha filha. Os defeitos, as manias, os costumes e os vícios, principalmente os vícios, tendem a se agravar depois de casados. Quando alguém tem um vício, é porque tem um problema que não consegue resolver. Geralmente, as frustrações, os sentimentos de impotência ou inferioridade diante de um problema são os que geram os vícios. Por exemplo: a bebida alcoólica ou o cigarro viciam porque dão um falso prazer momentâneo. Tudo bem que é falso, mas é prazer. As químicas que oferecem ao corpo dão prazer. Mesmo que exista uma série de problemas físicos, orgânicos, ao longo dos anos, esses são vícios que dão prazer. Então a pessoa, quando fica nervosa, insatisfeita, entediada, triste, contrariada ou experimenta qualquer outro sentimento ruim, procura por algo que lhe dê prazer, mesmo que falso e momentâneo. Então ela bebe ou fuma. Enquanto está com o efeito da bebida, ela fica mole, relaxada e se esquece do problema. O problema não foi resolvido, mas adiado e esquecido. Em vez de buscar soluções para essa dificuldade, a pessoa busca anestesiar o momento problemático. Só que ela não vai poder beber o tempo todo.

— Sei... E a maior questão na vida é que os problemas acontecem um seguido do outro — Sofia sorriu ao dizer isso.

— Exatamente, filha. Então, se a pessoa tem o vício da bebida, por exemplo, depois de casada, esse vício, muito provavelmente, tende a piorar, pois, se quando é solteiro, tem problema, depois de casado eles são mais intensos e frequentes e a pessoa vai querer viver anestesiada, ou seja, vai beber com mais frequência.

Sofia respirou fundo e lembrou-se das bebidas e dos colegas que George levou para o seu apartamento, mesmo sabendo que ela não gostava daquilo. Recordou que o noivo não respeitou sua vontade e sempre dissimulava, parecendo não entender a gravidade daquilo. Provavelmente, depois que estivessem juntos, aquele comportamento se repetiria com muito mais facilidade. Pensou.

— E se a gente, antes de se casar, conversar com a pessoa e falar sobre isso?

— É algo que deve ser feito e pode ser que resolva, que crie uma consciência no outro. A conversa a respeito do que um gosta e o outro não deve acontecer sempre. Eles devem ser sinceros. As mudanças, a conscientização devem acontecer antes de uma união. Na minha opinião.

— Sei.

— Por exemplo, algo muito comum de se ver é quando o rapaz observa que a mulher é ciumenta, controladora, briguenta e ele não gosta. Isso vai mudar depois do casamento? Não. Lógico que não. Provavelmente, piore. Ele deve deixar bem claro para ela que não vai aceitar essa condição de ciúme e controle e ela vai ter que mudar. Nem que para isso procure um psicólogo para ajudá-la a descobrir a razão de ser assim e fazê-la entender que não há necessidade disso. O rapaz vai ter de analisar se ele vai aguentar, depois de casado, uma mulher que briga, controla e tem ciúme. Assim como uma mulher vai ter de pensar se ela vai aguentar que ele fume, beba, jogue, fique socado no bar, saia com amigos... Porque isso se intensificará depois que estiverem vivendo juntos, dividindo dificuldades, desafios, problemas.

— Ágata viu a filha reflexiva e ainda disse: — Se o rapaz, durante o namoro, não oferece atenção, não é carinhoso, não se preocupa com a moça, depois de casado, isso pode piorar. Ela não deve ter esperança de que isso mude.

— O melhor jeito é conversar, então?

— É. A fase do namoro existe para se conhecerem e não para sonhar.

— E a senhora e o pai? Como, com tantas dificuldades, ainda têm um casamento tão invejável? — sorriu, enquanto aguardava uma resposta.

— Conversa. Muito diálogo com calma, paciência e muito respeito. Amor, compreensão, sinceridade e muito jeitinho. Isso das duas partes.

— A senhora deu sorte.

— Não, filha. Isso foi conquista. Mudança de pensamento e atitude trazem equilíbrio. Casamento exige mudança de comportamento, postura e hábitos saudáveis. Eu cedi de um lado, o seu pai cedeu do outro. E assim foi. Se isso não acontecer, nenhum casamento dura com harmonia e felicidade. — Vendo-a pensativa, orientou: — Para que exista um casamento equilibrado, é necessário que os dois queiram estar nele e cada um cedendo, aceitando e doando-se. Por isso, casamentos forçados nunca dão certo. Os dois têm que estar dispostos a ceder, aceitar e se doar. Além disso, carinho é fundamental.

Em pensamento, Sofia se perguntou:

"O quanto eu estou disposta a ceder, aceitar e doar?"

A conversa continuou até que Ágata decidiu ir embora e a filha a levou em casa.

***

Alguns dias se passaram e, ao estar com o noivo, ele perguntou:

— E então? O que decidiu? Vamos morar juntos?

— Por que não nos casamos mesmo? — Sofia considerou com um tom de ironia.

— Gastos. Despesas desnecessárias. Já falamos sobre isso.

— Se fizermos algo simples... Casamento no civil e um almoço para nossos pais e padrinhos. Nada mais.

— Isso é agora. Depois vira bola de neve. Seus irmãos, meus irmãos... o amigo mais próximo... — Fez-lhe um carinho e beijou-lhe o rosto, perguntando com jeitinho amoroso: — Não quer ficar junto de mim?

— Lógico que quero — sorriu, com doçura, ao afirmar.

— Então?... Quando vamos fazer isso?

Sofia sentiu seu peito apertar. Tinha dúvidas. Não sabia exatamente o que queria. Temia dar um passo errado.

O toque do telefone celular de George a socorreu de dar uma resposta naquele momento.

O rapaz atendeu e ficou algum tempo preso ao telefonema. Ao terminar, permaneceu falando a respeito, esquecendo-se do assunto anterior.

***

No tempo que se seguiu, e a cada dia que passava, as notícias sobre Valéria diminuíam.

Tanto Sofia quanto o resto da família não recebiam mais suas ligações. Ao tentar entrar em contato com ela, Valéria não atendia e não retornava os recados.

Meses depois, não suportando mais a distância da irmã, Sofia a procurou na empresa em que trabalhava.

Encontrando Rute, surpreendeu-se ao saber:

— Demitida?! A Valéria não trabalha mais aqui?!

— Não. Você não está sabendo? — perguntou Rute, surpresa.

— Não! Por que não me avisou?

Rute a olhou longamente nos olhos e revelou:

— Entrei em contato com você. Deixei recado para que ligasse para mim e... Depois de quatro vezes, acreditei que não estaria mais se importando com o assunto. Sabe, eu me achei inconveniente.

— Como assim?! Não recebi nenhum recado!

— Liguei para o seu celular no mesmo dia em que a Valéria foi demitida. O George atendeu. Sabendo que ele é seu noivo, pedi para que você me retornasse. Uma semana depois, liguei de novo e ele atendeu. Depois liguei para o seu apartamento e um cara atendeu e passou para o seu noivo. Voltei a ligar no seu celular e... novamente o George atendeu. Nessa última ligação, notei que ele não estava muito satisfeito com os meus telefonemas. Ele atendeu muito estranho, sabe.

No mesmo instante, Sofia pegou seu celular e procurou por ligações recebidas. Verificou o atendimento dos telefonemas feitos por Rute, mas que ela não havia atendido.

Estavam lá todas as chamadas. Entretanto George não lhe deu os recados.

Contrariada, respirou fundo e voltou-se para Rute, perguntando:

— Você tem visto minha irmã?

— Depois da demissão, não. Faz um mês que não vejo a Valéria. Liguei para ela, mas não atendeu nem retornou meus recados.

— E o Éverton? Continua trabalhando aqui na empresa?

— Sim, continua. Foi ele quem a demitiu.

— Não posso acreditar nisso! — Pensou um momento e considerou: — Quer dizer... eu acredito em você, Rute. Não posso acreditar é que minha irmã esteja se submetendo a esse tipo de imposição, constrangimento e outras coisas mais. Onde já se viu isso?!

— Por que não vai onde eles moram? Talvez consiga conversar com ela. Sei lá... Talvez ela a receba.

— Vou e vou agora mesmo — decidiu Sofia com firmeza. — Rute, desculpa pelo ocorrido com suas ligações. Você está me ajudando e... O George não tinha o direito de fazer isso. Vou ver o que aconteceu.

— Olha, Sofia, não se preocupe. Homens, às vezes, quando ocupados com outras coisas, esquecem de dar recados. Vai ver, foi isso. Não esquenta.

— Mas não podia ter acontecido. É um assunto muito importante para mim.

— Deixe isso para depois. A prioridade agora é com a Valéria. Aproveita que aquele traste está aqui na empresa. Se ele sair daqui antes do horário, o que é bem difícil, eu ligo pro seu celular para que não pegue você lá.

Sofia se despediu de Rute e foi para onde a irmã morava.

Na portaria do edifício, pediu para ser anunciada. Mas a irmã disse para avisá-la que não poderia receber ninguém.

— Como assim?! Ela não pode me receber?!

— Sinto muito, moça. Foi o que a dona Valéria pediu para eu dizer.

— Por favor, meu senhor, eu preciso entrar. Alguma coisa está errada aí. Eu sou irmã dela. Insista novamente. Diga que eu não vou sair daqui até ela me atender.

Após muita insistência, Valéria permitiu que a irmã entrasse.

Era um prédio com boa localização.

O apartamento era moderno, espaçoso e bem decorado.

Sofia passou o olhar em tudo logo ao entrar. Limpo e cheiroso. Tudo no lugar.

O resgate de uma vida

— Oi. Como está? — perguntou Valéria, timidamente, ao abraçá-la.
— Mais ou menos — correspondeu ao abraço. Ao se afastar um pouco, Sofia examinou a irmã com o olhar e perguntou direta e séria:
— Valéria, o que está acontecendo?
— Nada. Não está acontecendo nada.
— Vai me convidar para sentar ou vou ficar parada aqui? — pareceu zangada.
— Desculpe-me. Vem. — Foram para perto do sofá e a irmã pediu: — Sente-se. Mas... Olha, não podemos conversar por muito tempo. Logo mais eu tenho um compromisso e preciso me arrumar.
— Mentira! Logo mais o Éverton vai chegar e você não quer que ele saiba que eu estive aqui. Não é mesmo?! — A irmã não respondeu e Sofia quis saber: — O que está acontecendo aqui, Valéria?! O Éverton a demitiu. Você fica enclausurada e se submete a isso tudo, por quê?
— A demissão foi oportuna. Eu tinha uma boa grana para receber.
— Para que essa grana? Pra ele? Sim, porque até onde eu sei você não tem tanta dívida assim. Não precisaria se sujeitar a uma demissão por causa de dinheiro.
— Sofia, eu e o Éverton temos uma vida em comum e isso inclui nos ajudarmos.
— Mas, se o problema de dinheiro, é dele é ele quem precisa encontrar solução e não você.
Sofia olhou bem para a irmã e a viu sem brilho, sem aquela jovialidade que Valéria sempre exibiu. Seus olhos não eram os mesmos. Algo mudou, e ela ficou penalizada.
— Estou vivendo como eu quero e com quem eu quero.
Mais calma, a irmã a encarou e perguntou brandamente:
— Responda uma coisa: ele a trata bem? — e invadiu seus olhos.
— Sim. O Éverton me ama e me protege.
Sofia sentiu seu coração apertar. Se a irmã dizia que estava bem e que não precisava de intromissão em sua vida, o que ela poderia fazer?

— Sinto que existe algo errado. Muito errado. Porém, sua postura me impede de ajudar. Se precisar de mim, é só me ligar.

Valéria não disse absolutamente nada.

Elas se levantaram. A irmã a abraçou, beijou e se foi.

Ao sair do edifício, o porteiro, que estava do lado de fora da guarita, enquanto um outro funcionário limpava o recinto, ofereceu um sorriso constrangido e um leve aceno de cabeça ao dizer:

— Que bom que ela atendeu a senhora. Ela estava bem?

Sofia achou estranha a pergunta e respondeu:

— Sim. Aparentemente, minha irmã estava bem. Mas... — Olhou para o homem por algum tempo e decidiu: — Vou deixar alguns cartões meus com o senhor. Sou arquiteta, decoradora e, caso conheça alguém que precise dos meus serviços, aqui, neste edifício... Aqui está. Deixe alguns, aí na portaria, para os outros porteiros. Diga que sou irmã da Valéria. É uma referência, pois, hoje em dia, precisamos de referência para por um prestador de serviço pra dentro de casa.

O homem pegou alguns cartões, sorriu com um brilho de esperteza no olhar e disse:

— Pode deixar. Vou pôr uns cartões aqui na portaria e um vou guardar comigo.

— Obrigada.

— Nada, moça.

**

Os pensamentos de Sofia fervilhavam em torno das lembranças dos poucos momentos que ficou com a irmã.

Não se conformava com a disponibilidade de Valéria para aquela vida submissa, subjugada.

O resto da tarde foi complicado. Não se concentrava no que fazia e sua sócia tinha urgência em algumas coisas e queria fazê-la entender:

— Precisamos de uma boa verba para isso. Teremos um lucro incrível, mas vamos ter de investir. — Vendo-a, em silêncio, chamou:

— Sofia? Estou falando com você!

— Ãh!... Desculpe-me, Vânia. Estou com a cabeça tão longe.

— Então volta pra Terra! — Um momento e perguntou sobre o assunto que falou anteriormente. — O que você acha? Vamos investir? Nossa loja de móveis e objetos de decoração merece!

— Não sei direito. É muito dinheiro.

— Faremos um empréstimo — tornou Vânia.

— Não sei. Vou pensar.

* * *

Naquela noite quente, ao chegar a seu apartamento, a primeira coisa que fez foi ligar o ar condicionado.

Fez um retrospecto de seu dia e não se sentiu bem. Estava triste pela irmã. Não conseguia entender Valéria.

Estava zangada com George. Ele deveria ter-lhe dado os recados. Sabia que era importante. Ela havia contado tudo para ele. Se não tivesse condições de dar recado, não atendesse aos telefonemas.

Não bastava isso tudo, ainda estava com situações para resolver no trabalho.

Gostaria de aceitar um grande projeto e investir na loja de móveis e decorações que abriram, recentemente, em um shopping, mas precisaria de investimentos e, naquele momento, não tinha o dinheiro nem pessoas especializadas com mão de obra específica. Era algo bem arriscado de se fazer.

Não queria ter de decidir aquilo.

Ficou angustiada. Ao mesmo tempo, experimentou uma sensação bem estranha. Uma espécie de dor em seus sentimentos. Coisa que nunca havia sentido. Um medo misto a um vazio indizível.

O que seria aquilo?

Que tristeza era aquela?

Na espiritualidade, Vicente e Lucídia estavam próximos de Sofia e ele a impregnava com ideias como se fossem dela.

— Está cansada. Sem esperança e sem energia. É uma pessoa que não é útil nem necessária. Até seu trabalho é supérfluo. O mundo sobrevive sem arquitetos, sem essas decorações caras e inúteis. Como sua vida é sem graça, improdutiva, sem razão, sem objetivo.

Esse espírito se esqueceu de que Deus arquitetou, no Universo, os mundos e colocou beleza relativa em cada um deles para vivermos bem.

Tão próximo quanto Vicente, mas sem ser visto, o espírito Tássio, mentor de Sofia, incentivava-a.

— Vamos! Levanta! Não se concentre nesse tipo nem nesse nível de pensamento.

Sofia sentiu-se dominada por uma angústia inexplicável. Lembrou-se de telefonar para Rute e decidiu fazer isso naquele momento.

Uma voz de homem atendeu o celular da amiga.

Ela estranhou, mas pediu:

— A Rute, por favor.

— Ela está no banho. Aqui é o Yuri. Quer deixar algum recado ou tornar a ligar depois?

— É... Por favor... — silenciou. Sua voz oscilou. Sentiu um nó na garganta e uma súbita vontade de chorar. Não entendeu por que aquilo aconteceu. Não era de seu perfil ficar emocionada a troco de nada. Mas, aquela voz... Aquela pessoa... pareceu mexer com ela de alguma forma. Foi a coisa mais estranha que lhe aconteceu.

— Alô! Você ainda está aí?

— Sim. Estou — respirou fundo ao responder. — Meu nome é Sofia. Por favor, Yuri. Peça para a Rute me ligar.

— Pode deixar. Peço sim.

— Obrigada.

— Nada. Tchau.

— Tchau.

Que situação mais estranha. Não entendia a razão daquela emoção incomum. Enigmática.

Procurou não pensar naquilo. Mas nova sensação de desconforto e inquietude a invadiu.

Não sabia quem era Yuri e ficou pensando se ele daria o recado a sua amiga ou se faria igual a George.

Seu noivo não tinha o direito de esconder as ligações.

Será que George tinha esquecido? Provavelmente não. E por que não a avisou?

O tempo passava e nenhuma ligação.

Deveria ter ido tomar um banho e telefonado para Rute depois. Estava louca por um banho demorado e refrescante.

Decidiu pelo banho. Não iria esperar.

Bem depois, ao voltar para a sala, George estava estirado no sofá com o controle remoto da TV nas mãos.

Sofia não gostou de vê-lo, ali, e não sabia dizer o porquê.

Aproximando-se, beijou-o e perguntou:

— Tudo bem?

— Tudo. Olha, o Josué e o Amir vão chegar daqui a pouco...

Interrompendo-o, perguntou firme:

— Como assim?!

— Hoje tem jogo! Tem clássico entre...

— Não! De jeito nenhum, George. Você nem perguntou se eu quero receber alguém. Se estou disposta a limpar a sujeira que fica aqui. Estou muito cansada hoje, além de indisposta e vestida para dormir. Eu...

A campainha tocou.

— São eles!

— Como assim, são eles?! Não interfonaram da portaria?!

— Eu pedi para deixá-los subir direto — respondeu enquanto ia à direção da porta.

Sofia precisou ir para o quarto. Não queria ser vista pelos amigos de George vestida daquele jeito.

Voltou com cara sisuda e cumprimentou-os.

Seu noivo e os amigos quase não lhes deram atenção e se voltaram para a televisão. Ia começar o jogo.

Ela pegou o celular sobre a mesa e foi para o quarto.

Consultando o aparelho, verificou uma chamada atendida. Era Rute. Ligou.

Novamente, a voz do irmão da amiga.

— A Rute, por favor.

— É a Sofia?

— Sim. Sou eu. Yuri?

— Sim, Sofia. É o Yuri. Um minuto que vou procurar a minha irmã. Acho que... — falava enquanto andava com o aparelho à procura de Rute. O som oscilava com as diferentes dimensões dos recintos. — Não. Ela não está no quarto... Não está na cozinha... Agora... vou descer as escadas, onde ela também não está... — Sofia ficou descontraída e riu e ele pôde ouvir. — Não está na lavanderia. Acho que está no quintal, brincando com o nosso cachorro... Mas... também não. Nem ela nem o cachorro. Sinto muito Sofia, o Thor foi levar a Rute para passear. — Ela riu novamente e Yuri escutou, por isso explicou: — Verdade! O Thor, nosso cachorro, é quem nos arrasta para ir passear.

— De que raça ele é?

— É... Bem, o Thor é uma mistura de bóxer com algo que não identificamos ainda. — Novo riso. — Mas o Thor é um cachorro. Isso podemos garantir! — Ela riu novamente e ele disse: — Desculpe-me pela brincadeira. Nem a conheço para fazer isso.

— Não. Tudo bem. Eu estava precisando rir um pouquinho.

— Eu sei.

— Como sabe?

— Pela sua voz.

— Nossa! Está tão evidente assim?

— Não. Sou eu que tenho a audição apurada e também sou um grande observador de voz.

— Está certo. Então... Obrigada. Eu ligo depois.

— Direi a minha irmã que você ligou.

— Obrigada. Tchau — ela se despediu.

— Tchau.

Sofia jogou o celular sobre a cama e sentou-se nela.

A atitude de George a incomodava imensamente.

Ele não tinha o direito de levar seus amigos, ali, sem antes consultá-la. Tirava sua privacidade e liberdade dentro da própria casa. Além de deixar a sujeira de sempre para ela limpar.

— Droga de vida! — verbalizou irritada.

— Não fale assim — disse Tássio, seu mentor. — A palavra tem força viva e é muito poderosa. O que você fala, você atrai.

Alguns minutos e o telefone tocou. Era Rute.

— Oi! Estamos brincando de esconde-esconde!

— É mesmo. Liguei, seu irmão atendeu, fui tomar banho e você ligou.

— É! Viu? Dessa vez o George deu o recado. Não foi? Homem é esquecido mesmo.

— Não. Ele não deu o recado. Eu dei uma olhada no telefone e vi que você tinha ligado. Aliás, nem conversei com ele sobre esse assunto ainda.

— Não esquenta, Sofia. Não vá brigar por conta disso. Vamos ao que interessa: viu a Valéria? Conversou com ela?

— Bem pouco. Foi difícil, menina! Sabe que ela... — contou tudo. Até sobre ter deixado seu cartão com o porteiro. — Foi intencional. Percebi que o porteiro, um senhor de aparência bem ponderada, parecia saber a razão de eu estar aflita, querer conversar e subir. Acredito que ele sabe de alguma coisa.

— Que coisa?

— Sei lá... Que a Valéria é constrangida por aquele cafajeste, de alguma forma.

— Será que ele sabe?

— Acho que sim, Rute. Tem algo errado ali. Devem saber que o Éverton é um covarde. Todo homem que bate ou constrange uma mulher é um covarde de marca maior!

— Concordo! E... Como é o lugar? O apartamento?...

— Muito bom. Deve ter três dormitórios. Salas de jantar e de estar bem amplas. Dei uma espiada na cozinha, que também é boa. Tudo muito limpo, arrumado e bem decorado. Tiveram bom gosto.

— Pelo menos ela não está morando em um pardieiro.

— Pelo menos isso. Mas fiquei insatisfeita por ela me dizer que era conveniente ser demitida pelo dinheiro que teria a receber.

— Acha que o dinheiro dela foi para ele?

— Lógico, Rute! Minha irmã não tem grandes despesas nem é ambiciosa. Ela é bem diferente de mim. Eu sempre tinha planos, projetos, investimentos. Isso vai dinheiro. Nem me diga. Ela não. Sempre morou com meus pais. Nunca teve ambição. Nem carro tinha! Onde já se viu isso nos dias de hoje? Os gastos da Valéria sempre foram com roupas, com o básico.

— Uma vez ela me disse que tinha dinheiro em uma aplicação.

— É verdade. Tinha sim.

— Veja bem, Sofia. Não há muito o que possamos fazer. Andei me informando e é a Valéria quem tem de se manifestar.

— Entendo. Não podemos fazer muita coisa.

— Não mesmo. Tudo o que temos são só suspeitas. Não vimos as agressões. Não temos qualquer prova.

— Obrigada por me ajudar, Rute.

— Não fiz nada.

— Fez sim. A sua parceria, a sua amizade nesse momento são muito importantes.

— O que é isso... — ficou sem jeito.

— A propósito — Sofia quis brincar —, da próxima vez que o cachorro for levar você para passear, leve o celular.

— Eu não! Aquele lindo, fofo e gracioso cachorro mal-educado e rebelde que amamos, não vale nada! — riu gostoso. — Se eu me distrair ao atender o celular e vier alguém para me roubar o aparelho, é capaz de ele seguir o sujeito para ser adotado. Você precisa conhecer a figura!

Riram.

— Preciso conhecer esse cachorro. Adoro bicho!

— Quero que venha aqui em casa para conhecer minha mãe. Sei que vão se gostar muito. Falei para ela sobre o trabalho voluntário que faz lá no centro e ela se interessou. Quer que você dê algumas ideias para fazermos o mesmo lá na casa que frequentamos.

— Com o maior prazer! — alegrou-se. — Vou sim. E... Por enquanto, obrigada, Rute. Olha, da próxima vez que ligar, caso o George atenda, não confie que ele vá dar o recado.

— Certo. Não se preocupe.

— Vou conversar com ele.

— Vá com calma — Rute aconselhou.

— Deixa comigo.

Despediram-se.

* * *

Um pouco mais tarde, ao perceber que os amigos de George se foram, Sofia foi até a sala onde o noivo recolhia algumas coisas.

Sem trégua, perguntou:

— Por que não tem me dado os recados da Rute?

— Sei lá. Achei que ela ligaria depois.

— Se for para não me dar o recado, não atenda mais meu telefone.

O espírito Vicente se aproximou e passou a influenciar ambos:

— Vai deixar que ela domine você? Diga que não concorda com essa história de ela se meter na vida da irmã — inspirava Vicente.

— Olha, Sofia, se quer saber a verdade — falou de um jeito ríspido, fora do que costumava fazer —, estou cheio de ver você falando o que a Valéria deve ou não fazer. Se ela quer apanhar do cara!... Que se dane! Tem mulher que gosta disso!

— Não acredito no que estou ouvindo!

— Mas é isso mesmo! Estou errado?

— Está!!! Lógico que está!

— Sabe, Sofia, essas conversas sobre a Valéria estão ocupando todo o nosso tempo junto.

— Não senhor! O que está ocupando o nosso tempo, e me incomodando muito, são os seus amigos aqui, na minha casa, sem eu ter convidado. Não estou gostando do que está acontecendo aqui. Quando os traz pra cá, tira a minha privacidade, a minha liberdade e deixa toda essa sujeira para eu limpar!

— Eu arrumo tudo!

— Não arruma não! Não do jeito que estava! — gritou. — Fica farelo no tapete, no sofá, marcas de copos na mesa! Odeio isso!

— Tá gritando por quê? Tá irritada com os problemas da sua irmã e vem gritar comigo?!

Sofia suspirou fundo e, procurando ficar mais calma, tentou argumentar:

— George, preste atenção...

— Prestar atenção coisa nenhuma! Tenho mais o que fazer!

Virando-se, largou o que fazia e foi embora, deixando-a parada e falando sozinha no meio da sala.

Uma indignação tomou conta de Sofia que nunca tinha se visto tão irritada e contrariada como naquele momento.

Sem ter o que fazer, foi para o quarto e deitou.

Não conseguiu dormir por tudo o que pensava e por tantas opiniões conflitantes que o espírito Vicente imprimia-lhe nos pensamentos.

Capítulo 7

O retorno de Valéria

O tempo passava célere.

Usando fones de ouvido para escutar músicas de sua preferência, Sofia corria pela praia de Ipanema, na areia firme e úmida.

Queria se livrar do estresse que parecia pesar muito em seus ombros, em seus pensamentos. Talvez nem escutasse a música.

Havia se reconciliado com George, mas ainda se sentia magoada. Não conseguia perdoar-lhe totalmente pelo que tinha dito.

Pelo menos uma coisa ela havia deixado bem clara: não queria mais os amigos dele assistindo a jogos em seu apartamento.

Às vezes, são nas discussões que conseguimos ser bem claros e dizer o que, realmente, desejamos e do que gostamos. Só não podemos permitir que sentimentos acalorados nos dominem nesse instante.

Quando ficamos irritados, o assunto principal perde o foco para os nossos sentimentos alterados, então, para o outro, nossa postura parece errada.

Sofia ainda estava preocupada com sua irmã, embora Valéria atendesse uma ou outra ligação sua e dizia que estava tudo bem.

Quanto à dilatação de seus negócios, sentia uma insegurança indefinida. Não sabia o que fazer.

Vânia, sua sócia, pressionava-a afirmando que a expansão era necessária e que iriam conseguir. Mas a falta de convicção a perturbava ainda.

Sofia terminou a corrida e, antes de ir embora, parou perto de alguns aparelhos de ginástica. Fez alguns alongamentos físicos.

Parou e ficou ali por algum tempo.

Notou que um rapaz, sentado na mureta da praia, olhou-a e sorriu.

Ela não correspondeu, mas ele lhe chamou a atenção. Gostaria de olhá-lo mais, porém resistiu.

Séria, virou-se e pulou a mureta, chegando ao calçadão.

Pouco depois, ouviu:

— Hei! Moça!

Sofia virou-se, mas continuou andando.

— Seu celular! — gritou o rapaz.

Ela se olhou confirmando o que ele dizia. Não estava com o celular. Sorriu e voltou.

Bem próxima, agradeceu:

— Obrigada. Muito obrigada. Nossa! Que cabeça a minha.

Ao pegar o aparelho, suas mãos se tocaram e isso os fez estremecer. Algo inexplicável acontecia.

Olharam-se e, nesse momento, o telefone celular caiu ao chão.

Abaixaram-se juntos e se levantaram.

Ele, com o telefone na mão, novamente, entregou a ela e disfarçou o entusiasmo que sentia, sorrindo ao perguntar:

— Não sentiu falta do som que ouvia?

— Não. Tirei para fazer alongamento e me esqueci. — Invadiram-se as almas com demorado olhar e novo impacto. Sorriram. Agora era a vez de Sofia disfarçar o que sentia. — Obrigada.

— Por nada — respondeu ele.

Sofia guardou o aparelho junto com os fones e, correspondendo ao sorriso, virou-se e caminhou. E ele também.

Olharam para trás algumas vezes, mas seus olhares não se encontraram mais.

Ela continuou caminhando pela calçada e olhava em direção ao mar. Logo se esqueceria daquilo.

Ficou observando a praia vazia. O dia estava cinzento e a temperatura agradável.

Não demorou e Sofia sentiu o peito apertar novamente. Não entendia a razão.

Voltou para seu apartamento.

Ao entrar, tomou um susto e questionou:

— Vânia! Você aqui?!

— Precisava daquelas plantas e vim buscar. Você não estava e o George me deixou subir e pediu para eu aguardar.

— Cadê ele?

— Não sei. Foi lá pra dentro. Disse para eu dar uma olhada lá no escritório. Procurei, mas não encontrei nada. Então ele falou para eu te esperar. Dá para pegar as plantas pra mim?

— Claro. Um momento — pediu, achando estranha aquela situação. Não gostou do que aconteceu.

Foi para a sua suíte e escutou o chuveiro ligado. De lá, foi ao escritório, pegou o que a outra queria e voltou à sala.

— Não precisava se incomodar em vir aqui. Eu ia levar hoje — disse ao entregar.

— Estou entendendo que não queria minha visita — Vânia brincou.

— Não. Não é nada disso — falou com um tom de insatisfação em sua voz.

— Estou com pressa. Nem fui ao escritório. Vou direto ao cliente — comentou ao se dirigir para a saída. — Ah! Aquelas encomendas chegaram hoje.

— Chegaram? — perguntou Sofia, sentindo-se atordoada ainda.

— Sim. Chegaram. São lindas peças. Você vai gostar.

— Tomara — falou, segurando a porta do hall.

— Agora vou indo — disse ao entrar no elevador. — Tchau.

— Tchau.

Só ao retornar para a sala, Sofia pensou:

"Como ela sabe que as encomendas chegaram hoje e são lindas? Havia dito que não foi ao escritório. E por que não me ligou antes de vir aqui?"

Aquilo a incomodou.

Deparando-se com George, perguntou, após cumprimentá-lo:

— O que faz aqui tão cedo?

— Dei uma corrida e passei pra te ver. Então a Vânia chegou. Mandei que subisse para te esperar. Errei nisso também?

— E foi tomar banho?

— Enquanto ela esperava, fui para o banho para ganhar tempo e sair daqui arrumado. Achei que não teria problema deixá-la esperando.

— Você mandou-a, no meu escritório, procurar as plantas do projeto de interiores?

— Ah! O que é que tem?

— Faça um favor, da próxima vez não manda ninguém subir, tá?!

— Hei, Sofia! O que está acontecendo? Está desconfiando de mim?

— Não achei legal o que aconteceu. Só isso.

— A Vânia é sua sócia! É pessoa de sua confiança!

— Lá na empresa. Esta é minha casa. Decidi que não quero algumas pessoas aqui. Tenho esse direito.

— Não quer mais pessoas como meus amigos e sua amiga.

— Entenda como quiser, George. Entenda o que quiser — virou-se e foi para o banho.

— É difícil entender você, viu?!

Foi a última coisa que ela ouviu do noivo.

Ao sair do banho, George já havia ido embora e, mais uma vez, aquela sensação ruim, que não gostava de experimentar.

Enrolada na toalha de banho, foi até a janela para, novamente, observar o tempo e saber o que vestir.

Nem frio nem calor.

Abriu o armário, olhou, olhou e não gostava de nada. Parecia que nada lhe caía bem.

Pegou algo que há algum tempo usou e havia gostado.

Foi arrumar os cabelos que estavam mais crescidos e exibiam pontas que deformavam o corte.

— É... Nada está bom hoje, não é mesmo? A vida está sem graça, sem sentido. Sabe qual é o pior? Se você dispensar o George, vai acabar ficando sozinha. Já tem idade. Antigamente, mulher na sua idade era chamada de solteirona — dizia o espírito Vicente, bem próximo à Sofia impregnando-a com suas energias pesadas.

Ao mesmo tempo, Tássio se aproximou e sugeriu:

— Se não consegue mudar os pensamentos, Sofia, faça uma prece. Concentre-se em uma oração. Eleve-se.

Frente ao espelho, ela deu um suspiro. Virou-se. Sentou-se em sua cama e tentou orar. Não conseguia se concentrar. Então rezou o Pai Nosso, oração que o próprio Jesus nos ensinou.

Prestou atenção em cada palavra, em cada desejo.

Incomodado, Vicente se afastou diante da dilatação prateada de uma luz vinda da encarnada. Irritado, retirou-se.

Sofia sentiu-se melhor. Ainda assim, não buscou ficar atenta a pensamentos inoportunos.

* * *

Em certa oportunidade, na casa espírita que frequentava, Sofia procurou por dona Francisca, médium e orientadora, tarefeira do centro.

A senhora achou incomum a presença de Sofia ali, na orientação. Prestando-se a atendê-la, ouviu tudo até...

— Em resumo é isso, dona Francisca. Meu noivo quer morar junto, como falei. Tem o caso da minha irmã. Também meus negócios. Além disso, nos últimos tempos, não estou muito bem, emocionalmente falando. Sinto uma angústia, uma inquietude, vontade de fazer nada. Sinto-me pressionada. Fico indecisa. Nunca fui assim.

Equilibrada e experiente, através da mediunidade, a senhora "viu" os espíritos inferiorizados junto à Sofia.

Sorrindo docemente, respirou fundo e olhando a outra de frente, comentou:

— Conheço você há muitos anos, Sofia. Desde quando fazia curso na mocidade espírita. Sei de sua capacidade e perseverança. Sei também o quanto tem de conhecimento e é inteligente. Deve saber que, quando se tem dúvida, não se deve tomar decisões. Além disso, se não está firme quanto ao que tem de fazer na sua vida, será muito difícil arcar com o que os outros precisam na vida deles.

— Como assim, dona Francisca?

— A vida de sua irmã pertence a ela. É a Valéria quem está se propondo a esse nível de aprendizado. Você mesma sabe e mencionou que ela é maior, advogada, emancipada. Foi a Valéria quem quis e aceitou a vida que leva.

— Mas eu não posso desejar o melhor para a minha irmã?

— Pode. Lógico que sim. Desejar sim. Intrometer-se não. Como amiga, e, pelas experiências que tenho na vida, eu diria para você somente acompanhar a vida de sua irmã e ficar pronta e preparada para ajudar a Valéria quando ela precisar de apoio. Sim, porque, mais cedo ou mais tarde, ela vai pedir ajuda. Mesmo assim, quando chegar o momento, você não deve desistir de sua vida para apoiá-la. Deverá ajudá-la a se ajudar. Isso, quando ela precisar e pedir. Do contrário, a orientação que ela precisava, você já deu. — Breve pausa para que Sofia assimilasse e prosseguiu: — Você me disse que pensa em levar sua irmã para sua casa, cuidar e orientar a Valéria. Veja bem, se fizer isso, como vai ficar sua situação com o George? Poderá decidir se casar ou unir-se a ele com sua irmã dependente de você? Se fizer isso, o que vai fazer com a Valéria? Veja bem, você tem sua empresa de decoração, a loja de móveis e de decoração, tem a nova loja que já está abrindo naquele novo shopping de móveis que me falou, os novos investimentos nas mercadorias importadas... São compras que exigem grande investimento. É isso?

— Sim. É isso.

— Então, filha, o que posso dizer é: separe uma situação da outra. Primeiro, deixe sua irmã cuidar da vida dela. A orientação de que ela precisava, já foi dada. Segundo, entenda que, se você não estiver bem, se sua vida não estiver alicerçada, não vai poder ajudar ninguém. Então, não tome atitude precipitada. Se está em dúvida quanto a ficar com o George pelas coisas que tem observado nele, principalmente depois da conversa com sua mãe, espere. Entenda que precisa conhecê-lo melhor. Nenhuma união deve começar de repente. Nunca. Vocês não precisam disso. Embora esteja namorando há algum tempo, entendi que não se empenharam em se conhecer. Seja sincera com ele. Diga que quer esperar mais um pouquinho, pelo menos até o seu lado empreendedor, financeiro, profissional se estabilizar. Até lá você vai aprendendo sobre ele, conhecendo, conversando, procurando fazê-lo entender como é uma vida a dois. Pelo que me falou, ele parece bem imaturo, ainda.

— E quanto ao investimento que minha sócia tanto insiste?

— Tome as rédeas da situação. Não deixe que ela decida por você. Se está insegura, não faça nada. O que não fizer na vida, poderá fazer depois. Uma atitude impensada pode trazer consequências difíceis de reparar.

— Certo, dona Francisca. Acho que entendi.

— Se não entendeu, eu posso repetir — sorriu. — Além disso, seria bom você se colocar à disposição de uma assistência espiritual, por meio de passes. Muitos tarefeiros de casas espíritas não gostam de ser indicados à assistência espiritual, mas eles se esquecem de que podem ser os primeiros a serem assediados ou tentados por espíritos levianos. É bom lembrar também que são os primeiros a serem socorridos por entidades sérias, valorosas e elevadas, quando pedem ajuda.

— Eu entendo e aceito sim — sorriu com bondade.

— Sabe, meu bem, independentemente de ser colaborador em casa espírita, igreja, centros sociais ou qualquer outra coisa, somos humanos e estamos encarnados. Basta isso para sofrermos influências de espíritos inferiores ou levianos que querem rir e zombar dos nossos erros. Estamos sujeitos a espíritos vingativos e desequilibrados que desejam nos fazer errar e sofrer. Querem nos ver angustiados e depressivos, tristes e inativos. Qualquer um deles sempre se aproveita dos desafios que temos de experimentar em nossas vidas para nos prejudicar. Se no seu planejamento reencarnatório existe a necessidade de você enfrentar um determinado desafio ou uma determinada prova, você vai passar por ela. Se der atenção às ideias de cansaço, desânimo e outras que vierem em seus pensamentos, seu desafio será bem mais difícil. Agora, se você não der atenção a pensamentos que querem castigá-la, respirar fundo, fazer uma prece verdadeiramente sentida e dizer, acreditando: eu posso e sou capaz! Deus está comigo me fortalecendo! Você já conseguiu a vitória para a sua prova antes mesmo de passar por ela totalmente. Se fizer isso, vai se elevar tanto que aqueles espíritos inferiores não vão mais alcançar o seu nível e você não será mais interessante para eles.

Sofia sorriu confiante e agradeceu:

— Obrigada, dona Francisca.

— Agora vai, minha filha. E aqui está o cartãozinho para você controlar o número de passes. Depois que terminar, volte aqui para conversarmos.

Levantando-se, Sofia agradeceu novamente e a beijou antes de ir.

Naquele mesmo dia, iniciou a assistência espiritual através dos passes magnéticos.

Assim que Sofia saiu da sala, o espírito Vicente disse a dona Francisca:

— Velha intrometida! Vou acabar com você!

"Deus todo poderoso, de amor e de bondade está em mim. Deus me vivifica. Ele me fortalece e me ampara. Enquanto eu renunciar as más tendências o Pai estará em mim. Sou equilibrada e vivo os ensinamentos do Mestre Jesus! Todos aqueles que se aproximam de mim recebem os bons fluidos de amor e paz dos benfeitores de Luz. Eles são meus amigos e companheiros de tarefa. Assim seja sempre!" — esses foram os pensamentos da senhora que dissiparam imediatamente as energias inferiores emanadas por Vicente.

A mulher nem deu atenção ao que ele disse, desejou e ameaçou. Sua fé inabalável criava algo como um escudo de proteção.

Além disso, benfeitores espirituais a acompanhavam sempre, embora pouco precisassem fazer, por conta dos bons hábitos e práticas valorosos. Dona Francisca não se desviava do equilíbrio moral e espiritual. Uma conquista a custa de muito empenho e aprendizado os quais todos somos capazes.

***

Com o auxílio dos passes magnéticos recebidos na casa espírita e de suas boas práticas, Sofia começou a se sentir melhor, mais confiante. Porém Vicente e Lucídia aproveitavam-se de qualquer circunstâncias para procurar abalá-la e fazê-la perder a fé, a resistência.

Certo dia, um telefonema surpreendeu Sofia.

Era Rute.

— A Valéria está aqui na minha casa. Seria bom que você viesse para cá.

Não demorou e Sofia, no quarto de Rute, conversava com a irmã. Assustando-se ao vê-la, perguntou:

— O que foi isso?! O que aconteceu?!

Valéria estava com um hematoma tão grande no rosto que chegava a deixar seu olho fechado. Lábios inchados e cortados. Braços roxos e mãos também machucadas.

Ela não respondeu às perguntas da irmã. Abraçou-a forte e chorou muito.

Algum tempo depois e se afastou, dizendo:

— Eu fui embora do apartamento sem falar nada para ele.

— E ainda acha que precisava falar alguma coisa? Você precisa é ir para a delegacia. Precisa ir ao médico! — afirmou a irmã.

— Não! Por favor, não! — exclamou implorando.

— É preciso sim, Valéria. Isso não pode ficar assim — tornou Sofia.

— Não! Não vou! Nem para hospital nem para a polícia. Se me levar para lá, vou mentir. Dizer que fui assaltada, atropelada ou qualquer coisa assim.

Sofia olhou para Rute, que orientou:

— Se ela não quiser, não podemos fazer nada.

Observando-a, com piedade, Sofia decidiu:

— Então vamos para meu apartamento. Vamos chamar um táxi.

— Você não está de carro? — estranhou Rute.

— Não. Deixei meu carro na empresa hoje cedo. Fui até um cliente com o carro da empresa e dois empregados para finalizar uma decoração. Quando você ligou, deixei os dois lá e vim para cá de táxi.

Rute pensou um pouco e decidiu:

— Deixe-me ver o Yuri. Talvez meu irmão possa levar vocês.

Foi à procura do irmão e logo retornou dizendo:

— Ele está no banho e disse que pode levá-las. Vamos aguardar um pouquinho.

— Não quero dar trabalho, Rute. Podemos ir. Sem problema — disse Sofia.

— Não será incomodo nenhum. Pena é minha mãe não estar em casa. Ela poderia ajudar. Dar uns conselhos, sei lá. Precisa conhecê-la.

— Vou conhecê-la em outro momento. Não se preocupe.

Não demorou e um rapaz alto, porte físico moderado, moreno claro, cabelos e olhos castanhos surgiu no quarto.

Tinha um rosto agradável. Só estava bem sério.

Ao vê-lo, Sofia o encarou por um tempo. Acreditou que o conhecia de algum lugar, mas não disse nada.

Ele, por sua vez, teve seus olhos fixos nela. Também nada comentou. Seria indelicado.

— Oi. E aí? — perguntou, tímido.

— Entra! — pediu a irmã. — Esta é a Sofia, que você vive atendendo ao telefone.

O sorriso de Yuri se abriu iluminado e cumprimentou:

— Olá! Prazer! Tudo bem com você?

— Oi. Tudo bem — mesmo sorrindo, foi ela quem se constrangeu naquele momento sem entender o porquê, enquanto apertaram as mãos.

— E a Valéria... Você já conhece.

Valéria não o encarou. Nem mesmo olhou em direção de Yuri.

Assim que entrou, o rapaz fixou-se em Sofia e não havia observado a amiga de sua irmã. Quando o fez, surpreendeu-se e disse à Rute:

— Você me falou que ela não estava bem, mas... Ela foi agredida! Ela precisa ir ao hospital! Isso é caso de polícia! — exclamou assustado. As marcas em Valéria eram nítidas.

— Ela não quer prestar queixa — disse Sofia. — Pelo menos, agora não. Quero levá-la pra minha casa e... Lá nós vamos ver.

— Não! Não vou a hospital nem à polícia! — reagiu Valéria.

— Por que não? — ele perguntou. — Não pode ficar assim. Quem fez isso precisa ser responsabilizado. — Um momento e perguntou: — Você foi assaltada?

— Não. Isso foi obra do cara covarde com quem ela vivia — respondeu Rute.

Todos olhavam para Valéria que abaixou a cabeça e não dizia nada.

Sofia, tentando resolver logo a situação, propôs:

— Vamos deixar assim, por enquanto. Vamos conversar melhor depois. O que ela mais precisa agora é de um banho e de descanso.

Yuri pensou um pouco, encarou Sofia e decidiu:

— Acredito que deveriam tomar outra providência. Mas, se é assim que quer fazer... Vamos lá. Eu as levo.

Foi feito.

**

Depois de um tempo, chegaram todos ao apartamento de Sofia.

Yuri sentou-se no sofá da sala e ficou assistindo à televisão enquanto Sofia e Rute cuidavam de Valéria no quarto.

Algum tempo passou, Rute e Sofia retornaram à sala.

— Desculpe-me deixá-lo aí esperando, sozinho — pediu Sofia.

— Sem problemas. Não se preocupe. — Olhando para a irmã, perguntou: — Vamos?

Sofia não esperou que Rute se manifestasse e opinou:

— Melhor não. Ainda deve estar tudo engarrafado. Com pontos de alagamento por causa da chuva que caiu forte. Melhor esperarem um pouco mais. Vamos pedir uma pizza ou comida chinesa? O que acham? — sugeriu animada.

— Não se preocupe com a gente — disse Rute.

— E isso quer dizer pizza ou comida chinesa? — perguntou Sofia com certa graça.

— Já que insiste... Eu voto na pizza — afirmou Yuri. — Hoje estou com fome.

Rute se surpreendeu ao olhar para o irmão, mas não disse nada.

Sofia se sentiu satisfeita. Queria agradar e retribuir a atenção e a ajuda que vinha recebendo dos amigos.

Animada, pegou o folheto da melhor pizzaria que conhecia e fizeram a escolha.

Vez e outra, ia até o quarto para ver se a irmã que, após o banho, não quis voltar à sala. Valéria preferiu descansar no quarto.

— Vamos fazer uma sopinha para ela? — sugeriu Rute.

— Vamos sim. Eu estava pensando nisso — concordou Sofia.

Enquanto as duas foram para a cozinha, o rapaz continuou na sala, sozinho.

— Acho melhor fazer uma sopa de aveia. O que me diz, Rute?

— É a melhor. Ela está com a boca machucada.

Enquanto preparava a sopa, Sofia comentou:

— Eu sabia que ia dar nisso. Vou fazer de tudo para que amanhã ela vá à delegacia prestar queixa contra aquele safado.

— Se ela não quiser, você não poderá fazer nada. Sabe disso.

— É. Sei. — Um momento e lembrou: — Coitado do seu irmão. Nós o largamos, sozinho, lá na sala.

— O Yuri não está muito bem nos últimos tempos. Até fiquei admirada por ele querer comer pizza e dizer que estava com fome. Ficou tão abalado que nem está comendo direito.

— Por quê? O que ele tem? Está doente?

— Pior. Não está se alimentando bem. Desanimado para ir trabalhar... Está bem pra baixo.

— O que foi? — insistiu Sofia.

— Noivo há três anos com uma moça, que é um amor de pessoa. Casa pronta e sendo mobiliada. Casamento marcado. Tudo certo. Até que... Eles estavam lá em casa em uma bela sexta-feira, pois era aniversário da minha mãe e, daí que, depois do bolo ele a levou pra casa e voltou. Foi dormir. Disse que precisava ver uma obra no dia seguinte. Apesar de ser sábado, havia prometido ir lá resolver algo que não tinha dado pra solucionar no dia anterior. Ele é engenheiro e tem uma empresa de construção civil. No sábado tudo bem. Ele encontrou com ela à noite e... sei lá. Tudo normal. No domingo, o Yuri entra na internet e vê, postada em uma página da rede social de um amigo, a foto, bem nítida, da Roxana se beijando com outro cara em uma balada na sexta-feira à noite, ou madrugada de sábado.

— Como assim?!!! — exclamou, sussurrando admirada.

— Ele ligou para o amigo. E o amigo disse que não sabia como contar pra ele. Depois do papo, o amigo enviou uma série de fotos da noiva do Yuri com o cara com quem ela passou a noite na balada. Abraços, beijos, danças... E, menina. Você nem imagina.

— Meu Deus! E aí?

— Ele procurou a Roxana. Primeiro ela negou. Disse que deveria ser alguém muito parecida. Mas não tinha como negar. Era ela nas fotos. Além disso, as amigas dela também apareciam nitidamente. Depois de tanto negar, chorou. Assumiu que foi à balada e culpou as amigas. Contou que as meninas insistiram muito para ela ir, tanto que acabou topando. Lá, bebeu todas e nem sabe dizer o que fez. Acabou ficando com um cara desconhecido que nem sabe o nome nem onde encontrar. Disse que nem viu o amigo do Yuri. Pediu desculpas, perdão, mas o noivado foi pro ralo. Faz um mês que meu irmão não é o mesmo. Não come nem trabalha direito. Emagreceu a olhos vistos.

— Será que tem volta?

— Ele nem quer ouvir falar o nome dela. Pediu que eu fosse a casa que ele fez para morarem e tirasse tudo o que ela colocou.

— Ela se mostrava uma pessoa atrevida, inconsequente ou...

— Que nada! Não mesmo. Uma excelente pessoa. Vivia lá em nossa casa. Moça de família. Não deu para entender. Conversei com a Roxana quando fui levar as coisas e ela me disse que não sabe explicar o que aconteceu. Disse que a bebida foi pra mais, perdeu a noção do bom senso e afirmou que ama muito o meu irmão, que sempre o respeitou. Está em depre como ele.

— Nossa! Ela deveria ter-se vigiado melhor, não é? — acreditou Sofia.

— Também acho. Agora será difícil voltar atrás. Se você visse as fotos. Beijos e amassos daqueles comprometedores! — ressaltou. — Não posso tirar a razão do meu irmão. Ele está certo. Uma mulher que se preserva não ia aceitar sair com as amigas sem avisar o noivo e ainda encher a cara e se dispor a ficar com outro cara.

— Ele sabia que ela ia a baladas?

— Não. Nem em sonho. Isso significa que pode ter ocorrido outras vezes sem que ele soubesse, não é mesmo?

— É. Ele tem o direito de pensar isso — opinou Sofia. Nesse instante, a sopa ficou pronta e ela disse: — Vou levar a sopa para a Valéria. Se a pizza chegar, você pega?

— Pode deixar.

* * *

Enquanto comiam a pizza, Sofia, sentada frente a Yuri, perguntou para puxar algum assunto:

— Então você tem uma construtora?

— Tenho. E você é arquiteta? — indagou no mesmo tom.

— Sou. Voltada para decorações de interiores.

— Ela tem lojas de móveis e decoração — informou Rute.

— É um mercado muito bom — ele considerou. Yuri ofereceu breve pausa e perguntou: — O que pretende fazer para ajudar sua irmã?

— Quero convencê-la a prestar queixa e ir ao médico. Fazer uso dos direitos que tem. Não entendo nada de lei, mas...

— Perdoe a minha sinceridade, mas a Valéria não deveria ter deixado a coisa ter chegado aonde chegou — opinou Rute bem direta. — Não sei o que leva uma mulher a se submeter a homens desse tipo. Homens que agridem física e emocionalmente, são criminosos e covardes. Perigosos, eu diria, pois suas práticas tendem sempre a serem mais intensas, mais fortes, podendo chegar ao homicídio. Muitas mulheres já foram parar no cemitério por culpa de homens covardes assim. E, normalmente, tudo começa com algum constrangimento. Poucas pessoas têm conhecimento sobre o fato de que a agressão psicológica é também crime. As mulheres têm seus direitos perante a lei e precisam usá-los. É o momento de perder o medo. Criar coragem e se libertar dessa dor, desse sofrimento. Hoje em dia, dá para buscar ajuda. É necessário conhecer seus direitos e tomar atitudes para sair do transtorno de ser maltratada.

— Nada melhor do que uma advogada para nos esclarecer — disse Yuri olhando para a irmã. Em seguida, pediu: — Fale um pouco sobre a Lei Maria da Penha.

— Não sou advogada ainda. Sou formada em direito, mas ainda não prestei exame na O.A.B. para ser aprovada e me tornar uma advogada de fato. Mas... Falando em Lei Maria da Penha, ou melhor, falando de violência doméstica e familiar contra a mulher, encontramos, nessa Lei, definições de como essa violência pode se manifestar, entre elas está incluída a violência psicológica.

— O que podemos entender por violência psicológica? — perguntou Sofia, com simplicidade.

— Entende-se por violência psicológica qualquer conduta que cause dano emocional e diminuição da autoestima ou que a prejudique e perturbe o pleno desenvolvimento ou que vise a degradar ou controlar as suas ações, comportamento, crenças e decisões, mediante ameaça, constrangimento, humilhação, manipulação, isolamento, vigilância, perseguição, insulto, chantagem, ridicularização, exploração e limitação do direito de ir e vir ou qualquer outro meio que cause a mulher prejuízo à sua saúde psicológica e à autodeterminação.

— Está afiada, hein! — brincou o irmão com certa admiração.

— Estou estudando isso para quando a Valéria precisar — respondeu sorrindo. — Sabe, gente, muita coisa está atrasada neste país. Nossas Leis ainda estão no berço! Sabiam que, somente em 1994, o Brasil assumiu o compromisso para prevenir, punir e erradicar a violência contra a mulher? — Não esperou por resposta. — Foi quando assinou o documento da Convenção Interamericana. Documento este que define as formas que essa violência pode assumir e como pode se manifestar. Mas, somente em 2006, a Lei Maria da Penha entrou em vigor, esclarecendo que a violência contra a mulher é muito mais abrangente. Não são somente as dores físicas que machucam. Essa Lei é mais ampla e esclarecedora. A violência deve ser entendida de diversas formas como: constrangimento, dano, morte, limitação, coação sexual, moral, psicológico, econômico, político ou perda patrimonial. Podendo ocorrer em espaço público ou privado, ou seja, não só em casa, mas no trabalho, em uma loja... — Um momento e Rute contou: — Eu vi uma ação movida por uma mulher contra uma concessionária de automóveis. Ela foi até lá para comprar um carro. Estava sendo bem atendida por um vendedor. Quando olhava determinado veículo, outro promotor de vendas se aproximou e disse algo do tipo: "Esse carro mulher não sabe dirigir. Esse veículo é possante. É para homens! Além disso, é caro!" Depois esse vendedor riu, zombando da cliente.

— Que idiota! — protestou Yuri.

— Idiota mesmo! — concordou Sofia.

— Ela, esperta, moveu uma bela ação. Foi constrangida por ser mulher, mas não foi boba. O sujeito mereceu! Ele e a concessionária foram punidos. A mulher recebeu uma boa indenização. Tão boa que o carro possante e caro foi comprado por ela com o que recebeu — riu. — Ela ainda disse, depois, que nem estava interessada naquele carro, que estava olhando só por olhar.

— Com essa história percebemos a grande diferença entre reclamar por seus direitos e exigir seus direitos — considerou Yuri.

— Se todas as pessoas tomassem atitudes, quando se sentissem prejudicadas, e as Leis dessem a cada um o direito que lhes cabe de forma mais rápida, acabariam as injustiças e as pessoas seriam mais educadas umas com as outras — disse Sofia. Os outros refletiram um pouco. Depois, ela pediu: — Rute, amanhã você pode vir aqui para conversarmos com ela?

— Claro. Venho sim. Vamos refrescar a cabecinha da minha amiga.

— Pode vir também, Yuri. Vai nos dar muita força. De repente, sua opinião terá um peso maior por ser homem e...

— Sofia! Veja o que está falando! Só porque ele é homem... Você está me desqualificando como mulher?! Estou me sentindo constrangida! — brincou e riu.

— Não! Eu quis dizer... Ora! Você entendeu — sorriu.

— Estou brincando.

Logo o assunto mudou:

— Esse apartamento é muito bonito — o rapaz elogiou. — Foi você quem decorou?

— Fui eu sim. Obrigada.

— O estilo decorativo de Sofia é bem agradável. Leve. Você precisa conhecer a empresa e a loja que ela tem — disse a amiga. — Adoro ir lá!

Passaram uma noite agradável, apesar da preocupação com Valéria. Yuri e Rute se sentiram muito à vontade.

Conversaram muito, esquecendo os problemas e descontraindo bastante.

Capítulo 8

A sabedoria de dona Leila

No início da noite do dia seguinte, Rute e Yuri chegaram ao apartamento de Sofia.

Ela os recebeu com visível contentamento e pediu que se acomodassem.

— E a Valéria? — perguntou à amiga.

— Já vem. Conversei bastante com ela hoje, mas não consegui convencê-la a ir ao médico nem prestar queixa. Não sei o que fazer. Nem fui trabalhar. Eu tinha tanta coisa importante hoje — comentou Sofia com uma nota de lamento no tom de voz.

— Ainda bem que sua sócia cuida de tudo para você — considerou Rute.

— Mas acho que não deveria deixar assuntos seus nas mãos da sócia. Por experiência, eu te diria para não fazer isso — comentou Yuri.

— Mas tem hora que não dá para conciliar. Não gosto que as coisas funcionem assim.

— Eu gosto de acompanhar o serviço de perto. Principalmente, assuntos de minha responsabilidade com clientes ou que se referem a dinheiro, pagamento. Também gosto de lidar diretamente com clientes, principalmente os mais exigentes — tornou o rapaz.

— Nessa área, o que não faltam são clientes exigentes. Porém, pagam bem — disse Sofia. — Meu noivo também é engenheiro e trabalha na construção civil.

Ele sorriu e respondeu com simplicidade:

— Que bom — pareceu não ter apreciado alguma coisa.

Nesse momento, Valéria surgiu.

Tímida, forçando uma postura com a cabeça para que os cabelos cobrissem o rosto, chegou devagar e os cumprimentou:

— Oi — mas não se direcionou a ninguém.

— E aí, Valéria? Como você está? — perguntou Rute indo para junto da amiga.

— Melhor do que ontem.

— Sua irmã nos contou que não quis ir ao médico nem dar queixa — tornou a amiga.

— Não. Não quero.

— Sabe que, se não fizer isso, o Éverton continuará...

Valéria a interrompeu ao perguntar:

— Ele foi trabalhar hoje?

— Com a maior cara de pau! Como se nada tivesse acontecido. — Breve instante e comentou: — Olha, você tem seus direitos e precisa fazer alguma coisa. Imagino que seja difícil, mas é necessário! Ele precisa ser punido! Cão bravo deve ficar de focinheira! Você é advogada. Conhece leis. Sabe que hoje em dia as mulheres agredidas física ou psicologicamente estão perdendo o medo de buscarem ajuda. Existe até o serviço do número 180, específico contra a violência da mulher, que oferece orientação. — Valéria não dizia nada. Rute tomou a mão da amiga entre as suas e orientou: — Precisa ir à Delegacia da Mulher, apresentar sua queixa contra a violência física e psicológica que vem sofrendo. Solicitar, no Boletim de Ocorrência, que deseja dar continuidade ao processo com o objetivo de instaurar um inquérito policial. Sabe que, para isso, não é necessário que tenha um advogado. Porém, sempre é importante ter a orientação de um. Quando não se tem condições financeiras, a mulher tem direito a um advogado da assistência judiciária. É só ir ao Fórum local e pedir informações para que um advogado do Estado preste a ela todo o serviço jurídico.

— Ainda é tempo, Valéria. Vamos à delegacia. Suas lesões são visíveis. Olhe-se no espelho! — reforçou a irmã.

— É verdade. Prestando queixa, a delegada vai pedir que você faça um Exame de Corpo de Delito no I.M.L. Se as lesões forem em partes íntimas, você deve dizer à delegada que quer que o Exame de Corpo de Delito seja realizado por uma médica do I.M.L. Por vergonha, muitas mulheres não mencionam as lesões em partes delicadas ao prestarem queixa e não sabem sobre seus direitos de solicitarem uma médica para realizar o exame. A delegada não precisa ver nada. Ela só vai encaminhar a vítima.

— Não adianta vocês insistirem. Eu não vou — disse Valéria convicta.

— Não é possível!!! — Sofia se alterou. Estava esgotada. — Você nem parece minha irmã! O que vai ganhar protegendo um safado, canalha e covarde como o Éverton?!!

— E o que vou ganhar se denunciá-lo?! — reagiu.

— Você nem parece que tem estudo! Nem parece advogada! Que tipo de pessoa você é?!

— Não estou entendendo o que você quer! O problema é meu! Não quero fazer nada! Não vou fazer nada! — levantou-se correndo e foi para o quarto.

— Valéria! Valéria! — Rute chamou, mas a amiga não atendeu seu chamado. Levantando-se, disse ao ir à direção do quarto: — Vou falar com ela.

— É melhor que tente fazer alguma coisa. Estou cansada disso tudo — murmurou Sofia, que se levantou e esfregou o rosto com as mãos.

Ela andou de um lado para o outro na sala. Parou frente às portas de vidro, que davam para a sacada, e ficou olhando através das vidraças.

— Sofia — ela olhou para Yuri que disse indo à sua direção: —, entendo que você e minha irmã estão tentando de tudo para esclarecer a Valéria e fazê-la tomar uma atitude. Mas ela não quer. Não está preparada.

— Por quê?! — perguntou zangada, mas com um tom de lamento, de angústia na voz.

— Porque, talvez, seja uma pessoa imatura. Não quer crescer nem ser independente. Por isso não consegue pôr um basta na situação. Prefere ser subjugada a ter de assumir uma nova vida sozinha. Prefere ser subjugada a ser independente. O que Valéria sente por esse cara não é amor. Ela está com medo de ficar sozinha. Está com medo de assumir que errou ao se envolver com um cafajeste como esse. — Vendo-a atenta a suas palavras, afirmou: — E digo mais. Ela vai voltar para ele.

— Ah, não!!! Não vai não!!! De jeito nenhum! — ficou furiosa.

— E você não vai poder fazer nada.

Olhando-o nos olhos, Sofia acreditou:

— Ela não vai voltar para ele.

Yuri não disse mais nada. Não adiantaria.

Pouco depois, Rute voltou à sala.

Ela não conseguiu convencer Valéria a tomar uma atitude.

Conversaram um pouco mais a respeito do assunto, porém não chegaram a nenhuma conclusão.

***

George chegou assim que Yuri e Rute se foram.

Ele e a noiva conversaram a respeito de Valéria e ela pôde perceber que o rapaz não estava nenhum pouco satisfeito com a presença de sua irmã ali.

Sofia ficou magoada com algumas colocações de George a respeito de Valéria. Achou que ele foi indelicado e insensível, mas não disse nada.

***

As semanas que se seguiram ocuparam, demasiadamente, Sofia com os problemas de Valéria.

Por causa da irmã, ela deixou de ir ao centro espírita e de colaborar na oficina de artesanato. Faltou também nos dias de passes magnéticos e assistência espiritual a qual se propôs.

No trabalho, precisou deixar muitas tarefas a cargo de sua sócia e também se ausentou de outros compromissos.

A pedido de Valéria, ela não contou aos pais ou à família que a irmã estava em seu apartamento.

Um bom tempo depois, Sofia chegou ao seu apartamento e não encontrou a irmã.

Achou estranho.

Procurou-a por todos os cômodos. Nenhum sinal ou qualquer bilhete.

Interfonou ao porteiro e perguntou se ele sabia de alguma coisa. A resposta do funcionário foi tudo o que não queria ouvir:

— Um homem parou um carro aqui em frente. Desceu e pediu pra mim chamar a dona Valéria. Assim que eu liguei, ela desceu rapidinho trazendo umas duas sacolas, dessas de plástico, nas mãos. O rapaz beijou ela, abraçou, abriu a porta do carro e ela entrou. Não demorou e foram embora. Ela não me disse nada nem deixou recado para a senhora.

Sofia ficou confusa. Não acreditava no que havia acontecido. Não sabia o que pensar.

Tanto falou e orientou a irmã... Mas ela não lhe deu atenção.

Lembrou-se do que Yuri havia dito, que Valéria voltaria para Éverton, porém jamais acreditou nessa possibilidade.

Agradeceu ao porteiro e telefonou para Rute e combinaram de se encontrar.

**

Algum tempo depois, na casa de Rute, as amigas conversavam.

— Não dá para acreditar! O que a Valéria quer da vida, gente?! Por que ficar com alguém como o Éverton? Ela é jovem, bonita. Tem estudo, profissão, educação... — perguntava Rute mesmo sabendo não ter uma explicação lógica.

— Você não imagina como estou. Ela fugiu de casa sem falar

O resgate de uma vida

nada! Como é difícil ver a própria irmã vivendo isso que ela vive! Por que é que se sujeita a isso?! Estou inconformada! Se alguém me contasse, eu não acreditaria! Tenho vontade de, eu mesma, dar uns tapas na Valéria pra ver se ela acorda! — pensou por um momento e pediu a opinião: — E se eu fosse fazer uma denúncia na Delegacia da Mulher?

— Em caso de violência física aparente ou que seja testemunha, você pode denunciar, mas... No caso dela, você não presenciou nada. A Valéria poderá alegar, diante da delegada, que caiu, bateu o rosto na porta ou sei lá o quê. E ela é bem capaz de fazer isso para proteger aquele infeliz. Diante disso, sua denúncia não servirá para nada.

— Liguei para o serviço 180 e me informaram que mulheres, em situação de violência, é preciso ir à delegacia.

— Em vista do que já foi no passado, hoje podemos dizer que existem muitas coisas boas para apoiar a mulher que é vítima de violência. Mas as nossas Leis e a Assistência Pública ainda estão fracas no quesito de formas de violência. Às vezes, a vítima não tem coragem. Precisa de apoio, assistência psicológica, social e muita informação, pois se sente tão abalada emocionalmente que não consegue se desvencilhar ou se afastar do agressor. Fica, por muito tempo, ligada a ele. Por isso o número de feminicídio vem aumentando.

— Feminicídio? O que é isso? — perguntou Sofia.

— Feminicídio é o homicídio de uma mulher por um conflito de gênero, ou seja, só pelo fato de ela ser mulher. Por exemplo... — pensou. — Se uma mãe, pai, irmão e outros agridem e matam uma adolescente por ela ser do sexo feminino, pois se fosse do sexo masculino não haveria essa morte, é um feminicídio. Essa morte pode ocorrer por essa adolescente, por exemplo, ser mais fraca, mais submissa e ela é assim por ser mulher.

— Espere aí... Eu pensei que violência contra a mulher fosse somente o caso de um homem contra uma mulher.

— Não. Suponhamos que uma mãe tem quatro filhos homens e uma mulher. Ela, a mãe, deixa os meninos saírem, divertirem-se, irem à escola, trata-os bem etc. Mas, em contrapartida, com a filha, ela, a mãe, age bem diferente. Obriga a menina a serviços domésticos difíceis, tarefas árduas. Não permite que vá à escola, que brinque. Pratica agressões físicas. Ridiculariza a filha perto ou longe de alguém. Constrange, limita ou faz qualquer outra coisa do gênero que configure violência física ou emocional. Essa mulher, mesmo sendo a mãe, praticou ato de violência contra a mulher. E pode ter agravante se ela permitir que os irmãos façam o mesmo. Isso é bem particular, ou seja, cada caso é um caso. Aliás, ela não precisa ter outros filhos para que configure violência contra a mulher para com a filha. Há enquadramento pelo fato de a menina ser mais frágil, submissa e que, se fosse um menino, ela não faria aquilo.

— Entendi.

— Hoje a ONU – Organização das Nações Unidas – admite que existam, no mundo, mais de 193 países, se considerarmos o Vaticano e os Territórios Palestinos como estados soberanos. Infelizmente, Sofia, entre quase duzentos países existentes no mundo, o nosso está entre os dez, no ranking mundial, que mais pratica crime de violência contra as mulheres. Isso é um absurdo! Nossos governantes não dão a atenção merecida aos casos, aos números. Os estudos mostram que, até os nove anos de idade, os pais são os maiores agressores. As vítimas, a partir dos sessenta anos, comumente são agredidas pelos filhos ou cuidadores. Entre vinte e cinquenta e nove anos, os agressores costumam ser os parceiros e cônjuges. As violações dos direitos das mulheres são inúmeras. Você não tem ideia. As vítimas se calam, principalmente, por ignorância, falta de orientação sobre o que fazer, coragem e apoio. Na infância ou adolescência, muitas meninas passam por constrangimentos e são ridicularizadas nas escolas por parte de professores e conhecidos e, tanto elas quanto os pais, não conhecem seus direitos. — Rute respirou fundo e contou: — Quando eu tinha doze anos, tive uma professora que me dizia: "você é muito sem graça. Que corpo feio. Toda cumprida e desengonçada". Na hora eu sorria. Não sabia o que fazer. Queria ser simpática. Fui criada para respeitar os mais velhos. Mas, quando estava sozinha, eu chorava, sofria. Aquilo doía muito. Não queria ir à escola e minha mãe não sabia por que. Hoje, se eu tivesse uma filha, eu iria orientá-la para não se deixar constranger nem ridicularizar. Iria estar ao lado dela para que confiasse em mim. Em um caso como esse meu, eu a levaria direto à delegacia da mulher e prestaria uma queixa contra a infeliz professora. Pessoa inescrupulosa e mal-amada. Indigna desse título. Sofri muito por isso, Sofia. Ninguém tem ideia. A violência psicológica é tão forte, tão dolorosa quanto a física. Todas as mulheres deveriam conhecer sobre a violação dos direitos das mulheres. Todas! Violência moral é outra coisa que muitos desconhecem e é entendida como qualquer conduta que configure calúnia, difamação ou injúria.

— Eu não sei muito bem o que é violência moral — confessou Sofia.

— São aqueles casos quando um colega ou uma colega diz que você saiu com um, dormiu com outro. Tem determinadas práticas, principalmente, a respeito de sua conduta ou de sua vida sexual. Se a mulher vitimada de calúnia, difamação ou injúria conhecesse a Lei Maria da Penha e tomasse uma atitude prestando queixa na delegacia da mulher contra a colega ou o colega que a agrediu, muita coisa mudaria. Só que muitas não conhecem seus direitos. Não tem coragem por não se sentirem seguras e decidem sofrer caladas.

— Talvez tenham medo de ser demitidas da empresa por tomar uma atitude desse tipo contra um colega — supôs Sofia.

— É aí que precisamos de uma tomada de consciência. Fazendo isso, ela estará dentro da Lei e a empresa deve estar do lado dela para, até, excluir de seu quadro de funcionário alguém que calunia, difama ou injuria. Caso a vítima seja repreendida ou demitida, cabe advogado e ação contra a empresa. Lembre-se disso.

Sofia pensava sobre o que a amiga dizia até ouvir uma voz simpática:

— Que tal um suco? — perguntou a mãe de Rute com doçura na voz.

— Eu aceito, dona Leila. Está tão quente hoje — disse Sofia.

— Está mesmo. Que tal virem para a copa? Nessa hora da tarde, lá é mais fresquinho — convidou a senhora.

Elas aceitaram.

Não demorou e estavam acomodadas em torno da mesa e a senhora serviu-lhes suco bem gelado. Em seguida, sentou-se ao lado da filha, frente à Sofia. Já sabendo sobre o que as duas conversavam, perguntou:

— Seus pais sabem de tudo isso, Sofia?

— Não. Minha irmã pediu que eu não contasse.

— Entendo. É muito triste para os pais saberem que o filho sofre. Dói tanto!

— Imagino. Pensei em dizer que ela foi lá para o meu apartamento. Mas depois achei melhor não falar nada. Se eles quisessem vê-la, iriam fazer um monte de perguntas e isso a fizesse ir embora, eu não saberia o que fazer. Fiquei pensando muito no que o Yuri disse sobre ela ser imatura, que não queria crescer nem ser independente e por isso não põe um fim na situação. Em vez de se libertar, Valéria prefere ser subjugada, pois está com medo de ficar sozinha. Concordo com ele e, por causa dessa insegurança e imaturidade que vejo em minha irmã, tive medo de arrasar meus pais, caso eles a vissem daquele jeito e, depois, soubessem que ela voltou para o cafajeste.

— É uma situação tão difícil que a gente nem sabe se deve opinar. Além do que, de que vai adiantar uma opinião se a menina não quer ser ajudada? — Dona Leila ofereceu breve pausa e orientou: — Você precisa se cuidar, Sofia. Fique forte, firme para quando sua irmã precisar.

— A senhora tem razão. Por conta dessa história com a Valéria, acabei adiando muita coisa em minha vida e me ausentando de outras... Eu e o George estamos discutindo muito.

— Você é noiva, não é? — perguntou a senhora.

— Sim. Sou — sorriu docemente.

— Vai se casar logo?

— Bem, eu... — Sofia não se sentiu bem com a pergunta. Ficou envergonhada para contar que ela e George pensavam em morar juntos por um tempo antes de se casarem. Não sabia, não entendia a razão desse constrangimento. Muito provavelmente, seria a manifestação de um desejo inconsciente de se casar de fato. Ela era uma mulher moderna, sem preconceitos, porém, naquele instante, sentiu sua modernidade fraquejar. Sorriu lindamente espargindo uma luz invisível em sua face simpática. Encolheu os ombros com jeitinho meigo e respondeu: — Já estamos pensando nisso sim. Mas não temos uma data.

— Faço votos que seja uma união de muito amor e sinceridade. Não há coisa melhor, em uma união, do que a sinceridade, a franqueza. Deixe isso bem claro entre você e seu noivo. Sabe, filha, quando duas pessoas se unem, geralmente, pouco falam sobre fidelidade, sobre o que gosta e o que não gosta e isso deve ser uma coisa a ficar bem clara. Nunca se traiam. O sinônimo de traição é destruição. Destruição de si e do outro.

— Concordo com minha mãe. Você viu meu irmão? — perguntou Rute atenta.

— Reconheço que meu filho sempre foi um bom rapaz. Experimentou seu período de baladas, amigos quando jovem, mas depois parou. Amadureceu e saiu dessa fase. Mas tem homens que não amadurecem nunca. Querem continuar com uma vida de farra e sem responsabilidade mesmo depois de casado. O Yuri sempre se dedicou aos estudos. É muito responsável com seu trabalho. Sempre foi atencioso com a família. Encontrou uma moça de família. Namoraram dois anos e noivaram mais um. Ele mesmo construiu a casa com que sempre sonhou. Fez tudo direitinho.

— Nossa! Você tinha de ver que casa! Que graça! Tudo muito bem planejado. A casa é um doce, sabe? Tem até piscina e área de churrasqueira — contou Rute.

Sofia sorriu e argumentou em tom de brincadeira e sem pensar no que dizia:

— Minha irmã poderia ter conhecido um rapaz assim — riu.

— Eu cheguei a apresentá-los, viu? — riu a amiga. — Foi antes de ele conhecer a Roxana.

— E daí?

— Nada. Nenhum dos dois se interessou. Fiquei frustrada — riram. — Quem sabe agora? Ele está livre e ela também. Talvez as dificuldades os unam.

— Meninas... Não forcem as coisas — repreendeu dona Leila, oferecendo um sorriso. — Normalmente as pessoas se atraem umas pelas outras de acordo com a necessidade de evolução, para experimentarem o que precisam.

— E se uma pessoa, ao lado de uma outra, experimenta o que não precisava? Será que isso existe? Como o caso do Yuri. Será que ele precisava ou merecia ser enganado? — perguntou Rute.

A senhora pensou um pouco, depois, com cautela, respondeu:

— Ninguém vem, neste mundo, para enganar, trair, passar a perna, roubar, matar... Todos estamos aqui para evoluir, para superar nossas más tendências. Mas, se alguém sofrer algo que não merecia, que não precisava experimentar por culpa do outro que caiu em tentação por não saber conter suas imperfeições, essa pessoa, vitimada pelos erros do outro, terá um crédito. Lembram da questão de O Livro dos Espíritos que fala sobre os flagelos? — Sofia e Rute penderam com a cabeça positivamente e a senhora prosseguiu: — Ali diz que, diante de grandes flagelos pode haver uma vítima que seja um homem de bem, alguém que não mereça a situação difícil. Quando isso ocorre e a pessoa suporta a situação sem queixas, ela progride e terá sua recompensa. Eu acredito que isso se transfira para outras situações, para os flagelos da alma. As situações difíceis, apesar da dor, podem servir de prova para uma pessoa de bem exercitar a sua inteligência, mostrar a sua paciência e resignação, além de desenvolver o sentimento de abnegação, ou seja, de renúncia e desprendimento. — Ofereceu uma pausa e explicou sua visão: — A situação do meu filho é a seguinte: ele agiu de boa fé, agiu sempre corretamente com a noiva. Não podemos julgá-la. Não estávamos no lugar dela para saber o que, de fato, aconteceu.

— Ai, mãe!... As fotos mostram a Roxana se agarrando, rindo e se beijando com outro cara! Não precisamos saber de mais nada!

— Eu sei, filha. Mas ela sempre foi uma boa moça. Não se vigiou. Cedeu às tentações de suas más tendências. Mentiu. Bebeu muito e perdeu a noção do que estava fazendo. Ela errou? Sim, errou. Mas não devemos ficar massacrando a Roxana.

— Tá querendo dizer que o Yuri errou por terminar o noivado?! Ah, mãe! Por favor!

— Não! Ele está certo. Se ele não tivesse feito isso, eu mesma iria conversar com ele, pois, se o perdão dele for fácil, ela talvez possa fazer o mesmo depois de casada. Outro erro, que o Yuri poderia cometer, seria o de perdoar e, depois, ficar jogando na cara tudo o que ela fez. Isso também seria errado. Mas não era disso o que eu estava falando. Quero dar o Yuri como exemplo no seguinte: se ele não precisasse passar por isso, se ele não merecesse essa angústia e usar essa situação para agir com mais inteligência, ele vai progredir. Vai ser um homem melhor. Vai encontrar uma pessoa melhor.

— Nesse caso, o que a senhora chama de agir com inteligência? — indagou Sofia.

— Agir com inteligência seria ele ficar na dele e aguardar. Focar sua energia no que realmente importa e não dar atenção ao que ela fez. Ignorar tudo. Não é porque aconteceu isso que ele deve sair por aí aprontando todas. Encher a cara, sair bagunçando com a mulherada que se propõe a envolvimento casual, de pouco valor. Desistir de se empenhar no que faz, decaindo com a qualidade de seu trabalho. Isso seria agir sem inteligência. Ele está triste e depressivo? É lógico que está! Ele é uma pessoa normal. Mas não pode parar toda a sua vida produtiva por causa da sentimental. Ele precisa ter fé e esperança. Se isso aconteceu é bem possível que coisa melhor o aguarde.

Rute não conseguia entender o ponto de vista da senhora e replicou:

— Minha mãe fala como se a Roxana fosse uma coitadinha, ingênua. Não gosto quando ela fala assim. Principalmente perto do meu irmão. Dá a impressão que ela quer que o Yuri volte para e noiva.

— O que você queria que eu falasse para o Yuri, Rute? — perguntou séria e firme. — Que a Roxana errou! Que é safada! Sem vergonha! Que ele é um idiota e deveria fazer alguma coisa para limpar a sua honra como era feito em séculos passados? Daí seu irmão, com a cabeça cheia de meus maus conselhos, sairia daqui, mataria a ex-noiva. Ela iria para o cemitério e seu irmão para a cadeia! É isso o que eu deveria fazer? — perguntou enérgica. — Por causa de opiniões como essas, em momentos acalorados, muitos crimes aconteceram e vidas se acabaram.

— Sua mãe tem razão, Rute. Determinadas opiniões, em momentos como esse, fazem com que os envolvidos tomem decisões erradas e precipitadas, difíceis de serem corrigidas depois.

— Meu filho vai encontrar a pessoa certa. Alguém que o mereça.

— Cada dia parece mais difícil encontrar a pessoa certa. Alguém honesto, fiel, amigo, parceiro... — comentou Rute. — Acho que homens assim, à moda antiga, entraram em extinção — riu. — Pessoa para se ter um compromisso sério, que pense em casamento, então... Acabou faz tempo.

— Não. Não acabou — acreditou a senhora. — Hoje, sem dúvida, está mais difícil sim. Isso aconteceu por causa de homens e mulheres que se propuseram a uma vida sem compromisso, sem tanta responsabilidade, sem tanta fidelidade. É difícil um se preocupar com o outro. Algumas uniões, hoje em dia, ocorrem sem tanta atenção para a vida a dois. Muitos já se casam pensando: "Se não der certo, a gente se separa." Essa frase não deveria ser pronunciada, muito menos pensada por aqueles que estão prontos para se casarem. Como dizem: a palavra tem poder! — dona Leila sorriu e Sofia correspondeu. Lembrou-se de ouvir seu pai dizer isso muitas vezes. A senhora esperou e continuou: — Se as pessoas soubessem como é difícil se separar, divorciar-se de alguém... Em separações ou divórcio, sempre existe uma grande dor na alma, tristeza na consciência, seja em que caso for. Quando se tem filhos, então... É mil vezes pior. Divórcio sempre provoca um estrago enorme na vida dos filhos. Coisa difícil de ser superada. Fico assustada quando vejo pai ou mãe divorciado, dizendo: "meu filho é maduro. Ele entendeu a separação"Talvez a pessoa diga o que ela está tentando acreditar. Ela sabe que o filho não entende e está muito magoado. Que não era isso o que o filho queria.

— A senhora é contra o divórcio, dona Leila?

— Não sou contra nem a favor. O divórcio deve existir. Não podemos nos castigar vivendo ao lado de uma pessoa que nos maltrata de alguma forma. O que não acho certo é o fato de algumas pessoas não tentarem um pouco mais, não procurarem uma ajuda de psicólogo maduro. Eu costumo dizer que casamento é evolução.

Sofia sorriu e perguntou:

— Como assim? Evolução?

— Primeiro que, para se casar com alguém, é preciso conhecer e aceitar a pessoa como ela é. Não pense que ela vai mudar, da noite para o dia, só porque se casou, porque ela não vai. Segundo, depois de casados, existem as fases de mudança e adaptação que ocorrem logo após a lua de mel. É o período em que, no dia a dia, as pessoas se revelam e se descobrem. Se conhecem. Em pouco tempo, as solicitações que, antes, eram carregadas de palavrinhas doces, deixam de ter os enfeites do namoro. Um começa a ser mais direto e verdadeiro com o outro e o outro se melindra ou dá o troco e começam as agressividades, as ofensas... Os casais sobreviventes são aqueles compostos de pessoas não egoístas.

— Como assim? — tornou Sofia bem interessada.

— A pessoa egoísta, quando entra em um casamento, pensa só na sua própria felicidade. Quando faz algo, acha que vai deixar o outro feliz também, mas isso nem sempre é verdade. A pessoa egoísta quer que tudo seja fácil para ela. É exigente, controladora, quer tudo feito a seu modo. Um casamento feliz não pode ter egoísmo. O que for feito tem que ser bom para os dois. Os dois devem se empenhar para que tudo, em casa, funcione de modo fácil e prazeroso para ambos. Se somente um não for egoísta e ficar se prestando a servir o outro, o casamento também não vai funcionar. Não se pode precisar em quanto tempo, mas, com os anos, aquele que vive cedendo, produzindo, trabalhando, arrumando, compreendendo, acarinhando, mimando e fazendo de tudo para viver com equilíbrio, cansa. Não é justo que somente um leve o casamento nas costas.

— Verdade. Tenho a mesma opinião que a senhora — concordou Sofia.

— Muitos casamentos vão à falência por causa do egoísmo. Foi o caso do meu. Sofri muito com o divórcio e meus filhos mais do que eu. Meu ex-marido era um egoísta. Hoje eu sei disso. Antes eu achava que era assim mesmo, que as atitudes dele eram normais. Pena eu ter demorado tanto para entender. Seria bom se tivesse visto isso antes de me casar. Quando percebi algumas atitudes comodistas, quando ele cuidava só de seus interesses e não ligava para mim, pensei que fosse mudar ou, então, que eu conseguisse dar conta, que não me importaria. Eu trabalhava quando me casei. Nós dois trabalhávamos. Morávamos no Paraná. Quando chegava a minha casa, eu lavava, passava a ferro, cozinhava e limpava tudo. Quando ele chegava tomava banho, largava roupa suja pendurada atrás da porta do banheiro. Jantava e não tirava nem o prato sujo de cima da mesa para pôr na pia. Ia para a sala assistir à TV e beliscava alguma coisinha, algum doce e deixava as migalhas no chão ou no sofá. Quando eu ia dormir, era tarde. Eu tomava banho e estava tão cansada que, às vezes, nem jantava. Ainda tinha de estar lindinha e disposta na cama. Com o tempo, eu não aguentava. Depois da jornada dupla, não dava para estar disposta. — Sofia e Rute riram ao mesmo tempo e dona Leila continuou: — Depois vieram os filhos. Eu saí do emprego. Quem já cuidou de crianças e de casa, sabe o trabalho que é. Nem de noite a gente para. E meu marido nunca me ajudou. Era um egoísta perfeito, pois reclamava quando algo não estava bom para ele, mesmo me vendo sobrecarregada. Por não saber como era cuidar de casa e de duas crianças, ele não imaginava como eu estava cansada, quebrada. Eu não tinha folga nunca. Ele reclamava que eu não fazia mais seu prato predileto, que era lasanha caseira. Reclamava quando o almoço atrasava aos domingos. Brigava por qualquer coisa. Ele só via o que eu não fazia. Mas não via tudo o que ele mesmo deixava de fazer. Entende? — Sofia pendeu com a cabeça positivamente e a mulher continuou: — Mudamos para o Rio de Janeiro por causa do serviço dele. Mas tudo continuou a mesma coisa. Não consigo me esquecer do dia em que cheguei aqui com aquele monte de coisa para pôr no lugar e sem a ajuda de ninguém. Por mais que me esforçasse, não conseguia ser rápida e, sem a ajuda dele, demorou quase um mês para colocar tudo no lugar. Ele não via o que eu fazia. O Yuri tinha onze anos e a Rute nove quando eu entrei em depressão, pânico ou sei lá o quê. Eu me sentia tão cansada, tão esgotada que nem sei explicar o que experimentava. Só sei que era uma coisa horrível. Pensei que nunca fosse passar. Mas, graças a Deus, passou. Hoje em dia, as doenças emocionais são mais conhecidas. Antigamente não. Para mim, naquela época, tudo estava bem difícil. Egoísta, o Valnei, meu ex-marido, não me dava a menor atenção. Dizia que eu estava com frescura. Comecei a frequentar uma casa espírita e comecei a me sentir melhor daquele estado cruelmente paralisante e aflitivo. Aconselhada por uma senhora que tinha muitos anos de Doutrina Espírita, comecei a estudar e fazer cursos doutrinários. Senti-me melhor ainda. Sempre orava pedindo ao Pai que me desse força e uma luz para eu sair daquele estado. Um dia de manhã, sem mais nem menos, acordei diferente. Lembro como se fosse hoje. Sentei na cama e fiz uma prece. De repente eu me perguntei: o que mais me incomoda na minha vida?

Diante da pausa, Sofia perguntou curiosa e interessada:

— E qual foi a resposta?

— A resposta foi: o que mais me incomoda é eu não fazer algo por mim. — Silêncio. — Olhei ao meu redor e vi que fazia tudo pelo meu marido, pelos meus filhos, pela casa, mas nada por mim. Se o Valnei era um egoísta, eu era acomodada. De certa forma, era culpa minha. Com toda certeza era. Decidi voltar a trabalhar. E, em menos de dois meses, eu estava de volta à vida. Só que tentei fazer diferente. Entendendo que, no casamento, um precisava fazer o outro evoluir, comecei a sentar e, pacientemente, conversar com o Valnei a respeito da sobrecarga de serviço que eu tinha. Mostrava que ele também era pai e precisava ajudar a cuidar das crianças. Falei que ele morava nesta casa e era justo que auxiliasse nos trabalhos domésticos. — Dona Leila riu. — Nunca tinha visto esse homem tão zangado, tão revoltado. Tentei, muitas outras vezes, conversar de novo, explicar, mostrar, mas não tive sucesso. Então, comecei deixar de cuidar de algumas coisas dele, como: não lavar seus tênis, não limpar seus sapatos, não tirar a toalha molhada dele do banheiro, não fazer seu prato... — Longo silêncio. Dona Leila pareceu reviver, na memória, aqueles dias difíceis.

Foi então que Rute se pronunciou:

— Meu pai nunca foi amoroso ou atencioso quanto deveria. Não me lembro de ele nos ajudar com uma lição da escola ou nos levar a um passeio. Apesar disso, era nosso pai e gostávamos dele. Só que não nos sentíamos amados. Sempre houve uma lacuna.

— Eu sabia disso e falava também sobre esse assunto com ele. Mas não adiantava. Fiz de tudo para que o Valnei entendesse que precisávamos viver como família e não eu como empregada. Porém ele não entendia. Não queria colaborar. Até que entendi o porquê. Um dia, quando cheguei do serviço, o Yuri sentou no sofá, ao meu lado e me abraçou de um modo diferente. Sabe como é. Mãe conhece filho — deu um suspiro longo e insatisfeito por causa da lembrança desagradável. — Passei a mão nos cabelos dele, beijei a testa e perguntei o que tinha acontecido. Ele me olhou nos olhos e disse que, naquela tarde, uma mulher ligou para cá e disse que era amante do Valnei e que queria falar comigo. — Nova pausa. — Perdi o chão. Fiquei incrédula e tentei controlar o desespero. Principalmente porque vi meu filho chorando. Abracei o Yuri e pedi calma. Eu não sabia o que dizer a ele. Nem sabia o que fazer. Fui pro meu quarto. Tentei organizar os pensamentos confusos e comecei a lembrar que meu marido estava mesmo diferente nos últimos tempos. Fiquei atordoada e tive de esperar até à noite. Quando ele chegou, fui tirar satisfações. A princípio ele negou. Depois confessou tudo. Fiquei arrasada, acabada, destruída como mulher. Mandei que ele fosse embora de casa. Brigamos. Ele me bateu. Bateu nas crianças e foi embora. Telefonei para o meu irmão que me orientou para ir à delegacia prestar queixa, pois ele estava longe e não poderia fazer nada. Meu irmão morava no Paraná.

— Se houvesse a Lei Maria da Penha, minha mãe poderia ter feito muito mais. Ele agrediu-a e aos filhos. Causou danos emocionais. A traição diminuiu sua autoestima, prejudicou seu desenvolvimento. Um bom advogado poderia fazer muita coisa. Ressarcimento, sei lá. O que ele fez configurou humilhação, exploração por tantos anos de trabalhos domésticos. Principalmente o prejuízo à saúde psicológica.

— Deixa isso pra lá, filha.

— Mas a senhora sofreu muito, mãe. A humilhação que experimentou acabou com a senhora.

— Não acabou. Estou aqui firme e forte. — Breve pausa e disse: — Para finalizar, o Valnei se foi. Depois quis me tirar a casa. Foi uma luta! Eu e os meus filhos conseguimos ficar, lógico. Ele alegou que eu era jovem e produtiva e não me pagou pensão. Somente aos filhos. Foi tão triste... Eu via o sofrimento nos olhos dos meninos. Decidi me dedicar só para eles. Embora eu trabalhasse, todo tempo que tinha livre era para eles — sorriu. — Cuidamos das feridas e nos recuperamos. Nem sempre o pai pagava a pensão, mas eu nunca transferi esse problema para os meninos. Hoje estão aí! — sorriu satisfeita e sobrepôs a mão ao braço da filha, afagando com carinho.

— Parece que não houve chance de reconciliação. Tive a impressão que seu ex-marido não quis cooperar. Caso ele quisesse ficar com a senhora e seus filhos, a senhora o aceitaria? Ou acha que traição não merece perdão?

A mulher não pensou muito para responder. Parecia até estar pronta para aquela pergunta.

Sorrindo, suavemente, considerou:

— Cada caso é um caso, Sofia. Quando uma pessoa prejudica a outra, independente da forma, seja agressão física, emocional, moral ou patrimonial, automaticamente, a culpa se instala em sua consciência ou inconsciência para, um dia, se manifestar em forma de grande arrependimento e débitos a serem ajustados.

— Mesmo que essa culpa não se manifeste no primeiro momento, não é mesmo? — concordou Sofia complementando.

— Sim. Exatamente. Um dia, nesta ou em outra existência, a consciência, por meio dos mecanismos psíquicos, vai manifestar, com algum tipo de desequilíbrio, podendo ser físico, emocional ou espiritual, os atos inconsequentes, as trapaças, o egoísmo, o orgulho, a ambição desmedida que a fizeram tirar vantagem ou lesar alguém com agressões, constrangimentos, humilhações, subtrações da paz e outras tantas atitudes inferiores. Em um relacionamento, se a pessoa que errou demonstrar-se arrependida, quer e decide, verdadeiramente, mudar de atitude, refazer sua vida e refazer a vida daqueles a quem prejudicou, ela merece uma chance. Deverá se empenhar em uma nova vida repleta de atitudes, pensamentos, palavras e ações elevadas e nobres. Enquanto que, aquele que foi ferido, precisa renunciar ao orgulho ferido e perdoar. Juntos, terão a oportunidade abençoada de um recomeço sincero, verdadeiro, limpo, fiel, com amor, compreensão e amizade. E que nunca, a pessoa ferida, pense em vingança ou vai se rebaixar em um nível inferior a dos erros do outro. Dentro de uma nova vida, um recomeço mais transparente e sem egoísmo é necessário. Cada um deve pensar em como levar paz ao outro. E isso vai acontecer com amor. Muitas vezes, será preciso renunciar ao egoísmo, ao descaso, ao comodismo. — Um momento e dona Leila ainda disse: — Sabe, Sofia, se o meu ex-marido tivesse disposto a se reformar, em todos os sentidos, parar com tudo o que fazia de errado, ser um homem digno, reto, limpo, honesto, pai e marido amoroso e dedicado, sim, eu lhe perdoaria. Trabalharia meu orgulho. Renunciaria meu orgulho ferido de mulher enganada para entender que ele, assim como eu, é uma criatura falha e humana, mas disposto a se refazer, a se reerguer. Entenderia que aquilo tudo que aconteceu entre nós foi para me tirar da posição cômoda da ingenuidade. — Nova pausa. — No momento em que tudo aquilo aconteceu, eu me chamava de idiota, tola, imbecil. Como eu não tinha percebido? Mas, depois, mais madura, vi que eu era simplesmente ingênua. Vi que aquilo tudo serviu para eu ficar esperta, em muitos outros aspectos da vida. Confiar, mas preparada para arcar sozinha e seguir sozinha, se e quando preciso for. Descobri que quem nunca falhará comigo é Deus e Jesus, pois foi Neles que encontrei força para seguir e vencer. Por isso digo, em outras circunstâncias, eu perdoaria sim, mas que ele nunca mais me traísse, que nunca mais fosse egoísta, indiferente ou agressivo. Essa é a minha opinião.

— Como diz a frase: "confiar plenamente em uma pessoa pode gerar dois resultados: um amigo para sempre ou uma lição para toda a vida" — disse Rute.

Sofia sorriu e comentou:

— Estou querendo saber sua opinião, porque vejo muita gente falar de forma aleatória sobre perdoar ou não, mas nunca ouvi uma pessoa madura e bem consciente opinar sobre isso.

Rute riu e brincou:

— Ela está perguntando isso porque vai casar e...

— Quem vai se casar?!!

— Ai! Que susto, Yuri!!! — mãe e irmã gritaram ao mesmo tempo.

Sofia só colocou a mão no peito e deu um suspiro ruidoso, depois sorriu.

— Esse menino parece um fantasma! — exclamou a mãe.

Ele sorriu. Não se importou com o que falavam e foi à direção beijar a mãe e a irmã. Depois cumprimentou Sofia e pediu:

— Desculpe-me por assustá-la. Não sabia que iria...

— Não foi nada.

— Acho que se assustou muito mais pelo grito dessas duas — riu.

— Vai se lavar que vou preparar alguma coisa pra você comer — disse a senhora, levantando-se.

— Não, mãe. Não precisa. Obrigado. Estou sem fome — disse saindo da copa.

— Ao vê-lo ir, a mulher comentou:

— Coitado do meu filho. Viu como ele está magro, abatido?

— Não está assim não, né mãe? A senhora está exagerando.

— Não o conheci antes. Acho que está abatido sim, mas disfarça bem. Isso é a dor na alma. Não existe nenhum comprimido para isso? — comentou Sofia, olhando em direção a que o rapaz foi.

— Quem sabe a gente apresenta o Yuri pra Valéria, novamente, e?... — Rute riu como quem faz uma molecagem. — Vamos dar um jeito de aproximar esses dois.

— Quem sabe — sussurrou Sofia, mas sem tanto ânimo. Dessa vez a brincadeira não tinha sido tão engraçada. Não sabia explicar.

— Meninas! — repreendeu a senhora com leveza no tom risonho da voz.

Capítulo 9

A mediunidade de Hélder

Meses se passaram e cada vez menos notícias de Valéria.
Era domingo de Páscoa.
Os filhos se reuniam para o almoço à casa de Bernardo e Ágata.
Em conversa à mesa, o pai perguntava à Sofia:

— Você sabia que a Valéria saiu do emprego?!

— Eu soube, pai. Mas não há nada que possamos fazer — respondeu a filha fugindo-lhe ao olhar.

Atento à conversa, Alex, o filho mais velho, contou:

— Liguei para ela semana passada. Falamos pouco. Ela não sustenta uma conversa por muito tempo.

— Também tentei falar com a Valéria. Mas nem atendeu meus telefonemas tampouco retornou os recados — disse Ivone, esposa de Alex.

— Ela fez o mesmo comigo — disse Flávio.

— Devemos admitir que a vida é dela, pessoal — considerou Hélder.

— A Valéria tem uma família que a ama e se preocupa com ela. Não está desamparada — disse Ágata em tom de mãe que quer acolher e ajudar.

— Mas quem disse que ela quer amparo, mãe? — perguntou Hélder como se estivesse insatisfeito com aquele assunto. Não bastasse essa manifestação, opinou ainda: — A vida é dela! Se quebrar a cara, aí sim, a gente ajuda.

— Não é assim, Hélder. Eu entendo a sua mãe. Vejo que a dona Ágata não quer que a filha sofra — disse Ivone.

143

— Mas não podemos arrastar a Valéria pelos cabelos e trancá-la aqui dentro de casa. Podemos? — questionou Hélder.

— Não. Não podemos. Mas temos o direito de orientá-la! — tornou Ivone firme, no mesmo tom.

— Hei, pessoal! Estamos almoçando. Não vamos começar a discutir — interferiu Alex entendendo que o diálogo poderia partir para uma conversa mais acalorada.

— É que a mãe não entende. Vocês não estão aqui em casa para ver que todos os dias... Todos os santos dias, a conversa é a mesma! — Hélder exclamou, parecendo impaciente. — Estou cheio disso! Todos devem entender que a Valéria está na vida que escolheu e ponto final! Se um dia ela quiser ajuda, aí sim, nós nos proporemos a ajudá-la. Certo?

Quando Ivone suspirou fundo, demonstrando que iria tecer algum comentário, Alex tocou em seu braço, sinalizando para que não dissesse mais nada e a esposa se conteve.

Silêncio total. Momento em que cada um, sentado em sua cadeira à mesa, sentia o clima pesado, resultado de dúvida, anseios e contrariedades.

Com ambos os punhos fechados, Hélder socou levemente a mesa, afastou a cadeira e exclamou com voz baixa e grave:

— Droga! — Levantando-se, saiu do recinto sem pedir licença.

Sensata, Sofia pediu licença e foi à procura do irmão.

Ágata, amorosa e sensível, entristeceu-se. O marido, sempre presente e solidário, sobrepôs a mão a sua, inclinou-se e a puxou para si, beijando-lhe o alto da cabeça.

Nesse momento, Flávio começou a contar algo engraçado que aconteceu em seu trabalho a fim de que se distraíssem e ficassem mais animados.

* * *

Frente ao quarto do irmão, Sofia parou, bateu à porta e se anunciou:
— Sou eu! Posso entrar?

— Entra.

Ela adentrou. Observou o quarto. Foi direto à cama do irmão e se sentou.

Olhando-o, perguntou em tom singular:

— O que está acontecendo?

— Com quem? Comigo? — respondeu, questionando em tom meio agressivo.

— Sim, lógico. Com você. Nos últimos tempos está diferente. Vive irritado. Nunca foi de discutir com os outros, principalmente com a mãe.

— Eu não discuti com ela.

— Não foi o que pareceu.

Com expressão insatisfeita e jeito rude desabafou:

— Tô cheio! Tô cansado desta vida!

— O que está acontecendo, Hélder? — a irmã tornou a indagar impondo jeito doce e ternura na voz calma, quase sussurrando.

Ainda evitando seus olhos, o irmão comentou:

— Estou com alguns problemas. Nada que possam me ajudar.

— Financeiro?

— Não. E você não vai poder fazer nada. Então... — Longa pausa e falou mais calmo: — Olha, Sofia, o problema é o seguinte: já tenho as minhas próprias dificuldades. Isso já está sendo muito. Como se não bastasse, a mãe, o Alex e agora a Ivone não param de falar da Valéria. Caramba! O assunto é sempre o mesmo e sabemos que não haverá solução até que a Valéria queira.

Sofia pensou em contar que a irmã passou alguns dias em seu apartamento, mas temeu qualquer reação de Hélder e nada disse.

— Deixem que falem. Ignore — ela aconselhou.

— Você diz isso porque não mora aqui. Estou até evitando ficar muito tempo aqui dentro de casa. O assunto é sempre o mesmo. A mãe já notou e andou reclamando disso também. Prefiro ficar na rua a...

— Cuidado — ela alertou.

— Por quê?

— No lar, encontramos conforto e segurança. Não vai achar isso na rua.

— Você chama de conforto alguém ficar falando a mesma coisa, o tempo todo, na sua orelha? — ele perguntou, encontrando os olhos da irmã.

Não houve resposta. O celular de Sofia tocou e ela falou:

— Só um instante. — Sentada ao seu lado, pegou o aparelho e atendeu: — Oi, Rute! Tudo bem?

— Quase tudo. Aconteceu algo que... — calou-se e ouviu-se uma respiração abafada. Aquela fala incompleta, com aquele tom de voz, fez Sofia sentir seu coração apertado. Pensou em Valéria, mas não disse nada. Até que Rute contou: — Meu pai... Meu pai morreu.

Pela surpresa, Sofia se levantou e perguntou em tom de lamento:

— Como foi isso? E sua mãe?

— Foi agora há pouco. Minha mãe ainda não sabe. Ele passou mal e foi levado para o hospital Salgado Filho. Tinha problemas renais e... Não sei o que faço, Sofia. Nem sei por onde começar.

— Calma — pediu a amiga. — Onde você está?

— Na minha casa.

— Avisou o Yuri?

— Não. O celular só cai na caixa postal. Não posso deixar um recado desse, não é?

— Não. Claro que não. Fique calma. Eu estou indo para aí.

Ao ver a irmã desligar, Hélder se interessou:

— O que foi?

— O pai da minha amiga acabou de falecer. A mãe não está em casa e o irmão não atende o celular. Estou indo pra lá. Quer vir comigo?

— Mas eu nem a conheço!

— Conhece sim. É a Rute, aquela amiga da Valéria.

— Ah! Sei! Ela sumiu faz tempo.

— Vamos?

— Vamos sim — ele concordou.

***

Passaram na casa de Rute e de lá todos foram para o hospital.

Hélder, que já havia ajudado um amigo em situação semelhante, começou a conduzir as primeiras providências, acompanhado por Rute e Sofia.

Do hospital, o corpo seguiria para o velório em um cemitério. Enquanto isso, eles voltaram para casa. Precisariam avisar os parentes.

Sofia foi para a cozinha preparar um chá para a amiga, que ficou sentada no sofá da sala.

Rute estava pálida e de cabeça baixa. Seus cabelos compridos, castanhos e com ondas largas estavam soltos, cobrindo a lateral de sua face que trazia uma expressão de incredulidade.

De repente, ela rompeu o silêncio em uma crise de choro.

Hélder sentou-se ao seu lado e afagou suas costas, sem dizer nada. Não havia palavras adequadas para aquele momento. O silêncio era o melhor conforto.

Alguns instantes e Sofia chegou com uma xícara de chá sobre uma bandeja e ofereceu à amiga.

Mais recomposta, Rute aceitou, mas ficou olhando para a bebida na xícara em suas mãos.

Nesse momento, Yuri chegou. Abriu a porta principal da sala e entrou.

Observou em volta e sentiu um clima estranho no ar. Cauteloso e surpreso com a cena inesperada, colocou as chaves do carro sobre a mesa e foi à direção de todos. Com expressão leve, disse:

— Olá... E aí? Tudo bem?

— Oi, Yuri. Quase tudo bem — disse Sofia, fixando seu olhar ao dele. Em seguida, apresentou: — Este é meu irmão Hélder.

— Olá! Prazer. Tudo bem? — disse Yuri ao apertarem as mãos quando Hélder se levantou e correspondeu ao cumprimento. Fitando a irmã, quis saber, pois estava preocupado com o que via: — E a mãe?

— Foi para a casa do tio e até agora não voltou — respondeu Rute — O pai... O pai morreu — chorou.

O rapaz respirou fundo, abaixou a cabeça e deu um passo em direção à Rute, que se levantou.

Abraçaram-se com força envolvidos pelos mesmos sentimentos, pelas mesmas emoções.

Ao seu ouvido, o irmão murmurou enquanto afagava seus cabelos:

— Tá tudo bem. Tá tudo bem... Não fica assim não.

Ela chorou mais um pouco em seu ombro. Depois se afastou e se sentou novamente.

O irmão acomodou-se em outro sofá. Ficando quase de frente para ela, perguntou:

— Quando foi? Quem foi que avisou?

— Hoje à tarde. Depois do almoço, a mãe foi para a casa do tio. Não demorou muito e ligaram do hospital. O pai telefonou para o resgate e pediu ajuda. Disse que estava passando mal.

Yuri deu um novo suspiro profundo e pronunciou em tom de lamento:

— Ele, sempre tão orgulhoso e egoísta, nem mesmo, nesse momento, quis pedir ajuda para nós. — Aguardou um minuto e indagou: — E como estão as coisas? Precisamos ir para o hospital. Quais as providências que precisamos tomar?

— O Hélder fez tudo. Deu até cheques dele para as despesas. Precisamos acertar com ele e...

Foi interrompida.

— Depois podem cuidar disso — disse Hélder. — Precisamos avisar sua mãe e o resto da família.

— Por que não ligou para a mãe, Rute? — indagou o irmão.

— Não sei. Não quis... Eu não sabia o que fazer e queria avisar você primeiro.

— Deveria ter ligado pra ela, pois...

Um barulho de carro e um falatório frente ao portão anunciaram a chegada de dona Leila. O filho parou de falar e foi espiar através da cortina.

Risos e um gritinho de boa noite foram ouvidos pouco antes de a senhora entrar.

A mulher passou pela porta e, lentamente, fechou o sorriso ao ver todos, ali, bem sérios.

Ponderada e cautelosa, cumprimentou a todos e ficou olhando para a filha, que estava com o rosto vermelho. Não resistindo, perguntou:

— O que aconteceu por aqui?

Yuri foi ao seu encontro e contou sem muito rodeio:

— Foi o pai, mãe. O pai faleceu.

A senhora abaixou o olhar e procurou se sentar, e ele a conduziu.

Via-se nítida tristeza em seu rosto, que trazia as primeiras marcas do tempo.

Cada um de um lado, os filhos se sentaram ao lado dela, que tomou as mãos de ambos.

Rute recostou-se em um ombro e Yuri no outro.

Silêncio.

Ela cerrou os olhos e murmurou uma prece:

— *Deus, nosso Pai. Cuide com todo amor e bondade do Valnei. Envolva-o com misericórdia, Senhor. Permita que os benfeitores espirituais o conduzam ao aprendizado de paz santificante que desperta o ser para os mais nobres sentimentos e entendimentos. Acenda, em seu coração, a claridade de um entendimento novo para que saiba vencer os obstáculos em Teu nome. Ensine-o a viver com mansuetude e prudência, convertendo o egoísmo em doação, a vaidade em entendimento, o orgulho em humildade, o ódio em amor. Que ele possa aspirar a um clima de paz e vivê-la plenamente...* — a emoção a fez calar e o silêncio foi absoluto. Dona Leila respirou fundo, beijou a cabeça de cada um dos filhos ao seu lado e forçou um sorriso em meio às lágrimas, comentando com voz embargada: — Tenho muito o que agradecer ao Valnei. Ele possibilitou a vida das mais lindas e belas criaturas de meu mundo: meus filhos... Sou grata por isso.

Rute se abraçou ainda mais à mãe e chorou. Yuri envolveu-as em um abraço, unindo os três. Carinhosa, a mulher afagou os filhos assim que pôde.

Passado um momento, explicaram-lhe sobre o velório. Decidiram ligar para alguns parentes e conhecidos.

Depois, tomaram um banho e foram para o cemitério.

Poucas pessoas foram ao velório e ao enterro.

Avisada pela filha, Ágata decidiu ir. Afinal, Rute era a melhor amiga de suas filhas. Conhecia-a bem.

Na segunda-feira de manhã, após o enterro, era hora do almoço quando chegaram à casa de dona Leila. Visto que todos estavam bem, Sofia se despediu e foi para o seu apartamento. Hélder tinha saído do velório de madrugada, precisava trabalhar e não podia ficar ali mais tempo.

* * *

Era início de noite quando o irmão chegou ao apartamento de Sofia sem avisar.

— Oi, Hélder! Entra — ela pediu satisfeita ao vê-lo, mas surpresa. — E aí, tudo bem?

Passando pela porta com jeito aflitivo, não respondeu ao cumprimento e foi bem direto:

— Preciso muito falar com você.

— O que foi? — ela se preocupou. Fechou a porta e o seguiu até a sala. Sentaram-se no sofá e ele contou:

— Ontem, quase não aguentei. Eu vi o homem!

— Que homem? Do que você está falando, Hélder?!

— Acho que estou doente. Muito doente!

— Calma. Organize os pensamentos. Fale devagar. Que homem você viu?

— Não é sempre que acontece. Mas... Eu tenho visões. Vejo coisas.

— Vê coisas?!... Que tipo de coisas?

— Sei lá... Muitas. Mas não é sempre.

— Como assim? — ela tornou, tentando ficar calma. Nunca o tinha visto tão alterado.

— Esquizofrenia! Sabe o que é? É uma doença mental. Quem a

tem, sofre com distúrbios, alucinações. Eu fui a um médico psiquiatra e ele me passou remédios e...

— Espera! Espera aí! — interrompeu-o. — Que visões são essas?

O irmão esfregou as mãos no rosto e passou-as pelos cabelos num gesto aflitivo. Suspirou fundo e olhou para cima.

Via-se um nervosismo muito intenso em seu semblante. Uma inquietação o dominava.

Percebendo-o aflito, Sofia pediu parecendo calma, embora sentisse o coração bater na garganta:

— Fale devagar. Conte o que vê.

Ele suspirou fundo e encarou-a. Com um travo na voz, contou:

— Eu vejo coisas que ninguém mais vê. Às vezes, vejo cores que envolvem pessoas. Essas cores podem ser desde uma névoa esbranquiçada até cores vibrantes ou mesmo escuras. Vejo luzes. Algumas são miúdas, piscam ou correm uma atrás da outra. Às vezes, essas luzes são fortes, chegam a me cegar. E... Eu... vejo pessoas, coisas. São tão nítidas que parecem que posso tocá-las. Outras são vistas com imagens fracas, transparentes. Tem dia que estou bom e não vejo nada. Existem coisas que vejo e começo a ter sentimentos de medo ou pavor. Há momentos de tranquilidade e paz, só que esses, nos últimos tempos, estão mais raros. — A irmã ouvia atenta e seriamente, e ele perguntou: — Lembra da última vez que estive aqui?

— Sim. Lembro.

— Eu fiquei inquieto e quis ir embora porque vi, perto de você, um homem. Era alto e magro. Usava um terno escuro, preto, de uns duzentos anos atrás, eu acho. Ele se concentrava em você. E ontem... ou melhor, esta madrugada, eu vi o senhor Valnei. Estava triste, em pé, ao lado do caixão, olhando para ele mesmo! — alterou-se. — Depois ficou olhando para os filhos e para a dona Leila. Ele lamentava e dizia que estava sozinho, que tinha jogado a vida fora. Falava outras coisas também, mas... Estou ficando louco, Sofia! Eu precisava falar isso com alguém! Estou ficando cada vez pior! Os remédios não adiantam. Só me deixam abobado, assonorentado!

— É mediunidade!

— Isso é besteira! Eu nunca tive isso! Nunca fui assim! E ainda não acredito em quem diz que vê gente morta!

Mais calma, invadiu seus olhos e disse:

— É mediunidade, Hélder. Ela pode se manifestar em qualquer idade. O que precisa fazer agora é educá-la. Se não o fizer, então sim, poderá entrar em desequilíbrio.

— Não sei... Não acredito nisso. Só eu vejo! Ninguém mais vê!

— Quem for médium igual a você e estiver no mesmo nível de evolução espiritual, vai ver também. Lógico!

— Não conheço ninguém assim e...

— Você bebe? Lógico que bebe e... — respondeu sem lhe dar uma chance. — Diga uma coisa: como é quando ingere bebida alcoólica?

O irmão respirou fundo. Passou as mãos, novamente, pelo rosto e pelos cabelos. Levantou-se, caminhou alguns passos e voltou para o mesmo lugar.

Estava bem nervoso. Sentou-se e contou:

— Quando eu bebo eu me sinto bem. Sinto como se estivesse anestesiado. Só que vejo pessoas que são simpáticas e conversam comigo. Só que elas não existem! Ninguém mais vê.

— Não são pessoas encarnadas. São espíritos. E são simpáticos com você porque querem que continue bebendo para aproveitar os fluidos do álcool. Esses espíritos te vampirizam. Sugam suas energias e querem que você beba mais e mais.

O irmão ficou olhando para ela sem dizer nada por longo tempo.

— Sei que nunca acreditou. Desde pequeno. Quando o pai ou mesmo eu falávamos sobre Espiritismo você ria, zombava... Que pena! Nunca teve uma religião. Não acreditou em nada. Isso faz muita falta e grande diferença.

— Eu quero que isso passe. Quero que acabe. Quando não vejo direito, tenho imagens que aparecem na minha cabeça. Elas se repetem e se repetem... Parece que vou ficar louco. Não consigo me concentrar. Nem estou trabalhando direito.

— É mediunidade. Nenhum remédio farmacológico vai tirar isso de você. Para não viver incomodado, precisa educar esse dom e ter o domínio sobre ela. Isso exige estudo e empenho. Eu indico o estudo da Doutrina Espírita.

— Ouço vozes também. Ouço, na maioria das vezes, vozes dentro da minha cabeça.

— Isso também é mediúnico. Ser médium é viver entre dois mundos. Captar o que existe no mundo dos espíritos e no plano físico.

— Mas eu não acredito nisso! — zangou-se e se alterou.

— É pena, porque vai ter de começar a acreditar. — Sofia se levantou e foi para perto de seu irmão. Sentou ao seu lado e colocou-lhe a mão no ombro dizendo com voz terna, suave, que lhe era peculiar: — Hélder, você só rejeita a ideia de mediunidade e de espíritos por falta de conhecimento. Vejo que é um homem sensato. Se ler e estudar um pouco, vai começar a entender que pode controlar esse atributo. Muitos médicos psiquiatras espíritas relatam que existem uma quantidade enorme de médiuns internados em centros de recuperação psiquiátricas, hospícios e lugares de confinações cujas famílias acreditam que têm problemas mentais. Lógico que certas doenças existem sim e precisam ser tratadas e, às vezes, as pessoas necessitam de isolamento. Outras tomam remédios para isso ou para aquilo quando, na verdade, o problema também é mediúnico.

— Será? — perguntou mais calmo.

— Lógico.

— Eu preciso de um alívio, Sofia. Estou em desespero, já faz algum tempo. Pensei em... Pensei em acabar com tudo e... Penso em morrer, em suicídio... — falou baixinho.

— Não! Pelo amor de Deus. Isso não é solução. Suicídio é o início de grande treva interior! É tudo de ruim! Desespero, dor, sofrimento que não tem fim. É um passo para um abismo difícil de retornar.

— O que eu faço?

— Aceita.

— Como assim? — perguntou, angustiado, ao encará-la.

— Quer ir comigo ao centro espírita amanhã? Quero que conheça a dona Francisca. É uma pessoa incrível e adorável! — sorriu com jeito meigo ao pegar em sua mão.

Ele olhou para o chão por alguns instantes.

Hélder era um rapaz sensato e inteligente, mas relutava aceitar a espiritualidade.

Aos trinta e quatro anos, era gerente bancário. Bonito. Cabelos sempre curtos, barba escanhoada. Pele branca, cabelos pretos e brilhosos, iguais aos de Sofia. Seus olhos verdes se destacavam pela cor dos cabelos. Não era muito alto. Tinha um porte atlético considerável. Praticava muito exercício e gostava de andar bem arrumado.

Erguendo o olhar, encarou-a e, com um tom de voz grave e angustiado, perguntou:

— Amanhã a que horas?

— Logo após o expediente. Eu passo lá na agência bancária e te pego.

Ele pensou um pouco e decidiu:

— Está bem. Vamos sim.

— Ai!!! Que bom!!! — expressou-se feliz e o abraçou.

O irmão correspondeu, mas havia um travo de amargura em seu coração. Ainda não estava convencido daquilo tudo. Acreditava ser doente.

— Será que não é esquizofrenia?

— Não! Lógico que não!

— E se for?

— Pare com isso, Hélder! Lógico que não é!

Sofia começou a falar sobre mediunidade, espiritualidade e tudo o que sabia. Ele ficou atento àquele assunto, que começou a lhe fazer sentido.

Conversaram bastante e ela o orientou o quanto pôde no que sabia.

***

No início da noite do dia que se seguiu, Sofia estava satisfeita em levar o irmão, pela primeira vez, ao centro espírita.

Estava muito alegre. Apresentou-o a todos que pôde antes de irem para a sala de orientação, conversar com dona Francisca.

Entraram.

A senhora a abraçou, beijou e comentou:

— Você sumiu, Sofia. Está fazendo falta. A turma de artesanato está sentindo muito a sua falta. A Sara assumiu, na sua ausência, mas... — sorriu. — Tem coisa que uma pessoa sabe conduzir melhor que outras.

— Eu sei — disse sem jeito, parecendo constrangida. — Eu liguei para a Sara e conversei com ela. Estou com problemas e está sendo difícil conciliar tudo — justificou.

— Sinto por você, Sofia — falou dona Francisca com jeito simples e sorriu. Em seus olhos havia uma expressão de lamento que a outra não conseguiu entender. Em seguida, antes de Sofia apresentar seu irmão, a mulher olhou para Hélder, abriu um largo sorriso e falou entusiasmada: — Ora! Ora! É você quem eu esperava! Seja bem-vindo, rapaz! — foi ao seu encontro. Abraçou-o e beijou-o.

Meio sem jeito, ele correspondeu ao sorrir e disse:

— Prazer conhecê-la.

— O prazer é todo meu! Todo meu! Venha. Sente-se — pediu, apontando as cadeiras frente à mesa, que ocupou em seguida. — Está preocupado com o que vê e sente. Não é mesmo? Pensa que está louco, mas não está não — disse antes que alguém abrisse a boca. — O que você tem é mediúnico. — Hélder olhou para sua irmã e ofereceu um leve sorriso. Só então dona Francisca perguntou: — Qual é o seu nome? — Quando sentiu o que ele pensava, a mulher sorriu e brincou: — Médium não é adivinho! Sei o que vejo e o que sinto, mas ainda não adivinho nomes — riu.

— Meu nome é Hélder — respondeu mais descontraído.

Olhando para Sofia, pediu muito educadamente:

— Posso ficar a sós com seu irmão?

— Eu não disse que ele é meu irmão — riu ao brincar.

— Cara de um, focinho do outro!

Todos riram, e Sofia se retirou.

O rapaz se sentiu nervoso. Não sabia o que fazer.

Acomodada frente a ele, com uma mesa que os separava, dona Francisca estendeu as mãos ao rapaz e acolheu as dele. Apertou-as com suavidade. Sorriu generosa e pediu:

— Conte-me o que está acontecendo.

Uma ansiedade tomou conta dos sentimentos de Hélder. Ela podia sentir o suave tremor de suas mãos que aumentava ou diminuía de intensidade conforme os relatos.

No final, a senhora perguntou:

— E você está tomando os remédios que o médico passou?

— Estou sim.

— Realizou os exames que ele pediu?

— Não. Ainda não. Estou com medo de ser esquizofrênico — lágrimas brotaram em seus olhos, mas não rolaram. Estava desesperado. Sabia, conhecia as consequências tristes dessa doença.

Ela procurou por algo que ele não lhe tinha contado e revelou:

— Hélder, o mentor do trabalho que realizo aqui está ali, em pé, e me diz que você o está vendo. Isso é verdade?

— É! Eu... — gaguejou. — Isso é loucura, dona Francisca!

Ela riu gostoso, descontraidamente, e sorriu para ele ao dizer:

— Não me sinto louca, menino. E estou vendo o mentor tanto quanto você. E digo mais, têm outros aqui que você não está vendo como eu. Isso não é loucura, Hélder. É mediunidade. Alguns têm, outros não. E existem graus diferentes. Mas não é loucura. O que precisa é educar essa mediunidade. Tenho certeza de que os exames que o médico pediu sobre a esquizofrenia ou qualquer tipo de doença não vão dar em nada. O que eu acredito é que você desenvolveu um quadro de Ansiedade, que é um transtorno emocional, por causa da bebida, por não entender o que se passa com você, por não educar esse atributo, esse dom e não trabalhar com ele. Se bem que não é nada bom exercer tarefas mediúnicas sem antes estudar, compreender e educar a mediunidade. Quando fizer isso, esses sintomas de Ansiedade, que me descreve, como tremores, dor no peito, uma agitação ou faniquito... — sorriu. — Ah... Isso vai sumir. Você vai ver. Vamos ajudá-lo com isso. Nós temos um médico, o Doutor Durval, que frequenta a nossa casa. É um ótimo médium e médico. Eu diria que precisa conversar com ele a respeito do que está tomando. Hoje em dia, principalmente, vemos muitas pessoas sofrendo com transtornos emocionais e psicológicos por causa da mediunidade e também por falta de autoconhecimento. Um psicólogo espírita pode também ajudá-lo. Junto a isso tudo, a evangelização, o conhecimento espírita devem acontecer.

— Por causa disso que sinto, talvez, eu tenha feito coisas que não foram boas. O que fazer com isso?

— Agora, nada. Mas é bom não fazer mais. Beber, revoltar-se, desvalorizar-se... Pare com tudo isso. Será um ótimo começo. Primeiro precisa se educar, mediunicamente falando. Os espíritos, ou mesmo as manifestações mediúnicas, não podem atrapalhar sua vida. Ao contrário. Todo dom, todo talento que temos necessita de aprimoramento para nos ajudar e, depois, auxiliar outras pessoas. Com o tempo, vai conhecer outros médiuns famosos ou não, que também trilharam caminhos de dúvidas e insegurança, mas depois compreenderam o que se passava com eles. Educando seus talentos passará a viver melhor.

— Isso é possível? — perguntou temeroso.

— Lógico, meu filho! Lógico que é!

Ele pensou um pouco e disse:

— Estou preocupado com minha irmã, a Sofia. Não sei o porquê. A Valéria, minha outra irmã, está em situação mais problemática. Mas a Sofia... parece que está pior. Não entendo isso. Não sei explicar.

— Uma coisa você precisa aprender, Hélder, tem coisas que não nos são reveladas com perfeição. Como eu disse, médium não é adivinho. Só sabemos o que nos é informado. Tem gente que acha que médium sabe tudo. Domina tudo o que vê, sente e sabe compreender o que todos os espíritos falam. Não é bem assim, meu querido. Cada um tem um tipo de mediunidade e, dentro desse tipo, precisa trabalhar-se para buscar compreender o que lhe é revelado. O seu trabalho, como médium, por exemplo, não é com psicofonia, psicografia, pelo menos é o que eu vejo hoje. Seu trabalho é semelhante ao meu: orientar pessoas e encaminhá-las. Mas, para isso, precisa estudar, ter conhecimento. Não pode um cego guiar outro.

— Entendo.

Ela sorriu amavelmente e propôs:

— O ideal agora é cuidar e orientar você antes de qualquer coisa.

— Certo — sorriu mais aliviado.

Levantando-se, chamou-o:

— Agora, venha. Vamos lá. Eu quero apresentar você ao Doutor Durval. Vai gostar de conhecê-lo. Ele vai dar orientações sobre sua saúde e como deve proceder com os exames e medicações.

Hélder, mais tranquilo, aceitou o convite e a acompanhou.

***

Naquela mesma noite, chegando ao seu apartamento, Sofia percebeu que George estava lá pelo fato de a porta do hall do elevador principal estar aberta.

Deparando-se com ele na sala, cumprimentou-o com um beijo e contou onde esteve.

Na primeira oportunidade, o noivo reclamou:

— Cada dia um compromisso. Não temos mais tempo algum para nós.

— Domingo passado, eu o convidei para ir almoçar na casa dos meus pais, mas você não quis.

— Não dá pra ficar socado lá, né? — insatisfeito, respirou fundo e comentou: — Já vou indo, mas... Antes queria falar com você sobre aquele empréstimo no banco. Pode ser minha fiadora?

— Por que o empréstimo não é feito direto, sem fiador? Eu mesma já fiz isso.

— Tá regulando, Sofia?! — Antes que ela respondesse, argumentou: — A conta é nova. Sabe como é. Mas, se não quiser, deixa.

— Não. Não estou regulando. Só quero entender.

— Então vamos lá na quinta-feira. Vou agendar.

— Tá — sentiu o peito apertar naquele instante. Não teria como negar isso ao próprio noivo.

George ficou feliz. Abriu um sorriso e se aproximou fazendo-lhe um afago. Beijou-a com amor. Quando ela o envolveu acreditando poder estender o carinho, ele se afastou. Não demorou, despediu-se e se foi.

Uma angústia tomou conta de Sofia. Não sabia o que era.

Seus pensamentos estavam confusos. Não conseguia organizá-los.

No plano espiritual, Vicente se aproximou, influenciando-a:

— Isso mesmo. Não pense no que deve ou não fazer. Seja impulsiva. Acredite nas pessoas. Afinal, por que não confiar em seu noivo? A melhor coisa a fazer é não ter o controle da própria vida — riu de modo sarcástico.

Tássio, o mentor de Sofia, tentava animar sua protegida, mas ela começava a se entregar a pensamentos cômodos e fracos.

"Essa vida é uma droga. Tem hora que as coisas não saem como eu quero. O George não entende isso!" — Sofia pensava. — "Quanto ao empréstimo para ele... Coitado, né? É difícil a gente querer fazer uma coisa e não ter dinheiro para isso. Ah... Tem hora que estou tão cansada... Sinto-me sem forças. Gostaria de dormir e acordar com tudo arrumado. Acho que não vou ter forças para arcar com tudo. As lojas, com tanta coisa acontecendo.... Nem estou indo à loja que inaugurou. Ainda bem que tenho a Vânia."

— Isso. Confie em todos — dizia Vicente ao seu lado sem ser percebido. Aproximando-se, começou a passar-lhe a mão na cabeça, como se fosse um carinho, imantando-a com energias pesadas.

— Reaja, Sofia! — pedia-lhe Tássio sem ser percebido pelo espírito Vicente. — Eleve os pensamentos em prece. Vamos lá! Ore! Faça a prece que o próprio Jesus ensinou.

Pelos pensamentos de Sofia passou um fio de vontade de orar, mas ela não deu importância e se entregou ao comodismo.

Ligou a televisão e colocou um filme.

Enquanto isso, Vicente permaneceu ao seu lado, vampirizando suas energias, deixando-a fraca e indisposta.

Capítulo 10

A dor da decepção

Conforme o tempo passava, Sofia se sentia cada vez mais desmotivada, desanimada para tudo. Nem conversar com Rute, sua nova melhor amiga, queria.

Alguns dias, por estar esmorecida, nem ia trabalhar. Deixava muitas soluções nas mãos de Vânia, sua sócia. Acompanhava os acontecimentos, mas se descuidava das finanças. Até que, algum tempo depois, deparou-se com documentos de cobrança.

— O que é isso?! — falou sozinha. Não acreditava no que estava lendo. — Meu nome, no protesto?!...

Entrou em contato com a empresa de cobrança, com o departamento de crédito, e não acreditava no que diziam.

Confusa, sem saber o que fazer nem em quem confiar, procurou por Rute, afinal, a amiga era formada em direito e saberia orientar.

— Eu fui fiadora do George. Ele precisou de um empréstimo bancário e...

— Mas aqui apareceu protesto do banco e de compras não pagas feitas para a sua loja. Não é só do George não.

— Não acredito. Nunca recebi cobrança. Nunca devi nada para ninguém!

— É coisa antiga, Sofia. Se não recebeu cobrança nenhuma alguém extraviou as correspondências que foram para a sua casa e também as que foram para a sua loja.

Sofia ficou pensando, ainda incrédula com o que ouvia.

— Não é possível! Isso está acontecendo! Não é verdade! — ficou inconformada. Encarou a amiga, com olhos de súplicas, e perguntou:

— E agora? O que eu faço, Rute?

— Você tem economias? Tem como pagar?

— Nesse valor? Não. Nada. Arrisquei um grande investimento na montagem desse loja nova e... Como se não bastasse, minha empresa de arquitetura e decorações de interiores também não está bem. Não me dediquei como deveria nos últimos tempos e perdi alguns clientes. Tive problemas com prazos... Não me preocupei. Pensei que as lojas dariam uma boa renda.

— Precisamos dar uma olhada. Fazer um inventário na sua empresa e nas lojas. Tem advogados ou contadores que trabalham para você na empresa, não tem?

— Tem. Quer dizer... Quem cuida disso é a Vânia — respondeu atordoada. Parecia nem saber do que a outra estava falando.

— Sinto muito em te dizer, mas a Vânia não é uma pessoa confiável neste momento. Assim como o George. Eles não te avisaram sobre o que estava acontecendo.

Sofia ficou pensativa por alguns instantes e lembrou:

— O George tem toda liberdade no meu apartamento. Ele tem ido lá todos os dias e... Agora começo a lembrar que todas as correspondências que chegaram, nos últimos tempos, eu encontrei sobre a mesa da sala e não na soleira como era de costume. Ele deve ter pegado e... tirado as cartas de cobrança.

— E, na empresa, sua sócia deve ter feito o mesmo.

— Será?!... — questionou incrédula, decepcionada. Querendo não acreditar naquilo tudo. Tentando disfarçar para que a outra não percebesse, abaixou a cabeça por sentir seu rosto esfriar. Um torpor a dominou. Um mal-estar se instalou em seus sentimentos. Não sabia o que dizer nem por onde começar. Em voz baixa, murmurou: — Meu Deus... São dívidas com valores muito altos. Vou acabar perdendo meu carro, meu apartamento... O que eu faço, Rute?

— Tenta negociar.

— Como?! De que jeito vou trabalhar e arrumar dinheiro? Minhas lojas estão fechando! Os negócios estão falindo!

— Calma, Sofia.

— Não tem como eu ficar calma. — E não suportando a dose alta de adrenalina correndo em seu corpo, comentou: — Estou me sentindo mal.

A amiga demorou a entender que Sofia se referia a um mal-estar físico.

Elas estavam no quarto de Rute, sentadas sobre a cama, quando Sofia apoiou a mão e foi se deitando.

— Sofia! Sofia, o que foi?!

— Não sei... — sussurrou.

Rute se levantou e correu para chamar sua mãe, contando que Sofia passava mal.

Dona Leila entrou às pressas, no quarto, seguida de Yuri.

Ajeitaram Sofia sobre a cama e, quando pensaram que era o momento de levá-la ao médico, ela começou a recobrar os sentidos. A senhora foi até a cozinha e trouxe, rapidamente, um copo com água adoçada.

Sofia abriu os olhos. Observou a sua volta, parecendo não saber onde estava. Sentia-se enjoada, trêmula e confusa.

Yuri, sentado ao seu lado, pediu:

— Calma. Você está aqui em casa.

— Onde? — murmurou confusa, olhando-o como se não o conhecesse.

— Está na nossa casa, filha. Está segura aqui com a gente — disse dona Leila com a voz suave para confortá-la. — Toma. Beba isso. É água com açúcar — ofereceu-lhe o copo assim que a viu sentar.

Segurando o copo com ambas as mãos, Sofia bebeu um pouco da água, vagarosamente. Em seguida, olhou para a amiga e perguntou ao se lembrar:

— Está acontecendo mesmo? — falou com a voz fraca.

Rute pendeu com a cabeça positivamente.

Sofia quis colocar os pés no chão.

Yuri se levantou e a ajudou, dizendo:

— Já ia levá-la ao hospital.
— Não... Estou ficando melhor. Preciso ir ao banheiro.
— Ali. Venha — indicou a amiga, conduzindo-a.

Na ausência de Sofia, Rute acabou contando exatamente tudo o que estava acontecendo na vida profissional da outra. Razão pela qual a emoção forte a fez passar mal.

— Tá de brincadeira?! — exclamou o irmão.
— Não. Não estou.
— Coitadinha — murmurou a senhora.
— O que dá para ser feito? — Yuri perguntou.
— Negociar as dívidas é um bom começo. Será preciso estudar bem o caso. Foi um golpe e tanto.
— E o que pode ser feito em relação ao noivo e à sócia? — tornou ele.
— Nada. Foi de livre e espontânea vontade que Sofia fez empréstimo, foi fiadora, assinou documentos e fez negociações. Se ela não prestou atenção no que fazia, ou não se interessou em acompanhar o que estava sendo feito... Problema dela. Não examinei direito toda a documentação, mas, pelo que vejo, ela está ferrada.

Sofia chegou ao quarto, novamente, e dona Leila pediu:
— Vamos lá pra cozinha. Vou preparar um chá e um lanche...
— Não, dona Leila. Preciso ir embora.
— Ainda está abalada, menina! Não pode ir assim.

Sofia pareceu não ouvir e foi pegando sua bolsa e os papéis.

Rute olhou para o irmão e disse baixinho:
— Ela não deve dirigir assim. Eu vou dirigindo o carro dela e você o meu pra me trazer de volta.
— Pode ser. Tudo bem — ele concordou.
— Não. Ela vai ficar aqui com a gente. Não pode ir desse jeito — exigiu a senhora.
— Obrigada, dona Leila. Mas quero ir embora. Não estou bem para ficar aqui. Tenho coisas bem importantes para resolver. Preciso ligar para o George. Ele vai ter de me explicar isso. Com a Vânia, eu falo amanhã.

Insistiram, mas Sofia não aceitou ficar.

* * *

Pouco depois, no apartamento de Sofia...

— Tem certeza que dá para ficar sozinha? — perguntou Rute, preocupada com ela.

— Tenho sim. Obrigada a vocês dois.

— Qualquer coisa, liga pra gente — disse Yuri, igualmente preocupado.

— Obrigada.

Os irmãos se foram.

No caminho para casa, Rute se inquietava e pensava em voz alta:

— Estou com vontade de telefonar para o Hélder.

— E dizer o quê? — perguntou o irmão, enquanto dirigia.

— Dizer que a Sofia não está bem.

— Você não sabe se ela quer contar o que houve. Melhor não dizer nada.

Após chegarem a casa, em seu quarto, Rute decidiu telefonar para Hélder.

— Oi! E aí? Tudo bem?

— Tudo. E você? — ele perguntou.

— Estou bem. Mesmo tendo um pouquinho de entendimento, a partida de alguém, principalmente de alguém tão próximo como um pai, é algo que abala muito.

— Na última vez em que conversamos, você me disse que seus pais se separaram. Vocês mantinham contato?

— Mantínhamos sim. Não tanto quanto eu gostaria, mas... — expressou um riso no tom da voz e ele escutou. — Meu pai era muito resistente, digamos assim. Mas... Conta aí! E você, Hélder, o que anda fazendo?

— Eu... Bem, eu estou fazendo algo que nunca pensei em fazer na minha vida — riu, com discrição, mas ela pôde escutar.

— O quê?

— Estou frequentando uma casa espírita. Você é espírita, não é?

— Sim. Sou sim. — animou-se. Interessou-se pelo assunto. — Ai, que legal! Por que você diz que é algo que nunca pensou em fazer?

— Sei lá... Não sei explicar. Eu não acreditava, talvez. Achava perda de tempo. Mas... Estava enganado.

— E o que o fez mudar de ideia? — ela perguntou.

— Alguns acontecimentos que não dão para falar por telefone. Qualquer hora te conto. Foi uma experiência bastante interessante e preocupante, no começo. Coisa que não dá para falar com todo o mundo. Acho que você vai se interessar em saber.

— Está me deixando curiosa — riu. — Sou extremamente curiosa.

Em um súbito impulso, ele perguntou como se as palavras saltassem de sua boca:

— Quer sair na sexta-feira?

— Quero! — outro impulso inesperado. Rute se surpreendeu. Ela não era assim.

— Você ainda trabalha no mesmo lugar que minha irmã trabalhava, não é? Posso pegá-la lá na empresa?

— Sim. Estou lá. E... Pode. Pode me pegar lá sim — confirmou e riu, tapando o celular para ele não ouvir. Ela encolheu os ombros e ficou com um sorriso engraçado no rosto. Parecia ter feito alguma peraltice. Estava admirada de si mesma.

— Então, combinado. Quando eu estiver saindo do banco, ligo. Em poucos minutos estarei lá.

— Certo.

— Mas me conta, o que tem feito de bom nos últimos dias? — Hélder quis saber.

— Eu? Bem...

Conversaram bastante. Depois desligaram.

A sós com seus pensamentos, Rute ficou preocupada. Havia telefonado para Hélder para falar sobre Sofia, mas nem tocou no nome da amiga. No meio da conversa, mudou de ideia.

Acreditou ter feito a coisa certa. Em vez de ajudar Sofia, poderia atrapalhar.

Mas ficou inquieta.

Será que ela tinha sido muito rápida em aceitar o convite que ele fez? O que Hélder poderia pensar a seu respeito? Ela se achou tão fácil.

Deveria esperar até sexta-feira para saber.

Ele parecia um cara legal. Engraçado, conheciam-se há tantos anos e nunca teve olhos para ele.

***

Aquela semana foi muito tumultuada para Sofia.

Estressou-se com o noivo e com a sócia.

Fazia algum tempo que estavam discutindo, acaloradamente, sem chegar à conclusão alguma.

— Não quero saber! Não tem justificativa para o que você fez, George! Você deveria ter me contado!

— Pensei em pagar e resolver o problema antes de você saber. Aí não ficaria assim, desse jeito!

— É meu nome!!! Meu patrimônio está em risco!!! Você abusou da minha confiança, da liberdade que tinha na minha casa para subtrair daqui as correspondências para eu não saber das cobranças! Isso é muita traição!!!

— Olha aqui, Sofia! Eu vou pagar, tá! Vou pagar!

Quando ele ia se virando para ir embora, ela pediu, parecendo calma:

— Entregue as chaves do meu apartamento.

— Como?

— Você ouviu. Entregue as chaves do meu apartamento.

— Por causa de dinheiro vai jogar fora tudo o que existe entre nós?

— E o que existe entre nós, George? Você é egoísta! Só pensa em si mesmo! Se eu não for firme, você usa e abusa de mim, das minhas coisas. Sempre deixa o lixo para eu limpar, como agora. São detalhes, sabe... De verdade, mesmo, eu nunca estou inclusa nas suas alegrias, nas suas diversões. Quando passeamos, vamos para os lugares que te agradam. Quando comemos ou bebemos tem que ser o que você quer. Quando existem despesas, a maioria delas fica por minha conta. Isso não mudou e não vai mudar. Cada dia que passa, você me respeita menos. Será cada vez pior, se ficarmos juntos.

— Não vou levar isso a sério. Está nervosa e não sabe o que está falando.

Apesar de dizer isso, ele pegou as chaves em seu bolso e as jogou sobre o console no hall de entrada.

Virou-se e se foi.

Sofia voltou para a sala. Estava confusa. Pensamentos conflitantes. Magoada. Sentia-se injustiçada.

Foi até a sacada e olhou para a praia e para o mar.

Enquanto um vento suave soprava seus cabelos, viu que a paisagem, de que tanto gostava, havia perdido a cor, o brilho e a beleza. Nada, ali, era maravilhoso agora.

Respirou fundo e juntou o que pareceu suas últimas forças para ir falar com sua sócia.

* * *

Como em outros dias, foi difícil encontrar Vânia à disposição para uma conversa. Mas se deparou com ela em uma das lojas.

Num acesso de fúria, Sofia invadiu a sala da gerência na loja que abriram e discutiram muito, sem se importar com alguns clientes que poderiam vê-la através da estreita parte de vidro.

— Darei um jeito nisso! Até parece que você não conhece como é o mundo dos negócios!

— Para onde foi o dinheiro que entrou? O que você andou fazendo? — exigiu Sofia.

— Trabalhando sozinha! Foi isso o que eu fiz enquanto você cuidava da vidinha pobre e barata de seus irmãos! Nunca estava presente! Não participava de nada! Não pegou novos projetos de decoração porque estava muito ocupada! Ora!!! Onde você estava, Sofia?! Como combinamos, deveria ter cuidado dos projetos de decoração de interiores! Os poucos que pegou declinaram! Clientes sumiram! O que me diz disso?

— Digo que fui honesta! Sempre fui honesta com você!

Vânia pegou a bolsa, lançou a alça no ombro e sorriu ao dizer:

— Sabe o que você faz com essa sua honestidade? — riu, virou as costas e se foi.

Sofia sentiu-se mal. Quis chorar, mas segurou as lágrimas. Respirou fundo e também foi embora.

Saiu sem rumo. Dirigiu, aleatoriamente, pelas ruas da cidade.

Estava confusa e não prestava atenção ao que fazia.

O espírito Vicente castigava seus pensamentos com ideias e concepções que emitiam forças destrutivas.

Tássio, seu mentor, concentrava-se na atenção de sua protegida e alertou-a, emitindo-lhe energias que chagaram como um choque, assustando Sofia que se desviou, subitamente, de um pedestre, também distraído, que atravessava a rua. Na manobra, ela bateu o carro sem ferir ninguém.

Resolvido, parcialmente, o problema, foi para o seu apartamento, seu refúgio.

* * *

Ninguém pareceu sentir falta de Sofia nos dias que se seguiram.

Nem mesmo sua mãe ou seus irmãos telefonaram.

George ou Vânia não deram notícias nem satisfações.

Não saiu de casa. Era difícil fazer qualquer coisa. Até mesmo levantar-se da cama. Tudo exigia grande esforço e sacrifício.

Pensou em ligar para sua mãe, mas não queria levar qualquer problema para eles. Já bastavam as preocupações com sua irmã. Também não estava disposta para conversar com alguém de sua família.

Desanimada, triste, sentia a alma machucada. Sem saber o que fazer, ligou para Rute.

Era sexta-feira e a amiga, empolgada com o encontro com Hélder, não deu atenção ao celular que ficou jogado, tocando inaudível, no fundo da bolsa.

Não encontrava o telefone de dona Francisca. Havia anotado em algum lugar, mas não passou para o celular. Lembrou-se da mãe de Rute. Dona Leila seria boa conselheira.

Ligou.

O telefone chamou muito e, quando ia desistindo, foi atendida:

— Pronto! — exclamou a voz ofegante de quem que havia corrido.

— Yuri?

— Oi, Sofia! Tudo bem?

Sem responder sua pergunta, ela indagou com voz fraca:

— Sua mãe está?

— Cheguei aqui agora. Espera um pouco. Estou andando pela casa à procura de alguém... Mãe?! Rute?! — Ouviu-se um latido após ele chamar. — Não é com você Thor! Fica na sua. — Um momento e voltou a falar com ela: — Não tem ninguém em casa. — Diante do longo silêncio, ele perguntou: — Tudo bem com você?

— Não... Não sei. Estou tão estranha.

— O que está sentindo?

— Uma coisa ruim. Uma fraqueza. — Chorou em silêncio. Não queria que ele notasse.

Ele percebeu, mas não disse nada a respeito e perguntou:

— Quer conversar um pouco?

— Não. Tudo bem. Obrigada, eu... Ligo outra hora para falar com a Rute.

— Sofia! — chamou antes de ela desligar. Quando percebeu sua atenção, quis saber: — Resolveu seu problema com a empresa?

— Não. Eu... Yuri, estou tão mal...

— Eu vou até aí.

— Não. Não precisa.
— Há quanto tempo está assim? — ele indagou.
— Sentindo-me mal assim?... Desde aquele dia, aí, na sua casa.
— Vou até aí pra gente conversar melhor.
— Não precisa — falou com a voz fraca, sussurrando. Ao mesmo tempo, desejando que ele fosse.
— Olha, cheguei agora e vou tomar um banho bem rápido. Estava correndo e estou suado. Não vou demorar. Aguenta aí, que já chego. Tchau.
— Tá bom. Eu espero.
Desligaram.
Yuri havia tido um dia cansativo e ainda tinha corrido.
Estava quente e precisava de um banho.
Ficou preocupado. Não entendeu por que razão tomou a iniciativa de ter querido ir até a casa de Sofia. Mas foi Pedro, seu mentor, quem o inspirou a essa atitude sem pensar muito.
Depois de um banho rápido, ele se trocou. Pegou as chaves do carro e não perdeu tempo.

* * *

Ao se anunciar na portaria, logo Yuri subiu. Sofia tinha pedido que o deixasse subir sem precisar ser avisada.
Recebido à porta do apartamento, o rapaz a observou de cima abaixo.
Fixou-se em seu rosto, pálido e sem a expressão alegre e a vivacidade que antes, naturalmente, via-se.
Com o semblante sem animação, Sofia tentou sorrir, porém seu sorriso estava sem vida.
Sem ânimo, até sua voz parecia enfraquecer ao dizer:
— Oi. Entra — pediu, simplesmente, virando as costas e indo direto para outro cômodo.
Ele fechou e trancou a porta. Em seguida, foi atrás dela.

Na sala, Yuri a acompanhou com o olhar. Vendo-a se sentar, aproximou-se e a beijou na face fria.

— Como está? — perguntou e se sentou ao lado, virando-se de frente para ela.

Sofia encolheu as pernas e sentou-se de lado para ele, sobrepondo o braço no encosto do sofá, onde recostou também a cabeça.

Vestia calça de moletom fino e largo, uma camiseta branca bem folgada, de gola larga e estampa suave, deixando o top preto aparecer no ombro.

Cabelos desarrumados naturalmente. Não estava feio, mas, talvez, nem os tivesse penteado naquele dia.

Contorcendo o rosto, quis chorar, porém segurou as emoções ao responder:

— Não sei o que tenho. Meus pensamentos estão confusos, estranhos...

— Como assim? — ele quis saber.

— Estou desmotivada, sem ânimo. Não consigo me organizar. Faz três dias que não saio de casa e... Sabe que ninguém, ninguém ligou para mim! — ressaltou. Esfregou as mãos pequenas, finas e pálidas no rosto abatido e lábios sem cor. Passou em seguida, pelos cabelos, tentando colocá-los para trás e eles voltaram. Depois contou: — Andei olhando documentos, analisando despesas. Resumindo, fazendo contas e... Hoje recebi um aviso de que minha conta bancária está bloqueada. Minha sócia me deu um golpe dos grandes. O George aprontou também com meu nome, cartão e sei lá mais o quê. Financeiramente, estou no fundo do poço. Sentimentalmente, psicologicamente, estou muito além do fundo do poço. Talvez, debaixo de muita terra.

— Você disse que está três dias sem sair de casa? — de tudo o que ela disse, só isso importou a ele.

— É.

— Comeu alguma coisa?

— Comi...

— O quê?

— Não estou com muita fome — respondeu, sem encará-lo.

— Não foi isso o que te perguntei. — Diante do silêncio, novamente, quis saber: — O que andou comendo?

— Uma fruta e biscoito integral. — Olhou em seus olhos, que antes não queria encarar, e comentou: — Sinto-me tão cansada.

— Do quê?

— Da vida... De tudo... — Não aguentou mais e chorou. — Acho que perdi tudo... Tudo pelo que sempre lutei para conseguir. Tudo o que tinha orgulho de ter conseguido com tanto trabalho, empenho, talento... — Chorou. Pegou a ponta da camiseta e passou no rosto molhado.

Yuri respeitou o silêncio que se fez e esperou que se recompusesse.

Em certo momento, passou a mão em seu braço, fazendo-lhe um carinho.

Na espiritualidade, Vicente e Lucídia os observavam sem perceber a presença de Pedro e Tássio.

— Ora! Ora! Ora! — exclamou Vicente, rodeando o sofá onde o casal se encontrava. — Chegou aquele que faltava. Foram os dois, juntos, que fizeram o que fizeram para atrapalhar minha vida. Agora é minha vez! Vou acabar com vocês dois! Vou destruí-los! Ou melhor, vocês vão se destruir! — Aproximando-se do ouvido de Sofia, como se fosse pelo meio que ela pudesse percebê-lo, Vicente disse: — Você é fraca! Incapaz! Incompetente! Perdeu tudo! Tudo! Nada valeu a pena. Nunca mais vai ser a mesma, Sofia. Nunca mais vai conseguir subir. Terá de viver às custas do papai — riu, sarcasticamente. — Do pobre papai aleijado e aposentado... Vai lá dar mais trabalho para ele, vai! Acabe com o resto da vida miserável que ele tem! Deixe-o desgostoso!...

Com voz fraca e rouca, ela disse:

— Como é que eu posso contar isso para a minha família? Sempre fui do tipo que resolveu os problemas sozinha. Nunca aceitei opinião deles, sabia? — Ergueu a cabeça, correu o olhar de um canto ao outro da sala e pediu: — Olhe para tudo isso. Quanta coisa bonita, cara, não é mesmo? Joguei tudo fora. Foi tão difícil... Cada detalhe, cada... — calou-se. Recostou, novamente, a cabeça no braço que estava no encosto do sofá.

— Acho bom você comer alguma coisa. Está fraca. Muito de seu desânimo pode vir disso. O que tem aqui para comer?

— Não quero comer nada.

O rapaz sorriu e tentou brincar:

— Mas eu quero! O dia hoje foi longo. Estou em pé desde às cinco da manhã. Almocei meio-dia e já são... — consultou o relógio e informou: — Oito da noite! Minha taxa de glicose abaixou e acho que a sua também. — Vendo que ela não deu importância, Yuri se levantou e pediu, estendendo-lhe a mão: — Vem. Vamos lá para a cozinha procurar alguma coisa pra gente comer. Se não tiver, vamos encomendar.

— Acho que não tem nada em casa.

— Então vou encomendar uma pizza. Você topa?

— Encomenda para você.

— Assim não dá, Sofia — foi firme. — O que pretende? Se matar e me matar de fome? — Ela não respondeu. Pareceu nem ouvir. — Onde estão aqueles panfletos da pizzaria? — Pensou um pouco e decidiu: — Vou fazer melhor. Você vai me dar licença para eu revirar sua cozinha. Vou ver o que encontro.

A moça não deu importância.

Ele a deixou sozinha e foi para a cozinha. Demorou algum tempo e voltou.

— Achei pão de forma preto, atum, ralei cenoura e misturei com ricota. Deu um bom lanche. Vamos lá, vai. Vem comer alguma coisa... — pediu em tom generoso. Estendendo a mão, puxou-a com delicadeza.

Foi com grande sacrifício que Sofia se levantou. Suas pernas tremiam. Pareciam que não suportariam seu peso.

Sentia o rosto esfriar e uma sensação de tontura e desmaio.

Na cozinha, ocupou uma das banquetas perto da bancada, onde dois pratos com lanches os aguardavam. Ao lado, copos vazios e uma caixa de suco de fruta à base de soja.

— Tem alface lavada na geladeira — ela disse.

— Não encontrei.

Quando o viu indo à direção da geladeira, ela orientou:

— Na parte debaixo. Na gaveta.

O rapaz procurou e trouxe o recipiente até a bancada. Abriu os lanches e distribuiu as folhas. Colocou suco até a metade dos copos e pediu, com jeito simples e leve sorriso:

— Vai, come. Fiz com muito carinho.

Sofia tinha de fazer grande esforço somente para pegar o lanche.

Deu uma mordida, que ficou mastigando por muito tempo. O alimento parecia seco demais para ser engolido. Bebeu alguns goles de suco para ajudar e não quis comer mais. Tomou o suco e deixou o lanche no prato.

— Que foi? Tá tão ruim assim?

— Não. Sou eu que estou ruim.

— Vai. Só mais uma mordida.

Ela insistiu e, novamente, a mesma dificuldade para engolir.

Em seguida, afastou o prato com o lanche de perto de si e disse:

— Se não reparar... Preciso ir para a sala.

Yuri deu a última mordida, bebeu o resto do suco e pediu:

— Espere. Vou com você. — Levantou-se. Guardou a caixa de suco na geladeira e colocou os pratos na pia. Olhou para o prato que ela deixou e disse: — Dá dó jogar esse lanche fora, hein! — Apanhou uma faca, cortou a parte mordida e guardou o resto em um saco plástico e colocou na geladeira. Sem se importar, pegou a parte cortada, jogou na própria boca e comeu.

Ela só observou.

Yuri colocou os pratos e os copos na cuba da pia e os lavou com rapidez, deixando-os escorrer.

Em seguida, foi ao seu lado, sobrepôs a mão em suas costas e pediu:

— Vamos lá — sorriu.

Um desânimo dominava Sofia que não podia fazer nada contra aquela força estranha que a puxava para baixo.

Seus membros doíam. Era uma dor muscular, como se estivesse gripada.

Sentou-se alguns segundos no sofá e, quando o rapaz se acomodou ao seu lado, ela pediu ao se levantar:

— Yuri, com licença... — Sem dizer mais nada, foi à direção ao seu quarto, deixando-o sozinho.

A longa espera fez com que o ele desconfiasse que Sofia não passava bem.

Levantando-se, seguiu por um corredor que dava nos quartos e entrou chamando seu nome:

— Sofia! Estou entrando. Tudo bem? Posso entrar?

Nenhuma resposta. Empurrou a porta entreaberta da suíte e a viu sobre a cama, deitada e encolhida.

Aproximou-se, sentou-se e passou a mão em suas costas, perguntando:

— E aí?

— Desculpe... Não sei o que tenho... Estou me sentindo mal... Olha como estão minhas mãos — mostrou.

As mãos finas e pequenas tremiam. Pálidas e gélidas, pareciam sem vida.

— Não é melhor ir ao médico?

— Não sei.

— Vamos lá. Troque-se... Ou vai assim mesmo. Eu a levo — levantou-se, esperando sua reação.

— Meu corpo inteiro treme — ela disse. — Sinto vontade de chorar. Dá um desespero... Estou com dor no peito. Dor de cabeça...

— Não entendo nada disso. Melhor consultar um médico. Pode ser sua pressão que abaixou. Não tem se alimentado direito, não é mesmo?

— Acha que devo ir?

— Claro. Principalmente, por causa da dor no peito. Vamos. Eu a levo.

— Vou me trocar.

— Isso. Vou te esperar lá na sala — saiu do quarto, encostou a porta e foi para o outro cômodo esperá-la.

Não demorou e Yuri levou Sofia ao hospital de seu convênio.

Durante a consulta no pronto-atendimento, ouviu da médica:

— Seus exames estão normais. Pressão arterial correta. Eletrocardiograma ótimo... Batimentos cardíacos um pouco acelerados para um estado de repouso, mas, puramente, normal. Muito provavelmente, seja de fundo emocional. — Um momento e perguntou: — Você tem passado por algum tipo de estresse, Sofia?

— Um pouco — disse com voz fraca.

— Um pouco, nada! — interferiu Yuri, bem firme. — A sócia deu-lhe um golpe e o noivo sujou seu nome.

Sofia olhou para ele, mas não disse nada. Não se importou com seu comentário.

A médica balançou a cabeça entendendo a situação e envergou a boca como uma expressão de lamento. Depois comentou:

— Esses sintomas estão me parecendo de fundo emocional. Um estado depressivo. Certo? Isso costuma ser normal, se não perdurar muito tempo. É lógico que, quando somos lesados, ficamos abalados. Sensíveis a tudo. Vontade de chorar sem motivo específico e até dor no peito que, através dos exames clínicos, sabemos que não se trata de problemas cardíacos. Esmorecimento, dores nas articulações, desânimo, medos, tremores e tudo mais o que me descreve podem ser sintomas depressivos. Isso é, puramente, emocional. A mente é que faz tudo isso com você. São sintomas psicossomáticos terríveis e involuntários, mas passam à medida que se recuperar emocionalmente. Costumo dizer que é uma ferida na alma. E como toda ferida, ela pode ser curada. O tempo para isso depende de cada um.

— E o que eu posso tomar para aliviar isso o que sinto? É tão horrível.

— Não vou receitar nada. Com seu breve relato, em uma rápida consulta, não posso afirmar se você tem Ansiedade ou Depressão, os transtornos psicológicos mais comuns hoje em dia. Não tem como diagnosticar exatamente o que é. O remédio para a Depressão é um veneno para a Ansiedade e vice-versa. Eu aconselharia você descansar um pouco. Procurar reagir, fazer caminhadas e procurar ficar junto de pessoas queridas, mantendo uma vida saudável. Sem brigas, intrigas... Isso deve fazer muito bem. Caso essas sensações fiquem insuportáveis, aconselho que procure em médico psiquiatra.

— Psiquiatra? — surpreendeu-se ela.

— Sim. Um psiquiatra e junto um psicólogo. Ou... Se não quiser procurar um psiquiatra, procure um psicólogo. Ele vai ajudá-la a trabalhar com os pensamentos e assim terá chance de sair mais rapidamente desse estado. Na verdade, nem sempre o remédio químico ajuda. Ele só alivia, em alguns casos, e não trata a causa, que é emocional. Aliás, esses remédios viciam. — Breve pausa e explicou: — Se a causa desse estado é emocional, então você precisa trabalhar com o lado emocional, pensar e agir diferente a fim de se ajudar. Isso vai aliviar e exterminar essa dor na alma. Vai curar essa ferida. — Mais um momento, a médica fez uma anotação e carimbou a prescrição dizendo: — Para sua queixa de dor de cabeça, receitei esse remédio — estendeu a receita. — Deve tomar um comprimido a cada seis horas até passar. Não sentindo dores, suspenda.

Sofia pegou a receita, levantou-se e agradeceu:

— Obrigada, doutora.

— Não por isso. Qualquer coisa, volte.

— Pode deixar.

Yuri conduziu Sofia para que saíssem da sala.

Já no corredor, ela reclamou:

— A médica não me passou nada para esse tremor. Isso é tão horrível.

— Ela tem razão, Sofia. Não se sabe exatamente o que você tem. Transtornos psicológicos, problemas emocionais têm sintomas bem parecidos. Conforme o que a doutora disse, o remédio para uma coisa e veneno para outra, ou seja, o remédio errado vai piorar muito mais o que você está sentindo. — Ela não disse nada. Ele esperou um momento e sugeriu: — Quer que eu a leve para a casa de seus pais? Lá, podem cuidar melhor de você. A médica falou sobre ficar com pessoas queridas...

— Não quero perturbá-los.

— Isso é orgulho, Sofia!

— Não. Acho que é ter consciência de que aqueles dois não precisam de mais trabalho e preocupação.

— Você quem sabe. — Deu um tempo e, enquanto caminhavam para sair do hospital, perguntou: — Quer ir para a minha casa? Quem sabe conversar um pouco com minha mãe, com a Rute...

— Obrigada. Mas quero ir pro meu apartamento.

— Tudo bem. Vamos.

Após comprarem o remédio, ele a levou para o seu apartamento.

Entrou, certificou-se de que ela estaria bem e conversou um pouquinho.

— Vou tomar um banho agora. Estou tão esmorecida.

— Isso mesmo. Toma um banho e deita. O remédio que tomou já vai fazer efeito.

— Por favor, não conte nada disso para ninguém, tá?

— Claro que não. Pode confiar.

— Obrigada, Yuri.

Estavam no hall do elevador. Ele a abraçou e ela recostou-se em seu peito.

Era tão bom ter alguém, ali, que lhe desse atenção, carinho e conforto naquele momento tão difícil. Seus tremores sumiram e as dores amainaram. Que força seria aquela? De um carinho? De uma amizade? De uma energia desconhecida fortalecida por algum sentimento de outros tempos?

Não sabia dizer.

Por sua vez, enquanto ele a afagava com ternura, estranhou o sentimento forte que se expandiu em seu coração.

Beijou-lhe o alto da cabeça e roçou sua barba pouco crescida em alguns fios de seus cabelos.

Não queria se afastar. Estava sendo um abraço bom, gostoso e reconfortante. Mas precisava ir embora, mesmo com o desejo de ficar.

Afastarem-se.

Yuri se curvou. Deu-lhe um beijo no rosto e afagou, mais uma vez, seus braços e, sorrindo disse:

— Me liga.

— Me liga quando você chegar a sua casa.

— Está bem...

— Vai com Deus.

— Fica com Ele.

Capítulo 11

O auxílio a Sofia

Quando Yuri chegou a sua casa, sua mãe estava preocupada e o aguardava ansiosa.

— Filho! O que aconteceu?! Ligo e você não atende. Olha que horas são! Nem para telefonar e dizer onde está!

— Oh, mãe, desculpa. — Consultou o celular, que estava desligado. — Fui acompanhar um amigo ao hospital e desliguei o celular. Esqueci de ligá-lo depois.

— O que ele tinha? Quem é?

— Enxaqueca. — Um momento e respondeu: — A senhora não conhece. Fizemos amizade no último congresso e... — Preferiu mentir. Não queria falar que era Sofia. Havia prometido não dizer nada a ninguém. Para distrair dona Leila, perguntou: — A Rute já chegou?

— Não. Mas ela telefonou. Foi para um barzinho. — Breve pausa e comentou: — Não gosto disso. Com tanto crime, assalto, roubo... Não gosto de saber que essa menina está na rua.

— Estou cansado. Vou tomar um banho e dormir. — Aproximando-se da senhora, disse ao beijá-la no rosto: — Boa noite. Dorme com Deus.

— Você não vai comer alguma coisa?

— Já comi um lanche. Obrigado. Vê se a senhora vai dormir. Esperar a Rute não vai adiantar nada. Boa noite!

— Deus te abençoe, Yuri.

O rapaz foi para o quarto. Tomou um banho, escovou os dentes e sentou na cama.

Pegou o celular e procurou pelo número de Sofia.

Ligou.

— Sofia? Sou eu, Yuri.

— Oi.

— Te acordei? Como você está?

— Não. Não acordou. Estou sem sono. Estou do mesmo jeito.

— Já experimentou fazer uma prece? — Ela ficou em silêncio e Yuri disse: — Uma oração vai ajudar muito.

— Entendi que não é um caso de problema físico. É mental. É na alma. Nem sei o que dizer em uma prece.

— Como assim? — ficou sem entender. — A prece é uma conversa com Deus. Peça que te guie e ajude a se recuperar desse estado. Faça uma prece pronta, prestando atenção em cada palavra.

— Você não imagina como é... Sinto uma coisa muito ruim. É horrível!

— Sei exatamente o que é isso sim. Mas não pode só pensar nisso. Para sair desse estado, é preciso fazer algo diferente. Se só pensar nele, continuará nele. Não sei se deu para entender.

— Acho que sim — falou desanimada.

— Então vai lá. Tome um copo de água fresca e sinta como se tomasse um banho por dentro. Sente-se e ore. Faça isso.

— Vou fazer.

— Promete? — ele insistiu.

— Está bem.

— Depois deita e descansa. Amanhã estará nova. Mais refeita e sabendo qual decisão tomar e o que fazer.

— Tá bom. Obrigada — falava com desânimo.

— Olha, qualquer coisa, me liga. Vamos conversando. Tá?

— Tá bom. Obrigada, Yuri.

— Fica com Deus.

— Você também.

— Tchau.

— Tchau.

Algo incomodou Yuri. Não gostou do que sentiu ao conversar com Sofia.

Ficou inquieto e não sabia a razão.

Apagou a luz principal e sentou-se na cama, ficando sob a claridade fraca do abajur da cômoda ao lado da cama.

Fechando os olhos, orou.

Durante a prece, dilatou de si uma luz. Bênçãos sublimes se somaram a ele, expandindo-se.

Lucídia, que o acompanhava a pedido de Vicente, não suportou a energia radiosa e se afastou.

Assustada, foi à procura de seu companheiro.

Terminada a prece, Yuri se deitou e dormiu.

Não demorou e seu mentor Pedro o recebeu no momento em que se emancipou do corpo físico, algo que sempre acontece a todos durante o sono.

Desperto e com nova consciência, sorriu ao espírito amigo e o cumprimentou.

— Embora não tenha plena consciência quando acordado, aqui e agora, sabe o suficiente para manter-se equilibrado — disse o espírito Pedro após fraternal abraço.

— Agora estou mais próximo de Sofia. Não foi bem esse o nosso planejamento para esse reencarne. Porém, não posso negar que estou satisfeito por me aproximar dela.

— É bem difícil cumprirmos o planejamento reencarnatório, meu amigo. Sabe disso. Muitos não aguentam e se desviam. Além disso, dependemos, algumas vezes, do livre arbítrio de outras pessoas. — Observou-o por um instante e achou melhor comentar: — A pobre Roxana não conseguiu cumprir o que planejou para sua evolução pessoal. E era quem se dizia mais preparada.

— Estou tão magoado com isso. É tão difícil se sentir um idiota, enganado. — Um tom de tristeza emanou dos sentimentos de Yuri, algo bem mais forte e perceptivo no plano espiritual.

Sobrepondo a mão em seu ombro, o mentor amigo considerou:

— Trabalhe seu orgulho e sua vaidade, Yuri. Mágoa é sinal de orgulho ferido. Jogue isso fora e perdoe a fraqueza humana.

— Quer dizer com isso que devo perdoar e ficar com ela?

— Não foi isso o que eu disse.

— Os planos eram de ficarmos juntos, harmonizando o passado, mas... Se bem que... Ainda há tempo, não é? — perguntou, mas havia um lamento em sua questão.

— Cabe a você decidir, Yuri. Uma vez quebrada a aliança de confiança, a parte ferida, enganada, não é obrigada a nada. Você volta para ela, se quiser. Hoje, existe uma bifurcação na sua vida, em seus caminhos. Pelo que a Roxana fez, você tem o direito de escolha.

— Não sei o que fazer e ainda estou preocupado com a Sofia. Meus sentimentos por ela estão despertando.

— Sabe que não se aproximaria de Sofia se ainda estivesse ligado à Roxana, não sabe? — indagou Pedro.

— Sei. Sei sim.

Pedro sorriu ao vê-lo reflexivo. Depois contou:

— Tássio me procurou. Conversamos muito sobre isso e ele pediu sua ajuda.

— Ajuda? Sim! Claro! — animou-se.

— Então vamos até o apartamento de Sofia.

— Só uma coisa, Pedro.

— Diga.

— Você me disse para jogar fora a mágoa e o orgulho e perdoar a fraqueza humana. Isso significa ficar com a Roxana? Reatar o noivado?

— Responderei a isso depois. Agora vamos. Quero mostrar algo.

***

Pedro e Yuri foram para o apartamento de Sofia.

Encontraram-na deitada em sua cama, entre o sono e a vigília.

Demorou um pouco e dormiu, mas não se desprendeu no corpo físico. Ficou ali.

O espírito Vicente, ao seu lado, não perdia tempo implantando-lhe ideias de fracasso e ruína pessoal. Isso a deixava em um estado aflitivo, provocando um sonho perturbador.

Yuri ficou impressionado.

Sentiu algo estranho despertar em si. Queria protegê-la. Defendê-la do que fosse.

Num impulso, aproximou-se e, como se ela pudesse ouvi-lo, pediu:

— Reage, Sofia! Isso tudo o que ele diz é mentira! Não acredite nessa tristeza! Está errado!

— Ela não pode ouvi-lo — disse Tássio, aproximando-se.

— Eu sei, mas... Por que isso? — Yuri perguntou, inconformado.

— Invigilância dela — tornou o mentor da encarnada.

— Ninguém entra neste estado porque quer! — tornou o rapaz.

— Lógico que não. O estado depressivo é um grito de alerta. É um sinalizador do seu inconsciente mostrando o que você foi capaz de fazer com você mesmo. Aquele que entra nesse estado é porque quer mudar a forma como vive. Porque a forma como vive, hoje, não traz evolução, crescimento. Aquele que quer evoluir, mudar, precisa de movimento. Quando a pessoa está bem, alegre e satisfeita, não procura mudar. É aí que a vida fica sempre como está.

O espírito Pedro se aproximou de Yuri e contou:

— Ela desperdiçou muitas energias sutis. Gastou suprimentos psíquicos com problemas e dificuldades alheias. Nos últimos tempos, George comprometeu-se com emoções de baixa classe, em outras palavras, com uma vida sexual promíscua. O envolvimento com fontes dessa ordem sempre leva ao parceiro, despreparado ou desprotegido, significativas energias destrutivas, que desorganizam centros de força e centros psíquicos.

— Ela não sabe sobre o que ele faz? — Yuri indagou.

— Não. Quando desconfiou, Vicente causou-lhe uma distração e ela não deu importância ao impulso interior. Não se vigiou. Não orou. Não ligou para as inspirações recebidas. George se contaminou com larvas ou bacilos psíquicos, oriundos das experiências sexuais variadas. Ele também se envolveu com entidades grosseiras e rudes que se afinaram com ele devido aos seus gostos, predileções e prazeres inferiores que lhes dão ideias e desejos ínfimos. Não pense você que vírus, bacilos, larvas e outros são transmitidos só fisicamente. Preservativos e vacinas podem, ou não, proteger o físico, mas o espírito, o corpo espiritual não protegem. — Breve pausa e prosseguiu: — No seu envolvimento com Sofia, George a contaminou com energias densas, que geraram desequilíbrio energético e psíquico.

— Energia sexual é energia viva. Tão viva que é capaz de conceber vidas — disse Pedro. Aproximando-se de seu pupilo, auxiliou-o com magnetismo, que lhe é peculiar, facilitando a visão. — Veja os centros de força de Sofia. Estão impregnados com uma energia tão densa que parece uma massa escura. Veja o estômago e por que ela não se alimenta.

Aguçando a visão do corpo espiritual, Yuri percebeu, nas regiões gástricas, a saturação de uma substância muito escura, acinzentada, quase preta.

— Essas energias, de força destruidora, ainda se encontram em nível externo. Quando ela começa a se alimentar, esses fluidos tóxicos são manipulados pelo obsessor e ela sente um repúdio aos alimentos, ao mesmo tempo, uma sensação semelhante à saciedade. O tratamento de assistência espiritual, ao qual se propôs na casa espírita por meio de passes magnéticos, foi o que impediu que seu estado piorasse. No entanto, Sofia se afastou do tratamento e isso a prejudicou — explicou Pedro.

— Vicente e Lucídia trouxeram esses três desencarnados de aspecto horrível, necessitados de energias corpóreas, para sugar o magnetismo de minha pupila. Um atua nos centros cerebrais, razão da confusão mental que ela sente, do estado depressivo e outras sensações emocionais desagradáveis. Os outros, vampirizam as energias do corpo físico. Por isso a fraqueza, o desânimo, a desmotivação. A falta de prece, a falta de iniciativa, de esforço para melhorar o nível mental, melhorar a fé, aumentar a esperança é o que a está deixando afinada com esses irmãos de mentes enfermiças.

— Em outras palavras, isso acontece porque Sofia não oferece resistência e se entrega ao desânimo, acomodando-se à carga de vibrações e energias pesadas e inúteis. É isso? — perguntou Yuri.

— Resumidamente, é isso — respondeu Tássio. — Tudo começa em nível de pensamento, que oferece força de atração para tudo o que vê por aqui. O próprio ambiente doméstico está saturado de energias pesarosas. Apesar da graciosidade externa, é possível vermos as energias pesarosas presentes. O lar deve ser um santuário que abrilhantamos com nossos pensamentos, práticas, sentimentos. A nossa vida mental diz o que existe em nosso lar. Quando pronunciamos palavrões, por exemplo, é essa a carga vibratória de substâncias repulsivas que implantamos, criamos ou atraímos para onde moramos ou para perto de nós.

— Falta de prece, ausência de Evangelho no Lar, atitudes que desarmonizam como o que se escuta de música, ao que se assiste na televisão atraem energias indesejáveis e espíritos malfazejos, inferiores e cruéis. A elevação pessoal não é sorte, é conquista. Tudo conta. Sofia é equilibrada na área sexual, no que se refere aos desejos e emoções. Se não fosse isso, seria bem difícil ajudá-la — tornou Pedro.

— E é por isso que estamos aqui — disse Tássio. — Precisamos de você Yuri. Uma vez que já se aproximou de Sofia, acredito que poderá auxiliá-la muito.

— Por que Vicente e Lucídia querem tanto o nosso mal? Por que esse ódio? — perguntou Yuri.

— O esquecimento do passado é uma bênção, até mesmo em desdobramento ou emancipação da alma enquanto se dorme, como é o seu caso. Se não se lembra, é porque precisa ser assim.

— Será necessário orientá-la, clarear suas ideias. Lembrá-la de princípios e, muitas vezes, será bom somente estar junto — tornou o mentor.

— Mas essa aproximação pode... — Yuri olhou para seu mentor e perguntou: — Estou confuso. Não sei se terminei definitivamente com a Roxana. E quanto a eu trabalhar o perdão e o meu orgulho? Eu não deveria ficar com ela?

— Isso é livre-arbítrio, Yuri. Perdoar não significa estar junto, mas pode ser também. Em caso de traição, o outro fica livre. Em nenhum planejamento reencarnatório é proposto traição, vingança ou qualquer outra coisa que complique ainda mais a situação evolutiva dos envolvidos. Ela se desviou. Você pode perdoar e ficar com ela. Ou pode perdoar e deixá-la livre. De qualquer forma a consciência de Roxana vai acusá-la. Não precisa ser você o torturador algoz de acusação, tornando-se carrasco no lugar de vítima. Jogar fora é esquecer as ofensas. Lembrando que ninguém é obrigado a se torturar, viver com alguém e suportar uma situação desagradável com as lembranças de um ocorrido.

— E se eu me aproximar de Sofia e nossos sentimentos despertarem? Não era para ficarmos juntos nesta vida.

— Hoje é diferente. Tanto George quanto Roxana não cumpriram o planejamento para esta reencarnação. Você e Sofia estão livres — Pedro sorriu, mas Yuri não viu. Abaixou a cabeça.

Nesse instante, Sofia começou a se revolver na cama. Agitada, despertou num susto.

O ar parecia faltar em seus pulmões quando se sentou em desespero.

Yuri olhou para Vicente, que não podia percebê-lo, e Pedro avisou:

— Cuidado com o sentimento de raiva. Procure entender que é um irmão infeliz.

Yuri se aproximou de Sofia. Afagou-lhe a cabeça e a envolveu como se pudesse abraçá-la. Beijou-lhe o rosto e acariciou-a com ternura.

O desespero a dominou. Com as mãos trêmulas, acendeu a luz de um abajur e pegou o celular.

Não demorou um instante e Yuri perguntou:

— O que é isso?! O que estou sentindo?!

— Sua consciência, ativada pelas necessidades do seu corpo físico, atrai-o de volta.

Em outras palavras, o celular dele tocava. Seus órgãos auditivos ouviam e acionavam a alma de volta ao corpo.

Em uma fração de segundo, com total esquecimento do que havia acontecido, Yuri acordou, atordoado, com o toque do aparelho.

Tateou a cômoda, pegou o telefone e atendeu sem olhar para saber quem era.

— Pronto! — disse com voz grave e rouca.

— Yuri...

— Eu.

— É a Sofia.

Ele se sentou, acendeu a luz e disse:

— Fala, Sofia. Tudo bem?

— Não. Estou me sentindo muito mal. Desculpe-me ligar. É que estou desesperada e... — chorou.

— Fez bem em ter ligado. Quer conversar? O que está sentindo?

— Tive um sonho confuso, estranho e ruim. Vi alguém me agarrando. Não sei identificar quem era. Senti uma impressão suja, feia e que colocava sua testa pregada a minha. Eu senti medo... Um pânico... — chorou.

— Calma. Está tudo bem. Foi só um sonho. — Breve pausa e perguntou: — Sofia, quer que eu vá até aí?

— Não.

— Agora são... — olhou o relógio — Cinco horas. Já está clareando. Dá um tempinho que eu chego.

— Não. Não precisa. Não quero te incomodar.

— Estou me trocando. Daqui a pouco estou aí. Tchau — foi firme, mas com certa gentileza na entonação da voz.

Ela ficou quieta. Gostou de saber que ele iria para seu apartamento. Não queria ficar sozinha.

Passado um tempo, Yuri se anunciou na portaria do edifício onde Sofia morava e ela permitiu que subisse.

— Oi. Entra — pediu ao abrir a porta e atendê-lo.

— Oi — beijou-a no rosto quando entrou.

Só então percebeu o que tinha feito.

Como foi que se convidou para ir até ali? Afinal, Sofia era quase uma estranha. Amiga de sua irmã, mas não tinha liberdade para fazer aquilo. Porém, naquela altura, não poderia voltar atrás. Como desfazer isso?

Yuri se sentiu sem jeito. Deslocado, na verdade. Aquilo não era hora para ir a casa de alguém. Mas ele queria vê-la.

Guardou as chaves do carro no bolso da frente do jeans e colocou ambas as mãos nos bolsos de trás, enquanto a seguia para a sala.

Sofia, vestida com um agasalho leve e uma camiseta de uma numeração bem acima da sua, com estampa de várias florezinhas, sentou sobre as pernas dobradas, no sofá, e ele acomodou-se ao seu lado.

— Acho que não precisava ter se dado ao trabalho de vir até aqui.

— Fiquei preocupado com você. Acho que seus pensamentos não estão bons nem equilibrados.

— Não. Não estão mesmo. Para dizer a verdade, acho que minha fé, ou o que sobrou dela, foi o que me trouxe até aqui, nesse estágio, se não... — abaixou a cabeça. Não queria encará-lo. Depois confessou: — Comecei a ter ideias destrutivas.

— Sabe que essas ideias não são suas.

— Aprendi, no Espiritismo, sobre a intervenção dos espíritos em nossos pensamentos.

Ele sorriu e quis brincar ao dizer:

— Que bom! Pelo menos isso você aprendeu.

Sofia sorriu com simplicidade e perguntou:

— Por que diz isso?

— Porque deixou que tudo isso acontecesse com você.

— Não deixei não — defendeu-se ela.

— Sempre permitimos que as coisas aconteçam com a gente.

— Não sei se concordo, totalmente, com isso, Yuri. Acredita que eu quis ser enganada pelo meu noivo? Que quis que minha sócia me passasse para trás?...

— Lógico que não quis. Eu não disse que queria. Eu disse que permitiu — explicou em tom brando, generoso, quase sorrindo.

Vicente se aproximou de Sofia, envolveu-a e usou-a para agredi-lo.

Ela, invigilante, deixou-se usar e por isso perguntou:

— E você, também permitiu que sua noiva fizesse o que fez com você? Ponderado, respondeu com tranquilidade:

— Acredito que sim, também.

Ela balançou a cabeça, negativamente, e questionou:

— Como é possível pensar assim? Você não permitiu nada! Assim como eu!

— Em situações como as que ocorreram com a gente, por exemplo, quando eu não me manifesto, quando não tenho uma opinião ou não declaro as razões que justificam minha opinião a respeito de uma coisa ou situação, eu permito sim. — Ela ficou olhando-o e Yuri explicou melhor: — Nunca pensei que eu precisasse chegar para a Roxana e dizer que não ia gostar de saber que ela saiu com as amigas sem me dizer nada. Principalmente, com aquele tipo de amiga. Acreditei que ela me contasse tudo, sem que eu precisasse perguntar. Nunca pensei que tivesse de dizer para não se agarrar, trocar beijos com outro cara enquanto tivesse um compromisso comigo.

— Qual é, Yuri! Será que precisamos dizer para o companheiro, namorado ou marido para não nos trair?!

— Dizer desse jeito não. Mas podemos manifestar nossa opinião sobre não tolerar algumas coisas. Eu, por exemplo, nunca cheguei para minha noiva e disse: conheço o jeito de suas amigas e não aprovo. Elas abandonam seus maridos, namorados e saem, passam a noite na balada fazendo... sabe-se lá o quê. Enchem a cara... Eu não gostaria de saber que você estava junto com elas. Também nunca disse que não iria tolerar uma traição. — Pensou um pouco e disse: — Às vezes, penso que deveria levar em consideração que ela é bem ingênua e estava embriagada. Perdeu a compostura e não sabia direito o que fazia.

— Acha mesmo que precisava falar sobre isso antes de acontecer?

— Isso seria um bom reforço. Seria a manifestação da minha opinião.

— Então eu também errei quando não disse para o meu noivo que ele não deveria me enganar?

— Não. Você não errou. Você foi ingênua. Confiou demais. A prova disso foi que demorou muito tempo para descobrir que as dívidas não foram pagas. O mesmo aconteceu em relação a sua sócia. Não acompanhou como deveria tudo o que ela fazia. Resumindo, permitiu que eles fizessem o que fizeram.

Sofia abaixou a cabeça. Uma nuvem de tristeza pairou em seu semblante.

— Esses pensamentos não saem da minha cabeça. Não sei o que fazer. Examinando, por cima, minha vida... Tudo o que eu consegui, acabou. Isso me arrasa... me destrói.

— Sabe, Sofia, não vou dizer que fiquei bem ou que não me importei com o que a Roxana fez de forma impensada. Eu confiava nela totalmente. Fiquei bem pra baixo mesmo. Precisei usar tudo o que aprendi na vida, no Espiritismo, e, principalmente, o que aprendi com minha mãe para me levantar. A dona Leila sempre foi uma mulher forte. Eu tinha onze anos, quando meus pais se separaram, e lembro muito bem de tudo o que ele fez com ela e tudo o que ela fez por nós. O que aconteceu comigo é bem recente e ainda tenho lembranças e ideias ruins. Sou humano. Mas, por outro lado, para fugir da tristeza e da amargura, passei a me concentrar mais no serviço. Ser mais atento e mais expressivo no que se refere ao que eu quero e gosto. O que não quero e não gosto não admito mais. Sofri e ainda sofro, mas agora me posiciono mais. Isso é ter opinião. Talvez, isso me faltasse ainda.

Ela o olhava nos olhos. Diante de tanta atenção, ele continuou:
— E por que estou falando isso? Porque é o que eu acho que você pode fazer para se recuperar, se recompor. Você confiou, totalmente, no George e na sua sócia? Confiou. Foi correto? Não. Vai fazer isso de novo? Acho que não, né? — sorriu. — Então procure fazer crescer sua força interior, sua vontade de se erguer e reverter tudo isso. Use tudo o que aprendeu na Doutrina Espírita. Tudo o que aprendeu com as pessoas mais fortes que admira, como seu pai e sua mãe, por exemplo. Essas pessoas servem de incentivo e motivação. Proponha-se a uma vida nova. A uma admirável vida nova! Resgate-se! Resgate sua vida! — enfatizou. — Você é capaz. É inteligente. Use isso! — exclamou sussurrando.

Sofia ouviu e não se pronunciou por algum tempo. Depois disse:
— Já pensei nisso. Mas, agora, parece que não tenho forças.
— É o momento de começar a se forçar. Comece o quanto antes.
— Não é só começar uma vida nova. Preciso arrumar o que está estragado.
— Então vai. Planeje alguma coisa — ele sorriu e a fitou.
— Começo por onde? — perguntou, como se implorasse.
— Pelo mais próximo. Comece por você. Não podemos mudar e melhorar o que acontece a nossa volta se não mudarmos a nós mesmos, se não melhorarmos a nós mesmos. Por isso, se quer começar a fazer algo, comece a fazer por você.
— Não encontro ânimo nem para sair da cama.

Ele olhou para a janela e viu a claridade gostosa que entrava pelas vidraças.

Com um tom afável na voz grave, convidou:
— Já está bem claro. O sol está nascendo. Vamos dar uma volta?
— Agora?!
— É. Agora. Vamos?
— Deixe-me...
— Não mude nada. Vá assim mesmo. Nem precisa pôr um tênis. Vamos descalços. Faz tempo que não ando descalço. Vou deixar meu tênis aqui. — Levantou-se, estendeu a mão e sorriu: — Vem.
— Não. Antes vou trocar essa blusa.

Ele sorriu e concordou.

Sofia foi para o quarto e retornou rapidamente.

Ainda abatida, aceitou:
— Vamos.

Yuri enrolou as pernas da calça jeans e acompanhou Sofia.

Caminharam pela areia da praia. Molharam os pés na água do mar.

Ficaram longo tempo em silêncio.

Em determinado momento, ele segurou suavemente em seu braço e a fez parar.

Sentando-se, convidou-a para sentar-se ao seu lado e ficaram olhando a linha do horizonte, onde o céu se encontrava com o mar.

O sol, um pouco mais alto, pairava entre as nuvens e resplandecia seus raios luminosos embelezando, maravilhosamente, o céu e o mar com uma cor dourada, incrivelmente, linda.

Um sentimento incomum envolvia aqueles dois corações. Era a solidão. Sentiam-se sós. Algo faltava em suas vidas, embora estivessem um ao lado do outro.

Uma nota de tristeza, profundamente fria, ecoava na melodia das lembranças dos lamentáveis acontecimentos recentes na vida de ambos.

Não eram pessoas que se iludiam. Desejavam ou, talvez, até sonhassem com a paz interior, agraciada de trabalho honesto e felicidade.

Observavam o mar e perceberam que estava um pouco mais agitado do que quando chegaram. As ondas, com cristas espumosas douradas com o amarelo do sol, estendiam-se até a areia.

O cheiro gostoso de mar inebriava os sentidos. O murmurinho era calmante ao coração.

À medida que o toque suave do vento acariciava suas peles, quase frias, seus pensamentos se perdiam e vagavam longe, buscando organização e esperança.

Longo tempo se passou, até que um profundo suspiro de Sofia chamou a atenção do rapaz.

— Tudo bem? — Yuri perguntou.

— Tudo — murmurou e o encarou. Seus olhares se tocaram por longos minutos até que ela abaixou a cabeça e disse: — É melhor irmos. Já tomei muito do seu tempo.

Yuri se levantou. Bateu a mão na roupa para tirar o excesso de areia e estendeu a outra para Sofia, que aceitou e se levantou.

Ela também retirou a areia da roupa e, lado a lado, seguiram até o calçadão.

Enquanto caminhavam, ele exclamou:

— Ah! Lembrei de uma coisa! — animou-se.

— Do quê?

— Sempre estou para eu perguntar isso e acabo me esquecendo — sorriu. — Alguma vez você estava, aqui, correndo ou caminhando e parou, lá perto dos equipamentos de ginástica, e esqueceu seu celular?

— É... Isso aconteceu sim.

— Fui eu! Fui eu quem te chamou para pegar o celular.

— Sério?! — sorriu.

— Quando você foi a minha casa pela primeira vez com a Rute, eu sabia que a conhecia de algum lugar. Mas não disse nada porque achei que seria ridículo usar essa fala tão gasta — riu. — Fiquei pensando por longo tempo, até que lembrei.

— Bom fisionomista. Lembro do ocorrido, mas não fui capaz de te reconhecer.

Caminharam um pouco mais e ele perguntou:

— O que vai fazer hoje?

— Sinceramente, não sei.

— Quer ir a minha casa?

— Não. Não estou disposta — falava sempre no mesmo tom. Sem empolgação, sem sorriso.

— Então comece cuidando do lado espiritual, Sofia.

— Eu estava fazendo assistência espiritual com passes no centro que frequento, mas parei.

— Volte. Não se descuide.

— Vou voltar. Na próxima semana, eu vou voltar.

— Por que não vai hoje? Não tem atividade hoje lá?

— Tem, mas...

— Então vá! Só o fato de estarmos na casa espírita, nós já somos assistidos.

— Sei disso. — Seguiram até que ela lembrou de contar: — Esqueci de te dizer que bati meu carro.

— Sério?!

— Um pedestre desatento saiu para a rua passando por entre dois carros. Para desviar do sujeito bati em um outro veículo estacionado. Foi perto da Avenida Brasil.

— Você tem seguro? — ele quis saber.
— Tenho. Ainda tenho — sorriu, forçadamente.
— Já mandou o carro para a oficina?
— Já agendei para a segunda-feira.

Entraram no prédio onde ela morava e foram para o apartamento.

Yuri pediu para ir ao banheiro enquanto Sofia decidiu fazer um suco de laranja.

Colocou algumas das frutas sobre a pia e pegou o espremedor. Cortou-as e já tinha começado a espremer quando ele chegou à cozinha.

— Estou fazendo um suco para nós.
— Não tinha que se preocupar comigo. Só quero um pouco de água.
— Os copos estão ali, naquele armário — apontou.
— Já descobri ontem. Revirei sua cozinha — riu. Pegou dois copos. Foi até o filtro e se serviu de água.

Ela despejou o suco em uma jarra e se sentaram à bancada.

— Está se sentindo melhor? — o rapaz perguntou.
— Melhor do que ontem, sim. Mas não estou no meu normal.
— Eu sei o que é isso. Vai passar.

Invadindo seus olhos, agradeceu com voz afável:
— Obrigada, Yuri. Tem feito tanto por mim...
— Por nada. Não tem o que agradecer.

Ficaram em silêncio enquanto bebiam o suco.

Levantando-se, vagarosamente, ele decidiu:
— Agora preciso ir. Abre a porta para mim?
— Claro.

Quando o elevador chegou ao décimo sétimo andar, Yuri se curvou e a beijou no rosto. Passou, suavemente a mão pelos seus cabelos e pelo rosto. Olharam-se de modo diferente e puderam sentir uma atração nunca experimentada antes.

Sofia não suportou e fugiu ao olhar.

Ele a beijou, novamente, no rosto e a abraçou, levemente, depois disse:

— Se cuida, tá?
— Pode deixar. Obrigada por tudo.
— Vê se me liga! — disse, quando o elevador ia fechando a porta.
— Tá bom. Me liga também!... — respondeu, mas achou que ele não ouviu.

Capítulo 12

O despertar de Valéria

Por causa da tempestade, durante a madrugada, tudo se encontrava úmido ou bem molhado.

O céu ainda estava escuro naquela manhã de sábado e Ágata, preguiçosamente, decidiu ficar um pouco mais na cama.

Ela olhou para o lado e viu que o marido já tinha se levantado.

O vento amainou o suficiente para Bernardo ficar na varanda. Ele adorava olhar a chuva, escutar os gotejos tamborilando descompassados onde quer que caíssem.

Cheio de ideias e sabendo que a esposa ainda se achava na cama, decidiu lhe fazer um agrado.

Foi para a cozinha e começou a preparar um desjejum para a mulher.

Enquanto o café passava, arranjou sobre a bandeja, xícara e copo contendo suco de caixinha. Cortou um papaia ao meio e sobrepôs em um pires. Pegou alguns biscoitos, frios, pão e margarina e arrumou como pôde. Despejou o café pronto em uma pequena garrafa térmica e ficou olhando como estava.

Rodou a cadeira até o quarto de Hélder, acordou o filho e pediu:

— Preciso de um favor. Dá para vir até aqui? — falou de um modo preocupado.

— Claro, pai. O que é? — perguntou apreensivo e o seguiu. Ficou interessado em saber do que se tratava.

Ainda assonorentado, quando viu o pai através da porta da sala aberta.

Foi até a varanda, olhou para a chuva fina, que começou a cair novamente, e perguntou:

— O que foi?

Bernardo sorriu largamente e perguntou:

— Tá vendo aquela rosa vermelha ali?

Hélder ficou desconfiado. Imediatamente entendeu o que o pai queria. Ele costumava fazer coisas desse tipo. Então deduziu:

— O senhor me acordou a essa hora para eu sair, na chuva, para pegar uma rosa pro senhor dar pra mãe?! — indagou um tanto contrariado.

Mas o pai o desarmou com o tom de voz:

— Já que está aqui em pé... Não custa nada, vai! — riu. — Pega logo e não reclama — brincou.

Não adiantava negar.

Descalço, Hélder correu até o jardim, pisou o gramado molhado e chegou até a roseira. Colheu a flor indicada e voltou entregando-a ao pai.

— Aeeehhh, filhão!... Obrigado! — Alargou o sorriso, pegou a rosa com cuidado e tirou alguns espinhos.

— Algo mais? — perguntou Hélder, sorrindo agora.

— Só uma coisinha... — O filho secou os pés e o seguiu. Bernardo rodou a cadeira até a cozinha, pegou a bandeja, deitou a flor em cima e pediu: — Abra a porta do meu quarto e fecha depois. — Olhou para o filho, sorriu e disse: — Vê se aprende a fazer isso, viu? Mulher gosta de ser lembrada. Mulher gosta de carinho, atenção e cuidado. São coisas tão simples de se fazer... Esse é o combustível para alimentar a chama de um casamento feliz.

O filho riu. Fez o que o pai pediu e voltou para seu quarto.

Pensativo, Hélder começou admirar a forma carinhosa e atenciosa com que o pai tratava sua mãe.

Bernardo sempre foi daquele jeito, desde que se lembrava. Fazia agrados e delicadezas, mesmo sem ter uma data especial.

Uma vez, quando o viu fazer certo mimo, perguntou ao pai o que estavam festejando e o homem respondeu: Comemoramos estarmos um ao lado do outro.

Nunca os viu brigar e também jamais ouviu falar de um casal que conversasse tanto.

A mãe era uma mulher que gostava de diálogos e o pai ouvia. Não recordava de grito ou manifestos de insatisfação de modo abrupto.

Enfrentavam dificuldades, sim e, diga-se de passagem, muitas. Porém eram equilibrados.

Hélder apreciava ver sua mãe pensando em preparar ou arrumar algo para seu pai e de vê-lo fazer o mesmo.

Ágata tinha uma caixa cheia de bilhetes e cartões que recebeu do marido durante todos aqueles anos juntos.

Seu pai era o tipo de homem que, apesar de tantos anos junto com a esposa, ainda deixava bilhetinhos apaixonados para a mulher e sempre comprava cartões de amor para ela.

Muitas vezes, para comprar esses cartões, precisava da ajuda dos filhos. E eles colaboravam.

Pensando nisso, Hélder sorriu.

Lembrou-se de comentários, em família, em que soube que Alex, seu irmão, fazia o mesmo com sua mulher Ivone. Aprendeu aquilo com o pai.

Alex e Ivone viviam tão bem. Tinham um casal de filhos lindos. Como seus pais, sempre viviam de mãos dadas e sempre tinham discretas trocas de carinhos e beijinhos.

Enquanto refletia sobre aquilo, questionou-se:

"Seria possível, um dia, ter alguém para fazer o mesmo? Difícil! As mulheres de hoje são diferentes. Agitadas demais e eu quero uma vida calma e harmoniosa. Igual a dos meus pais. Mas... Quem sabe? Se eu encontrasse a pessoa certa, que não grite nem brigue por pouca coisa... Alguém que não aceitasse a opinião alheia e que quisesse dividir tudo comigo... Mas também, para isso, é necessário procurar no lugar certo. Em baladas, barezinhos é pouco provável que encontre esse tipo de companheira consciente" — foi no que acreditou.

Ele não sabia que a união perfeita não existe. O que existe são uniões que se aperfeiçoam. A união equilibrada não depende de um, mas de dois.

Quando as pessoas querem evoluir, elas se unem ou se casam. E se querem evoluir mais ainda, elas preservam essa união e a levam adiante com respeito, carinho e compreensão. Enfrentando todos os desafios juntas.

Voltou para a cama, mesmo sabendo que havia perdido o sono.

Pegou o celular e olhou as horas.

Em um dia chuvoso e um pouquinho frio como aquele, o que fazer?

Não tinha ideia.

Mexeu no celular. Consultou notícias e até informações sobre o tempo.

Uma ideia lhe surgiu rápida e animadamente:

— Vou sacanear a Rute! — disse em voz alta, fazendo expressão de molecagem.

Ligou.

Pensou em brincar como faziam entre os irmãos. Eles tinham essa mania.

Alguns toques e perguntou:

— Acordei você?

— Não.

— Ah! Que pena! Amanhã vou ligar mais cedo. — Ela riu gostoso e ele quis saber: — Como vai? Tudo bem?

— Tudo. E você?

— Acordei agora. Já fiz a minha boa ação do dia... — riu. Ela se interessou em qual era a boa ação e ele contou sobre a rosa que foi buscar no jardim para seu pai dar a sua mãe.

— Ai! Que lindo!!! Jura que ele faz isso?

— Há muitos anos.

— Amei! Ela deve ser uma mulher muito especial para ser merecedora de tanto afeto.

— É sim. — Um momento e perguntou: — E então!... O que vai fazer hoje com esse tempo?

— Não tenho a menor ideia. E você?

— Também não — ele confessou. Em seguida, perguntou: — Assistiu ao filme que indiquei?

— Não. Não tive tempo. — Talvez para não se sentir culpada por não ter assistido à indicação do amigo, Rute quis saber: — Leu o livro que te emprestei?

— Li sim. É ótimo! Muito bom mesmo. Pensei que, em romances espíritas, iria só encontrar desencontros — riu do trocadilho. — Um sofrendo desencarnado e o outro aqui.

Rute ficou desapontada consigo mesmo. Pensou que ele não tivesse lido. Contudo, interagiu com o que ele falava.

— É porque você não conhece. Em romance tem muita coisa boa. Gosto de obras que trazem ensinamentos.

Sem saber o que dizer, Hélder perguntou subitamente:

— Quer vir aqui em casa hoje?

Ela se surpreendeu com o convite. O que iria fazer lá?

Curiosa, quis saber:

— Para quê?

— Assistir ao filme que te falei. Quer? — insistiu na pergunta.

Ela sorriu. Gostou do convite.

— À tarde? — indagou.

— Ótimo. À tarde.

— Tudo bem. Vou sim.

— Legal! Então vou te buscar às 14h.

— Pode ser às 15.

— Ótimo! Eu passo aí.

— Fico te esperando.

Despediram-se.

Ambos ficaram muito satisfeitos com o programa.

***

Enquanto isso Ágata, que acabava de tomar seu café no quarto, beijava Bernardo pela amostra de carinho.

— Estava uma delícia seu café. Obrigada.

— Por nada — pegou sua mão, fez um carinho e beijou.

— Com esse tempo e você saiu na chuva para pegar a rosa?

O marido sorriu ao responder:

— Uma parte de mim saiu.

Ela achou graça. O marido sempre brincava. Queria adivinhar o que ele tentava dizer com aquilo.

— Uma parte sua saiu? Como assim? — ela perguntou, sorrindo.

— Sim. Na verdade, metade de mim saiu. Aquela metade que doei para o Hélder. — A esposa riu e ele completou: — Tenho esse direito.

— O Hélder está mudando. Graças a Deus! — exclamou a mãe, unindo as mãos como em prece.

— Para mudar é preciso querer. Ainda bem que quis. Ele me disse que está frequentando o centro aonde a Sofia vai. Decidiu estudar a Doutrina Espírita. Não sei o que aconteceu. Foi uma mudança repentina. Ótima mudança, por sinal. Ele nunca acreditou nisso. Para dizer a verdade, eu estava muito preocupado com o Hélder nos últimos tempos. Chegava tarde e cheirando à bebida. Estava com um comportamento estranho.

— Ele precisa encontrar uma boa moça e casar. Assentar a cabeça. Assumir responsabilidades não deixa a pessoa à toa e fazendo besteiras.

— Você já percebeu que ele saiu com alguém.

— Percebi sim — ela disse.

— E a Valéria?... Não dá notícias...

— Tornei a ligar para ela e nada. Não atende.

— O que a Sofia tem falado? — Bernardo quis saber.

— A Sofia também está estranha. Está sumida... Não veio almoçar essa semana. Mesmo quando eu não ligo, ela vem. Deve estar com algum problema.

— Mas, pelo menos, a Sofia atende ao telefone. Vou telefonar para ela mais tarde.

O pai fez a ligação, porém não a encontrou em casa.

* * *

Mais tarde...

Sofia procurou George a fim de buscar soluções para as dívidas que ele assumiu e comprometeu seu nome. A conversa começou a ficar acalorada.

— Você tem que dar um jeito, George! Confiei em você!

— O que quer que eu faça? Que roube um banco?! Eu também não tenho, tá! O investimento deu errado... Também perdi muito! — Aproximou-se dela. Quando tentou lhe fazer um carinho, Sofia afastou a face. — Ei! Qual é?!

— Não há mais nada entre nós. Não percebe isso?! Você me enganou. Não me respeitou e não parece nem um pouco sentido por isso.

— O que queria? Quer me ver chorando e reclamando? Ora!!! Dá um tempo!

— A única coisa que quero é que pague a dívida e limpe meu nome! Venda o seu apartamento!

— Vender meu apartamento?!!! Tá de brincadeira, né?!

— Você é um canalha! Como pude me enganar tanto?!

— Não sou obrigado a ficar ouvindo isso de você, Sofia!!! Dá o fora da minha casa, vai! Some!!!

Sofia tomou um susto. Não esperava por aquela reação.

Atordoada, não disse mais nada. Virou-se e se foi.

Estava sem carro. O seu havia ficado na oficina para consertar.

Tinha ido até ali de táxi, mas não chamou outro para ir embora. Saiu andando, pela calçada, mesmo sob a garoa fininha que caía.

Por causa dos pensamentos confusos, não prestava atenção ao que acontecia a sua volta. Nem percebeu quando a garoa parou.

Caminhou um pouco e chegou à avenida principal onde virou e quase trombou com alguém que, distraído, pediu:

— Desculpa.

— Desculpe-me, você — ela retribuiu.

— Sofia?

Ela olhou de modo mais direto e reconheceu:

— Gustavo? — era o amigo da época de faculdade.

— Quanto tempo, Sofia!

— É mesmo. Quanto tempo. Acho que não nos vemos há uns... Dez anos? — ela perguntou.

— Por aí. Fui fazer curso nos Estados Unidos. Morei lá um tempo. Voltei, morei em São Paulo e agora estou no Rio. E você, como está?

— Bem. Não fui para nenhum lugar.

— Lembro que você e a Vânia... Vânia, não é?

— Sim. Minha sócia.

— Vocês entraram numa de montar uma empresa. Deu certo?

— A princípio deu.

Gustavo olhou para o relógio e convidou:

— Vamos almoçar. Tenho tempo e ali tem um bom restaurante. Precisamos comemorar esse reencontro.

O espírito Vicente, que sempre a acompanhava, incentivou:

— Não tem nada a perder. Vá se distrair um pouco.

Uma dúvida pairou nos sentimentos de Sofia. Não estava disposta nem a almoçar. Queria ir para seu apartamento. Estava chateada com o que aconteceu entre ela e George.

— Vá para casa e ore. Descanse. Não precisa de companhia desse tipo — seu mentor orientou.

Mas ela não atendeu a esse impulso.

— Está bem. Vamos, sim. Estou precisando me distrair um pouco.

No restaurante, conversaram bastante.

Pelo menos, o suficiente para que Sofia se esquecesse um pouco de seus problemas.

Gustavo era alegre e extrovertido. Sabia encantar as pessoas.

Após a refeição e um bom bate-papo, ele decidiu:

— Agora preciso ir. Você está sem carro?

— Vou pegar um táxi.

— Não. Nem brinca. Eu a levo. Vai para casa?

— Não. Pretendo ir à casa de uma amiga.

— Então eu a levo. Antes, porém, preciso do número de seu telefone. Não quero perder mais o contato com minha amiga — sorriu e sobrepôs a mão à dela que estava sobre a mesa.

Ela sorriu e forneceu seus contatos.

***

Passado um tempo, Sofia chegava à casa da amiga. Gustavo a deixou em frente ao portão e se foi.

Recebida por dona Leila, a senhora a fez entrar e respondeu a sua pergunta:

— Ela me disse que iria para a casa de seus pais. O seu irmão a convidou. Até pensei que você estaria lá.

— Então deixa, dona Leila. Eu falo com a Rute outra hora.

— Não. Entra! Faço questão. Vamos conversar um pouquinho.

Na sala, Sofia se acomodou no sofá e a mulher indagou:

— Como andam as coisas?

— Preocupantes. Fui conversar com o George e acabamos brigando. Terminei tudo com ele.

— Lamento, Sofia.

— Eu ainda mais. É tão difícil a gente confiar em alguém e ser enganada.

— Você está indo ao centro espírita?

— Às vezes. Tudo está acontecendo ao mesmo tempo. Nem sempre dá para ir e... — tentou encontrar desculpas, mas sabia que lhe faltava iniciativa.

— Sabe, Sofia, os espíritos não podem fazer muita coisa por nós, principalmente não podem nos carregar no colo. Quando você se eleva a Deus, por meio de pensamentos e preces, os benfeitores espirituais ficam mais presentes em sua vida. Eles concedem energias, bênçãos para que você se fortaleça e tome a melhor decisão.

Sofia respirou fundo. Sabia do que a senhora falava.

Ela respirou fundo e um vulto atraiu sua atenção.

O resgate de uma vida

— Oi! Tudo bem? — perguntou Yuri, sorrindo ao se aproximar.

— Oi. Tudo. E você?

Ele a cumprimentou com um beijo no rosto e ela correspondeu.

O rapaz se sentou em outra poltrona. Ficou feliz com a visita inesperada. Observou-a e percebeu que Sofia ainda trazia, no semblante, um vulto de tristeza, uma falta de alegria e um pesar muito grande. Estava abatida e a ausência de sorriso a deixava com uma aparência bastante séria.

A senhora se levantou e disse:

— Vou preparar um suco para nós!

— Não precisa se incomodar, dona Leila.

— Não é incomodo nenhum — afirmou, saindo do recinto.

A sós com Yuri, Sofia comentou:

— Pensei muito no que conversamos outro dia. No momento, não estou conseguindo começar uma vida nova, pois ainda estou presa na velha.

Ele compreendeu e disse:

— É que você está presa nas soluções que precisa encontrar.

— É isso. Hoje, antes do almoço, fui conversar com o George. Discutimos. Brigamos. Saí da casa dele bastante decepcionada.

— Conversou com sua sócia também?

— Foi a mesma coisa. A Vânia me deu um golpe e... As lojas estão fechando.

— Para que se sinta aliviada, seria bom se começasse a pagar as dívidas ou, ao menos, negociá-las com os bancos, financeiras e o que for.

— Só existe um jeito de eu pagar o que devo, Yuri. — Ele a fitou firme e Sofia falou, sentindo um nó na garganta: — O jeito é vender meu apartamento.

— Se fizer isso dá para pagar tudo o que deve?

— E ainda sobraria. Mas, nada paga o preço da traição.

Dona Leila chegou à sala com uma bandeja. Serviu suco e uma porção de salgadinho.

207

— Acho que você vai gostar, Sofia. É suco de carambola.

— Adoro. Obrigada.

— O Yuri gosta muito.

— Na verdade, não tem suco de que eu não goste — ele afirmou e riu.

Nesse instante, a campainha tocou.

A senhora, que havia acabado de se sentar, levantou-se para atender. Houve certa demora.

Ao retornar, podia ser visto uma feição preocupada no rosto da senhora e, logo atrás dela, alguém que a seguia devagar.

— Yuri. — O filho a olhou e a mãe anunciou: — A Roxana está aqui e quer falar com você.

O rapaz respirou fundo e fechou o semblante.

Roxana era uma moça bonita. Alta e de corpo bem feito. Cabelos longos e aloirados. Ela se aproximou e cumprimentou:

— Oi, Yuri. Como está?

— Bem — mal a olhou e curvou-se, colocando o copo sobre a mesinha central.

— Roxana, esta é uma amiga da família, Sofia. Sofia, esta é a Roxana — apresentou dona Leila, sem saber como se referir a ex-noiva do filho.

Cumprimentaram-se e a senhora pediu:

— Sofia, importa-se de continuarmos o nosso bate-papo lá na cozinha?

— Claro que não! — Levantou-se e pegou seu copo, seguindo a dona da casa.

No outro cômodo, dona Leila pediu que Sofia se sentasse.

Atenciosa, levou mais um copo para a sala, para Roxana se servir de suco.

Voltou.

Apreensiva, sentou-se à mesa em frente à Sofia e confessou:

— Eu achei que ela iria procurá-lo novamente, mas não pensei que seria tão rápido.

— Ele ainda está muito magoado pelo que ela fez, não está?

— Está. O Yuri se decepcionou muito. Afinal, qual noivo não ficaria magoado quando, faltando alguns meses para o casamento, visse fotos de sua noiva se beijando com outro sujeito?

— É difícil mesmo. Ela deve ter vindo pedir perdão. Se ele amá-la, vai perdoar.

— Ele pode perdoar, mas... Será que fica com ela? — Breve pausa e considerou: — São duas coisas diferentes, Sofia. A Roxana sempre foi uma boa menina. Eu acredito nela. Acredito que a bebida foi a culpada pelo que fez. Sempre falei para os meus filhos: quer ver o lado desequilibrado de alguém? Deixe-o beber à vontade! Em algum momento, a pessoa vai se revelar.

— E aquele que não bebe?

— Geralmente, quem não bebe, é porque já aprendeu o caminho das pedras e passou por ele. Conhece a si mesmo muito bem e gosta do mundo real.

— Não gosto de lembrar disso, dona Leila, mas... Quando eu estava na faculdade, sempre saía com a turma e acabava tomando uma cerveja ou chope. Depois, passava mal. Ficava péssima no dia seguinte. Nem eu me aguentava. Nessa época, arranjei um namorado — sorriu, levemente, ao se lembrar da pessoa. — Gostava muito dele. Nós saímos com a turma e eu passei mal perto dele. Que vexame! O rapaz me deu o fora, claro. Era um carinha do bem. — Breve pausa. — Foi bem difícil para mim. Fiquei tão decepcionada comigo mesma. Então, nunca mais bebi. Decidi levar uma vida mais saudável. Tornei-me vegetariana e não me arrependo disso. Seleciono o que como e bebo.

— Você tirou uma lição boa da experiência ruim. Isso é evolução. É triste quando fazemos algo errado e não aprendemos e tornamos a repetir o que nos fez mal.

Nesse momento, Thor, o cachorro da família, chegou abanando o rabo para Sofia. Ela o acariciou e dona Leila se levantou e disse:

— Está na hora de ele ganhar uma cenoura.

— Ele gosta de cenoura? — achou graça.

— Adora! — A senhora descascou o legume, cortou em pedaços e falou para Sofia: — Toma! Dê para ele — fez isso por saber que o animal era extremamente dócil.

Sofia adorou a experiência. Nunca tinha tido um cachorro tão grande comendo em sua mão.

Enquanto elas conversavam, no outro cômodo Roxana, com lágrimas correndo na face, pedia:

— Preciso do seu perdão, Yuri! Como eu já disse: não sei o que aconteceu. Amo você! — Breve pausa, em que a voz embargada a interrompia e prosseguiu: — O cara se aproveitou de mim. Eu tinha bebido.

— Não tinha bebido antes de ir para lá, Roxana. Por que não me falou? Por que me enganou?

— Eu não te enganei!

— E que nome você dá ao que fez?! — ele perguntou em tom calmo e firme, olhando-a fixamente.

— Você nunca errou? Nunca fez algo sem querer? — perguntou chorando.

— Em termos de traição, não. Pelo menos nesta vida, eu nunca traí ninguém.

— E não é capaz de perdoar? Justo você que aceita e concorda tanto com o que ensina Jesus e o Espiritismo sobre o perdão?

Ele ficou pensativo e respondeu:

— Não sei como viver com a lembrança do que eu vi. Como é que será, para mim, ficar ao lado de alguém que se agarrou e se beijou com outro cara quando faltava pouco para se casar comigo? Será que foi só essa vez? Será que depois não saíram dali para outros lugares e outras coisas? Sim, porque é isso o que, geralmente, acontece nas baladas. Pessoas saem com pessoas, envolvem-se, relacionam-se, transam e nunca mais se veem.

— Não! Não! Não! Nada disso! Por favor. Nunca aconteceu nada. E não aconteceu nada mais do que você viu! — Breve pausa. Secou o rosto e se recompôs. Mudou de poltrona e foi para perto dele. —

Vamos tentar. Você vai ver. Vai poder me perdoar. Vai até ter orgulho de você por saber que pode perdoar. Se tivesse se enganado como eu, gostaria de ser perdoado, não gostaria? — Não ouviu resposta. — Eu amo você, Yuri! Por favor, me perdoa.

∗ ∗ ∗

Longe dali, na casa de Bernardo, todos assistiam ao filme que Hélder propôs.

Flávio se juntou a eles e passaram uma tarde bem agradável, regada a pipoca e refrigerante.

— Muito legal! Bom mesmo! — Rute exclamou ao término do filme.

—Também gostei! — concordou Hélder.

— Legal! De uns tempos pra cá, você está ficando mais seletivo. Você não era assim não — disse Flávio ao irmão.

— Quando selecionamos e escolhemos coisas boas, evoluímos — tornou Rute.

— Então eu sou muito evoluído! E faz tempo! — anunciou Bernardo rindo. — Olha quem eu selecionei para ficar ao meu lado pelo resto da vida! — pegou a mão da esposa, que estava sentada ao seu lado, e beijou.

Rute sorriu. Admirou a cena. Fazia tempo que não via um casal, com tantos anos de casados, trocar carinho.

— Como vocês dois conseguem ter um casamento feliz e sem desgastes depois de tantos anos? — ela perguntou em tom satisfeito.

Bernardo não pensou muito e respondeu:

— Quando nós éramos jovens, a vida não era fácil. Tudo que conseguíamos era com muito sacrifício. Nossos pais, que vinham de tempos mais difíceis do que os nossos, nos ensinaram a conservar as coisas. Mas acidentes aconteciam e, quando algo quebrava, não era como hoje em dia, que o povo joga fora. No nosso tempo, éramos obrigados a consertar. Casamento é assim. Para ser harmonioso e duradouro, temos de viver de adaptações, reparos, ajustes. Sempre temperado de carinho e atenção. No casamento, é assim: a gente tem que conservar e consertar.

A sábia explicação deixou os filhos e a visitante pensativos.

* * *

Longe dali, Valéria pensava na família. Sua vida com Éverton não estava sendo tão fácil.

Acreditou que ele mudaria, que a trataria melhor. Quando saiu do serviço, achou que o companheiro não teria mais ciúme, pois entendia que o mau humor, que, muitas vezes, era seguido de agressões emocionais ou físicas, não ocorreria mais. Porém, enganou-se.

Éverton, que bebia dizendo ser esse um hábito social, aumentou a ingestão de álcool. Isso dava força a sua covardia e o fazia mais agressivo.

Havia proibido Valéria de sair de casa. Deixava-a sem dinheiro e guardou seus documentos.

No dia anterior, chegou tarde. Discutiram por assunto insignificante e ele a feriu fisicamente.

Naquele sábado, logo cedo, Éverton a agrediu, novamente, depois de uma briga. Saiu, em seguida, sem dizer aonde ia.

Ela ficou machucada, sofrida e cuidando de tudo. O medo a impedia de qualquer atitude.

Era Valéria quem precisava deixar o apartamento sempre limpo e muito bem arrumado ou o companheiro a agrediria emocional ou fisicamente, pois gostava de tudo, perfeitamente, asseado. Tudo bem cuidado.

Valéria, extremamente triste, amedrontada, desequilibrada emocionalmente, tinha dificuldades até para raciocinar. Não sabia o que fazer.

Arrependeu-se de estar com ele, porém não via saída para voltar atrás.

Todos de sua família haviam avisado, falado muito, mas ela não acreditou. Pensou que seu amor o faria uma pessoa melhor.

Chorou enquanto arrumava um armário. Pegou sua carteira, que estava sem os documentos, virou as repartições e encontrou fotos de seus pais, irmãos e sobrinhos.

Como voltar para eles? Como recuperar sua vida? Como se resgatar daquela situação?

Antes trabalhava. Tinha seu dinheiro. Auxiliava com algumas despesas em casa. Agora, não tinha nada.

Éverton havia rasgado e jogado fora algumas de suas melhores roupas. Vestia-se com peças extremamente simples.

Até sua beleza parecia ter sido destruída pelo companheiro.

Havia perdido o brilho, a jovialidade.

Sua pele, antes brilhosa, encontrava-se opaca. Seus cabelos mal-tratados, sem corte, sem brilho, sem vida.

Virou outra repartição da carteira e encontrou um folhetinho com uma prece.

Imediatamente, lembrou-se do motorista de táxi que lhe deu aquilo e a reconheceu após seguidas corridas. O homem tinha dito que ela não estava tão sorridente como em outros dias. Achava-a muito triste. Pediu até para fazer uma oração ou ler aquele folheto.

Aquele foi o período em que Éverton entrou em sua vida.

Antes disso, realmente, sorria mais. Era mais alegre, disposta e sem problemas. Não sofria maus-tratos nem agressões físicas ou psicológicas. Seu pai nunca havia lhe batido. Sua mãe, sim. Mas foi um tapa no bumbum depois que ela e os irmãos aprontaram alguma coisa. Não sabia o que era sofrer daquele jeito.

Tremendo, sentiu uma onda de pânico.

Lágrimas correram por sua face pálida e machucada. Secou-as com as mãos e tornou a pegar o folheto com a mensagem de Francisco Cândido Xavier.

Nunca orou. Não sabia como iniciar uma prece. Não havia feito isso sozinha antes. Embora seus pais sempre insistissem para que rezasse, para que acreditasse em algo mais. Não. Ela não acreditava naquilo.

O Éverton lhe tirou tudo.

Olhou para a mensagem em suas mãos e começou a ler.

Lágrimas correram, mais ainda, em seu rosto.

Terminado, fechou os olhos e foi como se ouvisse a voz de seu pai em seus pensamentos. Como se ele fizesse uma prece com ela.

Em pranto, pediu, fervorosamente, a Deus que a tirasse daquela vida, daquela situação.

Estava com vergonha de procurar alguém de sua família para pedir ajuda. Principalmente, agora, que não tinha nada. Nem mesmo um trabalho.

Sentia-se sem forças, com muito medo e rogou auxílio como se implorasse.

Cessou a prece e secou os olhos com as mãos.

Respirou fundo e continuou com o que fazia até que o interfone tocou.

Atendeu e lhe pediram para receber uma encomenda na portaria do prédio.

Valéria sentiu medo.

Éverton havia lhe proibido de atender ao interfone.

Fazia tempo que não saia para nada. Ele sempre trancava a porta.

Nesse instante, lembrou-se que tinha uma chave reserva. Se ele soubesse que essa chave existia, ela não saberia qual o resultado.

Valéria olhou-se no espelho. Observou o roxo em torno do olho direito e o corte no lábio inferior, resultado das agressões de Éverton. Por sorte, as marcas, em seu corpo, poderiam ser cobertas com vestimentas.

Colocou os óculos escuros, deixou os cabelos soltos e caídos na frente do rosto e foi pegar o pacote na portaria.

Quando lá chegou, o funcionário a recebeu com alegria.

— Boa tarde, dona Valéria! Quanto tempo não vejo a senhora!

— Boa tarde, senhor Lucas.

— Tudo bem com a senhora?

Aquela pergunta provocou-lhe grande dor nos sentimentos. Gostaria de responder: não. Não estava bem. Nada bem. Mas não teve coragem.

Abaixou a cabeça, perguntando em vez de responder:

— Tem uma encomenda para mim?

— Na verdade é para o senhor Éverton. Está aqui — entregou-lhe o pacote.

Ela pegou o embrulho, assinou o recibo e se virou.

— Dona Valéria!

Voltou-se sem encará-lo.

— Pois não.

— Desculpe a minha intromissão, mas... A senhora tem a idade da minha filha e... Se fosse a Angelina, minha filha, eu não gostaria de vê-la assim. — Um momento de silêncio e, vendo-a parada e cabisbaixa, ainda disse: — Faz um tempinho, sua irmã esteve aqui e deixou um cartão comigo. Eu não queria ligar pra ela, não, mas pensei muito em fazer isso. Aqui a gente fica sabendo das coisas e... A mulher que morou antes, com ele, não foi tratada diferente não. Só que ela teve força e tomou uma atitude.

— O que ela fez? — indagou com voz fraca.

— Foi embora — respondeu com simplicidade e piedade no tom da voz. — A senhora é instruída. É advogada. Tem profissão. Não precisa se sujeitar a isso. Sabe, tem coisa que não tem jeito. Não adianta só rezar. A gente tem que ter uma opinião e tomar uma atitude.

— Obrigada, senhor Lucas — agradeceu e se virou.

O homem não entendeu.

A princípio, o porteiro ficou constrangido. Não deveria se meter na vida dos moradores. Aquilo poderia lhe causar problemas.

Mas aconteceu algo que ele não podia prever. Não tão rápido.

Pouco tempo depois, Valéria, vestida com outra roupa, calçada com sapato e óculos escuros e uma sacola de plástico onde se podia ver outras peças de roupa, passou pela portaria, parou por um momento e disse:

— Obrigada, senhor Lucas. O senhor me ajudou muito.
— Em quê?
— Ajudou-me a tomar uma atitude. Deu-me força.
— Vá com Deus! Boa sorte! — sorriu satisfeito.
— Obrigada. Fica com Deus também.

Capítulo 13

Lei Maria da Penha

Sentindo a adrenalina fermentar em seu corpo, Valéria experimentou uma sensação nervosa, seguida de tremor e muita ansiedade ao ganhar a rua e ir direto para um ponto onde entrou no primeiro lotação que passou.

Havia pegado algumas moedas encontradas em uma gaveta. O suficiente para pagar a passagem da condução que a levou até o terminal.

Ainda teve de fazer uma boa caminhada até chegar ao prédio do apartamento onde a irmã morava.

Sofia não estava e precisou esperar. Quando escureceu, ela chegou.

Extremamente surpresa, ficou contente em ver Valéria.

Abraçaram-se forte.

Sem palavras, afastaram-se por um momento.

Valéria tirou os óculos para vê-la melhor.

Lágrimas escorreram na face de ambas.

Entrelaçaram-se num abraço e entraram no edifício.

Sofia abriu a porta do apartamento e pediu:

— Entre e fique à vontade.

Constrangida, a irmã deu alguns passos e olhou ao redor.

Pensou que deveria ter ficado ali, desde a última vez.

Foi para a sala, enquanto Sofia se dirigiu para a cozinha retornando com dois copos de água em pequena bandeja.

— Obrigada — aceitou e se sentou.

Sofia ocupou a cadeira em frente à irmã. Tomou alguns goles de água e perguntou:

— Como você está?

— Nada bem. Como pode ver... — não terminou a frase e chorou em silêncio. Secou o rosto, depois desabafou: — Não aguento mais. Fiz uma prece pedindo ajuda, pedindo luz... Desci à portaria para pegar uma encomenda e encontrei o senhor Lucas. Ele conversou comigo e contou que você deixou um cartão com ele. Achei que essa conversa foi uma luz, um sinal e decidi vir para cá. — Longa pausa. — Perdi tudo. Não tenho nem meus documentos. Só me restaram estas roupas do corpo e as poucas peças que estão, ali, naquela sacola pequena — olhou para a cadeira da mesa da sala de jantar onde estava a sacola.

— Por que deixou isso acontecer, Valéria? — perguntou num murmúrio.

— Não sei explicar. Só sei que estou com medo. Muito medo — chorou.

Sofia se sentou ao seu lado e a abraçou com força, confortando-a.

— Valéria... Tudo vai ser diferente agora, se você quiser.

Afastando-se um pouco, olhou-a nos olhos e afirmou:

— Quero mudar. Quero sair dessa vida, mas não sei como nem por onde começar. Só sei que sinto medo.

— Você vai superar esse medo. Só que, para isso, precisa fazer alguma coisa. Esse medo não vai passar, se não enfrentá-lo.

— Enfrentar, quem? O medo?!

— Enfrentar tudo, minha irmã! Quando enfrentamos situações, tomamos atitudes, vencemos o medo e ele deixa de existir.

— Por onde devo começar? — indagou Valéria, encarando-a.

— Indo à delegacia e prestando queixa do safado.

Ela estremeceu. Não sabia se estava preparada para enfrentar essa situação.

— Mas... — titubeou.

— Não tem mas, Valéria! Tem que ser feito. Você é advogada e sabe disso!

— Não sou especialista em violência doméstica e violência à mulher.

— Mas sabe onde procurar ajuda e vai fazer isso! É por receio, por medo, por covardia que muitas mulheres, agredidas, não tomam uma atitude e deixam seus agressores impunes. — Sofia ofereceu uma pausa para que a irmã pensasse. Depois perguntou: — Tudo bem que não é especialista em violência doméstica, mas deve ter alguma noção. O que aconselharia para um caso de agressão à mulher?

— Ir à delegacia da mulher e instaurar inquérito policial. Dizer que pretende dar continuidade ao processo.

— Você precisa de um advogado ou pode se representar?

— Não. No primeiro instante não preciso de advogado. Mas o auxílio de um é interessante e... Caso a vítima não tenha condições financeiras, terá direito a um advogado da assistência jurídica. É só ir ao fórum e pedir informações a respeito e lhe será apresentado um advogado do Estado. Se a vítima solicitar à Polícia Militar, pelo número 190, no momento da agressão e o agressor for preso em flagrante, ele será conduzido por policiais ao Distrito Policial. A vítima, então, dirige-se à delegacia e diz que quer instaurar um inquérito. Depois, ela pode ir ao fórum e pedir informações a respeito de um advogado do Estado também.

— Mas você não ligou para o 190. Então, como fica seu caso? O Éverton ainda pode ser preso em flagrante?

— Ontem ele brigou comigo e me bateu... — chorou. — Hoje cedo, novamente. Por causa de uma camisa, ele me bateu e foi violento. — Entre soluços, explicou: — Foi agressivo sexualmente... Estou com machucados íntimos, nas partes sexuais e nos seios também... — chorou. Sofia ficou revoltada, mas se conteve e Valéria prosseguiu: — Depois, ele saiu de casa e me trancou. Eu tinha uma outra chave escondida, que mandei fazer quando ainda trabalhava. Mas ele não se lembra disso. — Valéria fazia breves pausas enquanto falava. Ainda estava abalada. — Ele me deu ordens de não atender o interfone nem a porta. Tirou os aparelhos telefônicos lá do apartamento, meu celular e trancou em um cofre. Isso começou a me dar um desespero... Então comecei a ter ideia de fugir, sair dali. Eu não queria mais apanhar.

Cada dia estava pior. Aí... quando o interfone tocou, decidi atender. Fazia duas semanas que eu não via a luz do sol senão fosse pela janela. Tive um impulso e decidi atender o interfone quando tocou... — repetiu. — Criei coragem e fui até a portaria, talvez, para medir minhas forças. O porteiro conversou um pouco comigo e, quando me senti covarde ele começou a dizer coisas que me deu força. Falou de você... Eu respirei fundo e decidi fugir dali. Não queria mais aquela vida. Aquela miserável condição. Não era justo eu viver em cárcere privado, sendo agredida, humilhada, maltratada... — chorou compulsivamente, enquanto a irmã a afagava de modo piedoso.

Silêncio.

Após o intervalo, Sofia perguntou:

— Então o Éverton pode ser preso em flagrante?

— Eu precisaria ir à delegacia agora para ver as medidas que constam na Lei Maria da Penha. Preso em flagrante ou não, cada circunstância vai definir se a autoridade policial, no caso o delegado ou delegada, poderá mantê-lo preso até que o juiz decida.

— Vamos até a delegacia agora! — decidiu Sofia firme, parecendo reunir suas últimas forças também. Embora estivesse auxiliando a irmã, ela ainda se sentia desanimada.

As irmãs saíram do apartamento e se dirigiram para a Delegacia da Mulher mais próxima. Estava bem cheia. Ainda assim, esperaram e foram atendidas.

Valéria prestou queixa.

A delegada ouviu-a atentamente e a encaminhou para exame de corpo de delito realizado por uma médica do IML – Instituto Médico Legal – já que Valéria solicitou, uma vez que existiam agressões em partes íntimas e ela disse se sentir constrangida se o exame fosse realizado por um médico.

Éverton não foi preso em flagrante.

Quando chegou a seu apartamento, soube que a polícia o procurou. Constatou que Valéria havia ido embora. Deduziu que ela tomou coragem e prestou queixa das agressões sofridas.

Por ter conhecimento, ele fugiu do flagrante, mas não das consequências jurídicas e morais que começaria a experimentar.

* * *

Ao saber do ocorrido, Rute não se conteve e as procurou.

Era noite de segunda-feira e, no apartamento de Sofia, Valéria contou tudo à amiga.

— Foi um final de semana muito intenso. Ainda estou bastante estremecida, psicologicamente abalada. Com muito medo. Um medo terrível, até inexplicável.

— Eu creio que todo o estresse que viveu com ele gerou uma Síndrome do Pânico — opinou Rute.

— É verdade. Estresse pós-traumático dispara Ansiedade, Síndrome do Pânico, Depressão e outros transtornos psicológicos — concluiu a irmã. — O melhor é procurar um médico psiquiatra e também fazer psicoterapia com um bom psicólogo para juntar tudo isso no processo. Afinal, se ela ficou assim, foi por culpa dele.

Na sua vez, Rute aconselhou:

— Sua irmã tem razão, Valéria. Agora que começou a movimentar sua vida, não pare. Volte ao mercado de trabalho. Atualize-se e retome tudo o que fazia e mais o que puder. A principal atitude você já tomou, que foi denunciar aquele infeliz. O silêncio faz o número de vítimas aumentarem e as formas de violência doméstica e familiar contra as mulheres continuarem, pois os agressores confiam no medo de suas vítimas. O medo que a vítima sente os protege. Devemos pegar o exemplo de Maria da Penha, a biofarmacêutica que tanto lutou para que fosse feito justiça em seu caso.

Por não conhecer a história, Sofia perguntou:

— Só ouvi falar da Lei Maria da Penha e alguns dos direitos que ela nos garante, mas... Não me lembro bem de como tudo aconteceu com essa que sabemos ser uma grande guerreira. Você sabe contar?

Rute sorriu. Apreciava lembrar dessa batalhadora e contou:

— Maria da Penha, cearense e biofarmacêutica, com título de Mestre em Parasitologia, foi casada com um economista e professor universitário, seu agressor. Essa mulher mudou a vida de muitas mulheres. Salvou, salva e salvará muita gente. Ela fez de sua tragédia uma trajetória de vida, de auxílio e de caridade. O começo de tudo ocorreu em Fortaleza, no Ceará. Era mês de maio de 1983. Ela, o marido e as três pequenas filhas chegaram à noite a casa onde moravam. Enquanto o marido foi assistir à televisão, ela colocou as filhas para dormir. Depois, Maria da Penha foi tomar banho e se deitou. De repente, acordou com o tiro que atingiu suas costas. Ela conta que, nesse instante, pensou: "Acho que meu marido me matou". Em seguida, desmaiou. Os vizinhos foram atraídos pelo barulho do tiro e, quando chegaram, encontraram o marido na sala, todo rasgado, com uma corda enrolada ao pescoço, representando um drama de forma a pôr inveja em qualquer ator profissional de teatro. Ele disse que houve uma tentativa de assalto à residência. Ela ficou consciente novamente e, enquanto esperava a ambulância para ser socorrida, sabia que toda a representação do marido era uma farsa. Ele sempre foi um homem que agredia a ela e as crianças. Grosseiro, rude, exigente dentro de casa. Ela tinha certeza de que foi ele quem tentou matá-la. Somente mais tarde as investigações provam que o marido foi o autor do disparo que deixou Maria da Penha paraplégica e presa a uma cadeira de rodas pelo resto da vida, mesmo depois de muita dor física e emocional, várias cirurgias e meses de hospital. Infelizmente, o conjunto de ações violentas, físicas e psicológicas não acabou ali. Ela recebeu alta e foi para casa onde o marido a confinou. Inicia-se uma série de agressões e torturas. Ela sofreu um segundo atentado. No banheiro da residência onde morava com o marido que, novamente, tenta matá-la eletrocutada. Eles lutam. Ela grita e a empregada escuta e aparece inibindo o homicídio. Maria da Penha recorre à família que a ajuda e, só então, consegue uma autorização judicial para deixar a casa onde mora com o marido e levar as três filhas. No ano seguinte, 1984, começou o que seria uma longa jornada por justiça. — Enfatizou: — Por justiça, gente! Vê se pode! — protestou. — O marido, único suspeito pelos crimes, alega inocência e é liberado! Alguns anos depois, sete se não me engano, ele vai a julgamento. É condenado a quinze anos de prisão, só que o julgamento é anulado.

 — Ela continua na cadeira de rodas e ele sai rindo do tribunal — continuou Rute com certa indignação no tom da voz. — Ela não desiste. O caso vai para o segundo julgamento. Ele é condenado a dez anos e seis meses de reclusão, mas tem vários benefícios e ganha o direito de recorrer em liberdade. Sai novamente rindo do julgamento. Ela ainda fica presa na cadeira de rodas. Batalhadora, Maria da Penha não desiste. Escreve um livro. Aliados, simpatizantes, organizações feministas, pessoas justas e humanas se aliam a ela que, então, formalizou denúncia contra o Brasil à Comissão Interamericana de Direitos Humanos da Organização dos Estados Americanos – O.E.A. – Órgão Internacional responsável pelas comunicações de violações de acordos internacionais. Enfim, o caso foi levado em nível internacional. A O.E.A. repreendeu o governo brasileiro e deixou explícito que o marido de Maria da Penha deveria ser responsabilizado por seus crimes. Caso isso não ocorresse, o Brasil seria declarado conivente com as violências contra mulheres. Como tudo, aqui, é lento... Dezenove anos e cinco meses depois que Maria da Penha foi vítima de agressões, sofreu duas tentativas de homicídios e ficou paraplégica, seu agressor foi preso. Ela continuou presa a uma cadeira de rodas. Ele, depois de cumprir um terço da pena, saiu da cadeia e ficou em liberdade condicional. Ela, mesmo cumprindo prisão perpétua em uma cadeira de rodas, continuou lutando pelo direito de muitas mulheres. — Ofereceu uma pausa e prosseguiu, pois viu as amigas muito interessadas na história: — Um conjunto de ONGs elaborou propostas. Uma Lei eficiente, inibidora precisava ser criada para garantir a integridade das mulheres brasileiras. A proposta se transformou em Projeto Lei. Sancionada pela Presidência da República em 2006, a Lei Maria da Penha se dispõe a prevenir, punir, erradicar a violência contra a mulher e eliminar todas as formas de discriminação contra a mulher. Isso inclui meninas também. É certo que faz pouco tempo que a Lei foi criada e muita coisa ainda precisa ser ajustada. Haja vista que, apesar de a Lei, que recebeu seu nome, ser uma "arma" contra a violência da mulher, ela, ainda não é devidamente aplicada, em alguns casos. O que fará essa Lei ganhar força somos nós, mulheres, exigirmos, lutarmos, não nos intimidarmos, sairmos do anonimato. Denuncie, gente! Denuncie! Procurar por nossos direitos. Advogados existem para isso!

— Foi por causa da dedicação e senso de justiça que a Lei, que protege as mulheres contra qualquer tipo de violência, recebeu o nome Maria da Penha — completou Valéria que também conhecia a história. — Hoje ela é líder de movimentos de defesa dos direitos das mulheres. Como dizem, ela é vítima emblemática da violência doméstica e familiar contra a mulher.

Bem atualizada, Rute informou:

— Uma pesquisa, inédita, avaliou a violência contra mulheres e descobriu-se que o número de feminicídio que acontecem no Brasil é assustador. Foram 50.000 feminicídios, ou seja, cinquenta mil mulheres mortas, por serem mulheres, nos últimos dez anos. Isso dá cerca de 5.670 mortes por ano, quase 500 por mês, ou 1 mulher a cada hora e meia. Ainda hoje existe a necessidade de se criar tipificação penal para o feminicídio. Isso diminuiria o mapa dessa violência.

— Nossa! — admirou Sofia. — O número de homicídio contra mulheres é assustador mesmo. Imagine, então, como é grande o número real de mulheres torturadas e agredidas, física e emocionalmente, e que não chega a nosso conhecimento.

— Não pense que a agressão contra a mulher vem, na maioria das vezes, por parte de estranho. Mais de 80% das agressões, os responsáveis são os parceiros, companheiros, namorados, noivos e maridos — comentou Rute. Após breve pausa, prosseguiu: — Certa vez eu ouvi um comentário de um acidente de trânsito. Dizem ter sido uma batida simples. Só os para-lamas ficaram amassados. O homem que estava dirigindo desceu e quando viu que o outro veículo era conduzido por uma mulher, ficou enfurecido. Insano! Contaram que ele gritou e xingou o quanto pôde. Chamou a condutora do outro carro de barbeira. Perguntou se ela tinha tirado a CNH – Carteira Nacional de Habilitação – por telefone e falou muito. A mulher, com medo, chamou a polícia. A esposa do homem estava junto. Pediu calma, mas não adiantou. Ele gritava com ela também. Demorou, mas a viatura da Polícia Militar chegou. Mesmo com a presença dos policiais, o sujeito continuou nervoso. Perto dos policiais ele ainda chamou a mulher de barbeira. Então, ela não teve dúvidas. Pediu aos PMs que os conduzissem até a Delegacia da Mulher, pois ela queria fazer um Boletim de Ocorrência e instaurar inquérito por ter sido agredida moral, emocionalmente e não ia deixar pra lá não. Foi constrangida por ser mulher, pois, se fosse o marido dela, com quase cem quilos e um metro e noventa de altura, aquele homem não estaria falando daquele jeito.

— Isso é verdade. Se fosse com outro homem, ele não faria aquilo — concordou Valéria.

— É. Existem vários tipos de violência contra a mulher. Normalmente, as pessoas só pensam nas agressões físicas, no tráfico de mulheres e coisas mais graves. Porém, vejo que isso vai mais além. Está faltando respeito — disse Sofia.

— Sem dúvida! — ressaltou Rute. — Eu lembro o quanto minha mãe sofreu por não existirem Leis específicas quando meu pai a agredia emocionalmente. Antes da Lei Maria da Penha, as mulheres agredidas, de qualquer forma, tinham que se submeter às agressões, pois se saíssem de casa, era constatado abandono de lar. Ela perdia seus direitos, perdia direitos sobre os filhos, que também eram agredidos, no mínimo emocionalmente com o que viam o pai fazer com a mãe. Eu vivi isso. Há diversas formas de violência contra a mulher e não só agressões sociopáticas, físicas, sexuais. Existem formas sutis. Essas formas sutis de violência contra a mulher incluem o assédio sexual, assédio moral, discriminação, desvalorização de seu trabalho, seja doméstico ou empresarial, desvalorização das tarefas maternais.

— Como assim? Desvalorização dos trabalhos domésticos e maternais? — indagou Sofia.

— São aquelas atitudes rudes e machistas. Sabe aqueles jargões famosos do tipo: isso é serviço pra mulher. Cuidar de casa é fácil, por isso tem que ser feito por mulher. Ou... Tinha que ser mulher pra fazer isso. Mesmo quando o homem chega a casa e toma atitudes rudes como jogar as coisas no chão para a mulher pegar, responde mal, joga na cara da mulher que ela fica em casa e ele é quem trabalha e põe comida para dentro de casa... Nossa! Tem tanta coisa! Uma das quais as mulheres se esquecem é a agressão através do assédio. Vocês sabiam que aquela cantada barata, imbecil como quando chamam a gente de gostosa, boazuda ou nos chamam para fazer alguma coisa que configure ou dê o entendimento de algo que inclui sexo, indecência ou coisa do gênero, a pessoa que faz isso pode ser enquadrada na Lei Maria da Penha? Esse é um tipo de assédio vil, baixo, que nos constrange, desvaloriza. Quando alguém do trabalho ou na escola, por exemplo, diz que a fulana sai com qualquer um, ou que saiu com ele ou com ela, ou diga qualquer coisa que deixe a moral da fulana em dúvida, isso é crime e é enquadrado na Lei Maria da Penha. E é crime mesmo sendo dito por outra mulher. Só não toma uma atitude quem não quer.

— Eu não sabia disso — admitiu Sofia.

— Quando o companheiro, marido ou mesmo outra mulher magoa por meio de agressões, é rude quando pergunta, pede, exige algo a uma mulher é violência e precisa acabar. Isso ocorre em todas as classes sociais. Estamos precisando de uma tomada de consciência para erradicar as formas sutis de fomentar a violência contra as mulheres e meninas. São várias, incontáveis as concepções machistas, sexistas e racistas que autenticam e legitimam a indução da violência contra mulheres.

— Indução à violência? Como assim?

— Veja bem, Sofia, as pessoas não tomam muito conhecimento de seus direitos e o Brasil, hoje, infelizmente, não é só o país com alto número de analfabetismo, mas também é um país que, dolorosamente, devemos admitir, tem um alto número de ignorantes. Quando um programa de TV lança moda feminina com roupas curtas, coladas, decotadas, ressaltando bumbum e seios, exibindo atrizes com jeito e formas sensuais, está propondo o quê? Que quem assista se vista e tenha trejeitos como os da personagem. Aquilo que está sendo mostrado é ficção. Pura ficção. A cena não vai além, é limitada. Mas, minha querida, na vida real, aquela vestimenta, aqueles trejeitos, aquele comportamento vai deixar a mulher vulnerável. A sua sexualidade vai parecer vulgar. Ela ficará exposta e, muitas vezes, por conta de sua ingenuidade, poderá servir de vítima a um doente desequilibrado sexual ou psicopata.

— Eu discordo, Rute. A mulher tem o direito de usar a roupa que quiser.

— Você não está errada, Sofia. Mas, veja bem... Se roupa curta e sensual fosse, de verdade, algo legal, positivo para a imagem feminina, as apresentadoras dos telejornais, as âncoras do jornalismo na TV estariam com os seios de fora e saias curtas, com vestidos de periguetes colados ao corpo. Assista à previsão do tempo, quando a jornalista aparece por inteiro, observe se ela está com trajes assim. Vamos combinar! Vestidas assim, as mulheres se desvalorizam e quando alguns grupos criticam essas criações de modas machistas...

— Por que modas machistas? — tornou a outra, interrompendo-a.

— Modas machistas, sedutoras, que estão fazendo das mulheres e das meninas objeto que desclassificam as mais ingênuas, que se propõem a usar e não entendem o motivo.

— Eu não concordo, Rute. A pessoa deve usar o que se sente bem.

— Não é isso, Sofia. Muitos homens, safados, sem-vergonha que lideram e ditam indiretamente moda e comportamento femininos, são apoiados pelas pessoas sem conhecimento, ou seja, ignorantes, no sentido de que ignoram as intenções deles, e se submetem a isso achando que é normal, que é o certo. Mas não é! Esse tipo de comportamento interrompe o raciocínio e o desenvolvimento humano de mulheres e meninas que só pensam em destacar sua sensualidade, sua sexualidade e acabam sendo manipuladas por um universo machista que não se pronuncia, que vive nos bastidores. São concepções , crenças e costumes sociais machistas que fazem as mulheres e meninas se exporem. Lá fora, no exterior, o Brasil é considerado um país de prostitutas, para muitos, só por conta das roupas das mulheres, sabia? Por conta do carnaval e tudo o que ele oferece. É como se as mulheres brasileiras fossem burras, ignorantes, incompetentes e só soubessem usar o corpo para conseguir algo e isso eles veem como prostituição. A culpa é da mídia, das músicas que fazem desse comportamento algo normal. A culpa é do governo que não oferece instrução moral. As mulheres e meninas sem instrução, sem base familiar, não têm referência e acabam se propondo a isso. Por exemplo, já ouvi debates e longas discussões sobre o estupro. Em todas, sem exceção, a questão da postura da mulher ou da menina foi destacada e salientada que ela "induziu" o homem a desejá-la. Eu tomei um lado. Briguei e debati. Apoiei o fato de a mulher ter liberdade para se vestir. Depois comecei a entender algumas coisas. Vi fotos, imagens, descrições, roupas e apareceu, comprovando que em 80% dos casos a mulher ou menina vestiam-se de forma sexualmente provocativa, vulgarizando-se. É certo, sem dúvida, que isso não dá razão ao homem de estuprar ninguém, mas... Vamos pensar: comportamento induz, trejeito induz, roupas induzem... Tudo é questão de observar como ela se trata, como ela se expõe, se mexe, fala. Na maioria dos estupros, o sujeito criminoso e agressor sabe como a menina ou a mulher é. Conhece sua vida, seus costumes. Sabe que ela anda com vários homens, que não se valoriza nem se respeita. Então ele pensa: se ela se oferece, se dá uma de oferecida por aí, eu posso ser mais um. O que eu tenho a perder?

— Ai! Pelo amor de Deus, Rute! Ninguém merece ser estuprada! — protestou Sofia.

— Lógico que não! Concordo com você. O estupro é um crime hediondo e eu acho que cadeia é pouco para quem o pratica. Sou tão radical que sou a favor de se decepar os órgãos genitais de quem estupra! — falou irritada.

— Eu concordaria com essa lei — tornou Sofia.

— Mas o caso não é esse. O estupro é hediondo e deveria ter

pena mais severa dos que as que já existem. Nossas leis ainda são fracas para crimes como estupro, agressões a mulheres, crianças, gays, negros, moradores de ruas e outros. Não é disso que estou falando. Estou falando da falta de orientação das mulheres. Sabe, em um júri popular, em julgamento de estuprador, é comum, muito comum, na escolha de jurados, escolherem mulheres maduras, de aparência sensata, mãe ou avó, mulheres de postura firme, sérias para serem juradas. Sabe por quê? — Sofia balançou a cabeça negativamente. Valéria deu um leve e tímido sorriso. Já sabia. Rute respondeu: — Porque mulheres com postura moral sóbria, dita equilibrada, sabem reconhecer e classificar uma outra que não se valoriza, que se expõe de modo vulgar física, verbal e moralmente. Diante de determinadas provas, existe uma grande chance de essa jurada entender que a vítima de estupro, "pediu", "incentivou" o seu agressor.

— Ai! Que absurdo! — protestou Sofia mais uma vez.

— Só estou contando os fatos. Eu também quis falar disso para voltar a repetir que a culpa é dos meios de comunicação, que não incentivam as pessoas a aprenderem a ler, escrever, estudar, mas incentivam a terem trejeitos vulgares, antes mesmo de saber escolher. Antes mesmo de deixarem de ser ignorantes e entenderem o que está por trás disso tudo. Sabe, no Canadá, em Toronto, depois de analisar uma série de crimes de estupros, em uma Universidade, declararam o seguinte: que as mulheres deveriam evitar se trajarem bem vulgar para não serem estupradas. Eles acreditam que existe cumplicidade entre as vítimas e os criminosos por causa das roupas que elas usam. Estou falando do Canadá, país de primeiro mundo. Às vezes, entendo que essa opinião acontece aqui, não só com o estupro, mas também com a desvalorização da mulher. Hoje em dia, vejo menina de nove ou dez anos ou até menos que usam vestimentas sedutoras, andam de forma sedutora, maquiadas de forma sedutora, fazem caras e bocas para seduzirem. Meu Deus! Onde vamos parar! Elas estão perdendo a infância. Estão deixando de ser meninas inocentes. Quando isso acontece, psicologicamente, elas desenvolvem a libido muito cedo. Como é que vai ser quando forem adultas? Haverá uma lacuna no desenvolvimento emocional, psicológico. — Ofereceu uma trégua para que a outra refletisse, depois argumentou: — Não estou querendo dar razão para os homens que estupram. Longe disso! Mas vemos, hoje, mulheres se desclassificando muito, aceitando xingamentos. Precisaria de uma que tivesse coragem para processar os vagabundos que nos ofendem com músicas. Não sou obrigada a ouvir tanto nome baixo. É disso que estou falando. Não vai adiantar Lei Maria da Penha se as mulheres continuarem pacíficas, se desvalorizando, a começar por aceitar a imposição sexista, imposição de objeto sexual e sensual, imposta por homens, produtores que querem ver o circo pegar fogo! Alguns pensam assim: "Já que elas têm os seus direitos, vão ter que ter deveres ou aceitar nossas propostas inconscientes de submissão. Mostrar o bumbum, os seios e servir de objeto para a nossa admiração." Mulheres que querem defender seus direitos de andar vestidas de periguete acham que estão manipulando, mas, na verdade, elas é que estão sendo manipuladas.

— Eu entendo o que a Rute quer dizer — comentou Valéria. — Nós não estamos cumprindo com nossos deveres quando não temos conhecimento das leis que nos protegem. Quando não tomamos providência contra as humilhações e agressões que sofremos. Quando nos vulgarizamos e nos submetemos às concepções machistas, enrustidas no que temos como distração na mídia, a respeito da nossa sensualidade e que nos "obriga" a nos expormos. Devemos lembrar de nos respeitarmos. Temos que nos vestir de modo elegante e não vulgar. Um dia, meu pai me disse que o nosso exterior era o reflexo do nosso interior. Então é bom tomar cuidado com o que exteriorizamos. Se estamos na praia é normal e adequado utilizarmos pouca roupa. Existe lugar adequado para tudo. No entanto, no dia a dia, na cidade, no trabalho, na balada acho bom tomarmos cuidado para não exteriorizarmos algo que dê incentivo a alguém desequilibrado. Ainda mais se o sujeito estiver sob o efeito de álcool ou drogas. Nunca sabemos onde eles estão ou quem são. Quem não acredita nisso ou quer pagar para ver... Pode se expor.

— Concordo totalmente com você, Valéria! — expressou-se Rute.

— Ah... Eu acho que cada um tem o direito de se vestir como quiser — opinou Sofia. — Vocês não me convenceram.

— O problema que essas roupas vulgares são ditadas por homens! E muita gente não vê isso! Por exemplo... — Rute pensou um pouco e prosseguiu: — Já assistiu àqueles programas de comédia nacional na TV ou mesmo em filmes em que colocam uma mulher bonita de corpo bem feito, com peitos de fora, roupa curta e justa, fazendo cara de tonta e falando com argumentações de burra? Esse tipo de roupa em mulher bonita é para atrair a atenção dos homens e aumentar a audiência. E, na minha opinião, denigre a imagem da mulher bonita. É o mesmo que dizer: mulher bonita só serve para ser sensual, só serve para o sexo. Ela é burra e tem que ficar de boca fechada. Preste atenção! — protestou. — Daí a pouco aquela roupa vira moda. Aquele comportamento, gesto e fala, viram moda e uma grande maioria adota, inclusive o jargão.

— Ainda assim, acredito que não podemos dar razão a um homem assediar, sexualmente, uma mulher ou estuprá-la por causa da roupa que ela esta usando — disse Sofia.

— Não se trata de dar razão ao homem que desrespeita ou estupra. Lógico que não! — Rute pensou um pouco e tentou explicar: — Vejamos. Nos meios de comunicação, nos telejornais, principalmente, alertam muito para que, quando formos ao banco depositar ou sacar dinheiro, nós nos precavermos. Devemos tomar cuidado para não sermos vítimas de assaltos, roubos e até latrocínio, que é o roubo seguido de morte. Então, o que nós fazemos? Procuramos ser precavidos. Não saímos do caixa contando dinheiro. Procuramos guardar as notas. Olhamos para os lados para saber se estamos sendo seguidos e, se isso acontecer, devemos procurar a ajuda do segurança ou da polícia. Se estivermos fora do banco e desconfiarmos de sermos seguidos, devemos entrar em um estabelecimento que tenha segurança ou chamarmos a polícia. As pessoas que mais se expõem, que saem contando dinheiro, colocam as notas em um bolso de fácil acesso, são as que têm mais chances de serem assaltadas por criminosos, que são criaturas desequilibradas, imorais, impiedosas e tudo de ruim. Podemos comparar isso às vestimentas e ao comportamento das meninas e mulheres de hoje em dia. Aquelas que mais se expõem, que mais exibem a sensualidade, que mais querem provocar são as que correm maior risco, têm mais chances de atrair criaturas desequilibradas, imorais, indecentes e capazes de estuprar. — Silêncio. — Se for dado grande quantidade em dinheiro para uma mulher que costuma se vestir de periguete, ela guarda, esconde, não vai sair do banco abanando as notas, certo? Por que ela esconde as notas? Para não ser roubada, atacada, lesada por alguém desequilibrado. Sim, porque quem rouba é um desequilibrado e ela sabe disso. Por que, então, ela não faz o mesmo com o próprio corpo, se sabe que existem desequilibrados na área sexual? — Novo silêncio. — É essa a pergunta que paira na mente daqueles que dizem que, algumas vítimas de estupro, incentivam o ato do agressor desequilibrado. Lembremos que todo estuprador é um desequilibrado, impiedoso e imoral. — Breve pausa para que a amiga refletisse e acrescentou: — Lembrando também que a atração espiritual é grande e proporcional aquilo que se cultiva. Espíritos sensuais, imorais, levianos, que se comprazem com a sensualidade são atraídos de acordo com seus gostos. Bem como, espíritos que se comprazem com a violência sexual, com a banalidade das relações afetivas, se aproximam.

— Ai, Rute! Daqui a pouco você vai querer que andemos coberta da cabeça aos pés, com burca e tudo mais — Sofia disse. — Por que os homens podem andar sem camisa, com as calças arriadas e aparecendo a cueca e nós não podemos usar uma blusa mais leve?

— Não é nada disso. Estou vendo que você não entendeu. Vivemos em um mundo imperfeito. Lugar de provas e expiações. Assim sendo, temos, neste planeta, que conviver com criaturas desequilibradas, pervertidas, sem evolução, capazes de roubar, matar, agredir e ferir sem remorso. Basta assistirmos aos noticiários. Em vista disso, precisamos nos precaver. Assim como devemos guardar a carteira e o dinheiro, para não sermos lesados, devemos preservar nosso corpo da sensualidade pública, para não sermos lesadas também. Você não sabe que tipo de homem está provocando, por isso devemos estar atentas. — Ofereceu breve pausa. — Eu uso roupa decotada e mais ou menos curta. Uso shorts, mas não agarrado, delineando apertadamente meu corpo ou até me machucando para mostrar minha sensualidade. Não preciso expor meu corpo para ser sensual. Até porque tenho coisa melhor para mostrar. Vejo que você também usa decotes, mas nunca a vi se expondo de forma... Você entende. Tudo é questão de bom senso. Acho que é isso que está faltando para muitas pessoas. Além do que, para as pessoas mais ingênuas, o problema maior é a patologia da normose. Normose é algo errado que é tido como certo por causa do uso sem senso crítico. É o errado aceito como normal. Por exemplo, uma pessoa começa a ouvir músicas com palavrões e daqui a pouco isso se torna normal. O palavrão é ofensivo e tem que ser usado, por essa pessoa, para tudo o que quer se expressar. Então, ela perde o senso crítico e saí por ai ofendendo as pessoas, não se comportando, educadamente, com os outros, seja no relacionamento, no serviço, nas ruas... Ela quer que todos respeitem seus gostos, mas ela não respeita a ninguém. O palavrão é aceito, por ela, como normal, é a normose, só que isso vai trazer consequências. Tudo, exatamente tudo, o que fazemos traz consequências. O mesmo acontece com as roupas. Onde é que vamos parar se as mulheres não se respeitarem, não se frearem? Vão sair nuas na rua? — Não houve resposta. — Sabe o que eu acho que está faltando? Está faltando a própria pessoa se respeitar. Quando alguém usa palavrões, grita ou briga para expressar suas opiniões, ninguém a respeita. Essa pessoa nunca é ouvida, muito menos respeitada. Quando alguém usa vestimentas inapropriadas, para alguns momentos, também não se expõe com respeito e será tratada de forma tão vulgar quanto se apresenta. — Pensou um pouco e mostrou outra opinião: — Tendo uma visão espiritual da coisa, como espíritas, vamos chegar à conclusão de que em uma colônia espiritual, de nível elevado, temos certeza de que não encontraremos espíritos com aparência feminina usando trajes curtos e com seios de fora. Roupas de periguetes não angariam moralidade nem respeito. Assim como os espíritos com aparência masculina não vão andar sem camisa nem mostrando as cuecas com as calças baixas. Espíritos elevados têm outras coisas para mostrarem. Hoje, aqui, estou dizendo que está faltando conscientização, instrução, educação por parte das mulheres e de homens também. Podemos ser pessoas lindas e elegantes sem nos vestirmos de modo leviano e vulgar. E você sabe disso. Sabe também que o que eu digo a respeito da espiritualidade é verdade. Seria bom pararmos e refletirmos um pouquinho.

— Não entendo muito sobre espiritualidade, mas raciocinando sobre a evolução humana, nós, seres humanos, viemos da época das cavernas sem roupas, com tangas e mantos para nos protegermos do frio, nada mais. Naquela época, a boa moral não existia. A vida era banalizada. Estupros e mortes eram as coisas mais comuns e não havia como responsabilizar ou punir o culpado. Esse comportamento primitivo era normose. O ser humano evoluiu moralmente. Tanto que as vestimentas foram criadas. A vida passou a ter valor. O estupro e a morte viraram crimes. Infelizmente, às vezes, vejo as pessoas, hoje em dia, querendo voltar à época das cavernas. Tirando a roupa, banalizando a vida e querendo que estupro seja visto como algo conivente à vítima. Por outro lado, alguns defendem o direito de se vestirem como querem sem dar atenção a evolução humana. Isso que vemos atualmente é um progresso, um avanço social e moral ou um regresso da evolução espiritual? — perguntou Valéria. — Será que não são espíritos encarnados cuja evolução moral ainda é primitiva?

Não houve resposta.

Depois de pensar um pouco, Rute desfechou:

— Independente de ser homem ou mulher, a pessoa pode se vestir como ela quiser, mas precisa saber que o que ela usa vai atrair espíritos afins e isso vai surtir resultados.

Ninguém disse mais nada e Sofia não fazia qualquer expressão de satisfação.

Rute achou estranho a amiga não entender sua colocação. Mas sabia que ela não era obrigada a concordar com o que dizia.

Sempre sofremos as consequências dos pensamentos que abrigamos, das opiniões que temos. Tudo o que nos acontece tem origem na nossa ignorância, por falta de opinião, por falta de princípios e valores morais.

Não podiam perceber, mas, na espiritualidade, Lucídia abraçava Sofia, oferecendo opinião e sugestões em nível de pensamentos.

Mesmo quando o assunto mudou, Lucídia permaneceu junto de Sofia, afinando-se para induzi-la quando necessário.

Ela demonstrava-se insatisfeita. Todo assunto lhe causava contrariedade e isso ficava nítido.

Um pouco mais tarde, percebendo que a amiga não estava muito a fim de conversar, Rute decidiu:

— Bem, meninas... A conversa está boa, mas preciso ir. Está tarde e amanhã vou levantar bem cedo.

— Está de carro? — indagou Sofia.

— Não. Vou ligar pro Yuri e pedir para me pegar. Meu irmão está aqui perto.

— Peça para ele subir. Vamos comer alguma coisa — foi o único momento em que a anfitriã pareceu se animar.

— Hoje não. Já é tarde. Ele está na casa da Roxana. Me deixou aqui antes de ir para lá.

— Eles voltaram? — perguntou em um tom surpreso e decepcionado.

— Voltaram. — Um instante e decidiu: — Bem... Deixe-me ligar.

Rute telefonou.

Em pouco tempo, o irmão chegou e ela se foi.

Capítulo 14

Não basta oração, atitudes são necessárias

Toda a movimentação ocorrida nos últimos dias, por causa do retorno de Valéria, deixou Sofia um pouco mais ativa. Menos depressiva.

Quando a rotina a chamou à realidade que vivia, as dificuldades passaram a pesar muito.

Valéria estranhou ver a irmã sem ir trabalhar ou cuidar de assuntos referentes aos seus negócios, por isso perguntou:

— Não vai para a loja hoje?

— Estou sem serviço — respondeu e sorriu, timidamente.

— Como assim?

Sofia contou tudo e um desânimo a dominou ao dizer:

— Não sei o que fazer. Não tenho ideia por onde devo começar de novo.

— Por que não vende esse apartamento e volta para a casa do pai e começa tudo de novo? — sugeriu Valéria.

— Terei muita dificuldade para vender esse imóvel por causa das dívidas que estão em meu nome. Se eu encontrasse alguém que...

O telefone celular de Sofia tocou e ela pediu licença para a irmã a fim de atender:

— Oi, Gustavo. Tudo bem com você?

Valéria foi para o quarto, deixando-a conversar à vontade.

Remexendo em sua pequena bolsa, encontrou, novamente, o folheto com a mensagem de Francisco Cândido Xavier.

Olhou-o por um tempo e leu novamente.

Emocionou-se.

Chorou um pouco e fez breve retrospectiva de sua vida.

Como tudo havia mudado. Começou entender o quanto foi fraca para deixar aquilo tudo acontecer. Não só fraca, mas também ingênua.

Como fazer agora para ganhar força? Como se reerguer?

Não tinha nada, a não ser o apoio da irmã. Porém, depois de tudo o que Sofia contou, percebeu que não poderia ser ela mais um fardo na vida dela.

Lembrou-se dos pais. Eles a apoiariam e a aceitariam de volta. Entretanto não gostaria de ser um peso na vida dos dois. Já bastavam todas as situações difíceis que enfrentaram.

— Meu Deus... Meu Jesus me ajuda! — murmurou. — Preciso me reerguer. Preciso acordar. Quero me libertar dessa prisão, desse medo, dessa dor. Quero deixar de ser vítima para ser alguém com fibra, com empenho e atitude. Me ajuda, meu Deus! Me ajuda! Quero retomar minha vida, deixar de ser ingênua e imperfeita, deixar de ser acomodada e improdutiva. Quero liberdade, em vez de proteção. Liberta-me da vaidade e do orgulho. Sim, meu Deus, entendo que foi o meu orgulho que não me deixou ver os sinais a caminho da prisão em que me deixei prender. Lembro-me de quando meu pai me procurou orientando para eu me melhorar... Quando a Sofia me alertou para o caminho difícil a que eu me entregava e eu, orgulhosa, não dei atenção. Acreditei que só eu estava certa. Só eu tinha razão. Quanta ilusão! Nunca cultivei religião alguma, mas hoje vejo que não estive abandonada. Sei que olhava por mim e esperou, pacientemente, eu cair de joelhos e rogar ajuda... — chorou. — Hoje sei que enviou um anjo para me dar esse folheto com essa mensagem... Isso movimentou a minha fé, que foi a única coisa que me restou. Alivia minha alma, Senhor. Tire de mim essa angústia. Fortalece a minha fé... — dizia chorando, entre lágrimas e soluços. — Revele sua vontade soberana e sua misericórdia para que eu tenha forças e saiba o que fazer. Quero e vou mudar! Com suas bênçãos farei isso da melhor forma. Ilumine minha consciência para que eu saiba vencer os obstáculos em Seu nome. Converter o medo em coragem, o ódio em amor, a mágoa em perdão...

Seu murmúrio cessou. Equipe espiritual, atraída pelo chamado de seu mentor, aproximou-se durante a conversa que se transformou em prece.

Benfeitores a cercaram impostando-lhe energias, fluidos curativos e recompondo-lhe as forças físicas e psicológicas.

Valéria nada viu. Não demorou e sentiu-se melhor, sem entender.

Secou as lágrimas e experimentou a recomposição por uma prece. Algo de que sempre se lembraria, pois se cravou em sua alma o poder de uma bênção pela súplica da fé e da esperança.

Por vaidade, acreditando que não precisaria cuidar do lado espiritual, achando desnecessário se elevar a Deus, havia se voltado ao materialismo, ao cultivo do belo, esquecendo-se de agradecer.

Evolução é Lei sagrada a qual toda criatura está sujeita.

A vida contemplativa não traz crescimento espiritual nem agrada ao Criador. Temos deveres a serem cumpridos no caminho evolutivo e, quando não nos movimentamos e estagnamos para apreciar o que nos dá prazeres físicos e emocionais, a consciência nos cobra e, com a Lei de atração, atraímos para nós situações que nos provocam dores morais, emocionais ou físicas a fim de que nos voltemos aos princípios para que tenhamos valores e saibamos agir com retidão, amor verdadeiro e fé.

Embora ainda triste, Valéria estava envolvida por energias vigorosas. Levantou-se, parecendo mais animada, quando a irmã chegou ao quarto.

Olhando para Sofia, sorriu de modo agradável e decidiu:

— Vou voltar para a casa do pai.

— Por quê? Como assim? — surpreendeu-se, mesmo sabendo que seria o melhor para ela.

— Você já tem problemas demais, Sofia. Preciso retomar minha vida. Lá acredito ser um bom lugar para recomeçar. Você avisou a eles que eu estou aqui?

— Não. Você pediu que eu não dissesse nada. Não queria que a vissem com as marcas roxas.

Fitaram-se, longamente, até que Valéria sorriu e decidiu:

— Vou me arrumar e vou pra lá.

— Se quiser ficar aqui... Será bem-vinda. Gosto da ideia de tê-la como companhia.

— Obrigada — sorriu delicada. — Mas quero voltar. Acho até que você deveria fazer o mesmo. — A irmã não se manifestou, e ela pediu: — Pode me emprestar uma grana para condução?

— Claro. Só não a levo porque meu carro ainda está no conserto.

— Eu sei. Não se preocupe. Será bom ir de lotação. Rodar um pouco pela cidade, vai me fazer bem.

— Não. Vai de táxi.

— Que é isso... Para mim, atualmente, táxi é muito luxo! — riu.

Valéria se encorajou. Pegou suas coisas, despediu-se da irmã com um forte e carinhoso abraço e se foi.

* * *

O caminho até a casa de Ágata e Bernardo foi feito com tranquilidade. O tempo gasto gerou longa reflexão.

Às vezes, Valéria sentia uma sombra de medo passar por seu rosto. Algo como um frio estranho. Mas nada nem ninguém iriam inibi-la de um novo recomeço.

Precisaria reunir forças do cerne de sua alma para prosseguir de onde parou. Mas não estaria sozinha. Sua fé seria sua fonte de energias elevadas. Enquanto que amigos espirituais, benfeitores a serviço do Mestre, sempre a amparariam na nova jornada evolutiva.

* * *

— Valéria!!! — exclamou a mãe sob o efeito de um susto ao ver a filha parada no portão.

Sem palavras, abraçaram-se por longo tempo.

Entraram.

Bernardo chegou à sala e foi para junto da filha que se curvou e o abraçou.

Ela não conseguia parar de chorar. Nem a mãe.

Após algum tempo, recomposta, acomodada no sofá ao lado da mãe e em frente ao pai, pediu emocionada:

— Me perdoem...

— Do que, filha? — o senhor perguntou.

— De tudo o que fiz vocês sofrerem. Perdão pela decepção, pela ausência, pela angústia... Me perdoem — chorou.

A mãe a abraçou e a puxou para junto de si, enquanto o pai a afagou nos braços.

Observador, Bernardo perguntou sem rodeios:

— Você foi agredida?

Erguendo-se, secando o rosto com as mãos, Valéria respondeu:

— Estou machucada de corpo e alma. Vou mover uma ação contra o Éverton. Chega de covardia da minha parte. — Um momento e disse: — Queria que me aceitassem de volta. Vou precisar de ajuda para recomeçar.

— Claro, filha. Nem precisa falar — afirmou a senhora.

— Eu estava no apartamento da Sofia desde a semana passada. Ela me acolheu. Pedi para que não comentasse nada com vocês, pois não queria que me vissem e... — emocionou-se novamente.

Ela estava disposta a uma vida nova. Demonstrava-se mais madura e determinada.

Recompondo-se, forçou um sorriso, que pareceu tímido, e contou:

— Faz um tempo, eu ganhei de um taxista um folhetinho com uma mensagem. Um dia, quando eu estava muito, muito abalada, peguei esse folheto e li. Comecei a pedir forças e a orar... Apesar disso eu não sabia o que fazer. Como é que a gente sabe que Deus dá forças? Como é que se sabe que nossa prece está sendo ouvida? Então o interfone tocou e eu tive um impulso de coragem. Eu vivia trancada e, nesse impulso de coragem, peguei uma chave extra e desci até a portaria. Conversei com o porteiro que me falou sobre tomar uma atitude. Entendi que aquilo era um sinal do Alto. Se foi um amigo espiritual, meu anjo de guarda ou mentor, como o senhor diz... Não sei. Gosto de pensar que foi Deus. Compreendi que minha experiência ali, naquele cativeiro, precisava terminar. Eu tinha de assumir o controle, o domínio da minha vida e, para isso, necessitava me libertar. Subi e peguei uma muda de roupa. Achei algumas moedas para a condução e saí de lá. Decidi procurar a Sofia, porque o porteiro falou dela. — Breve pausa. Olhou para o pai que, à sua frente, segurava sua mão entre as dele e disse: — Teve um dia em que eu estava sem ânimo. Emburrada como a mãe diz... Eu tinha brigado com o Flávio por causa dos fones de ouvido e... O senhor foi lá, no meu quarto, e me disse uma coisa que... — ofereceu pequena pausa pela emoção. — Naquele momento eu não dei atenção, mas depois... Nos últimos dias, aquilo tudo fez todo o sentido. O senhor me falou que o meu exterior era o reflexo de meu interior. Embora eu estivesse sempre bem arrumada, limpa, cabelos sempre lindos — sorriu. Seus cabelos sempre foram motivo de orgulho. — Muitas coisas a minha volta estavam desarrumadas. Desmotivada, eu sempre deixava tudo para depois e, de verdade, pai, a gente não tem ânimo para fazer até começar, como o senhor falou. Ainda me disse algo que está martelando até hoje na minha cabeça, sobre... As pessoas de êxito que obtêm resultados felizes ou satisfatórios realizam o que é preciso sem esperar para ter ânimo. Disse que elas saem fazendo as coisas. Se nós esperarmos pelo ânimo para fazer algo, nunca faremos nada. — Um momento e confessou: — Nunca tive ânimo para orar, para ir à igreja ou ao Centro Espírita e fiquei esperando o ânimo aparecer. Porém, pai, Deus, Jesus, os amigos espirituais ou meu anjo protetor não precisaram esperar pelo ânimo para me ajudar, para me dar força, para me inspirar e me socorrer. Não. Eles, meio que saíram fazendo. No momento em que orei, pedi, eles me inspiraram, clarearam minha mente e eu tomei uma atitude. Que lição eu aprendi. Nunca mais quero deixar para depois aquilo que devo fazer agora. Não posso deixar de rogar a Deus e agradecer. É trabalhoso? Sim. Claro. Terei o trabalho de ir ao Centro Espírita ou a igreja. Terei trabalho de parar duas ou três vezes ao dia para me elevar, orar e me voltar a Deus. Mas, como o senhor disse também, quando deixamos as tarefas acumularem, fica pior. Oração, prece, é um trabalho, porque trabalho é atitude, é ação. Trabalho é o exercício físico, mental ou intelectual para se fazer ou conseguir alguma coisa. É o esforço, a luta ou o cuidado ao se fazer uma obra. Trabalho é a própria obra que se compõe ou se faz. Trabalho é a tarefa a se cumprir ou tarefa cumprida. É uma ocupação. Eu preciso me trabalhar na prece. Exercitar minha mente e meu espírito para conquistar uma ligação com Deus. Ocupar minha mente com aquilo que é digno, fraterno, fiel, moral. Isso exige esforço? Sim. Tudo o que tem valor exige esforço, disciplina e dedicação. É necessário se esforçar, se trabalhar para mudar, para ser melhor. — Um momento e prosseguiu: — Um exemplo disso é que, quando queremos comprar algo, adquirir um carro, por exemplo, nós trabalhamos, nos esforçamos para guardar algum dinheiro ou pagarmos o financiamento. Depois ficamos felizes e nos realizamos com a aquisição. Ligar-se a Deus, se ligar a Jesus também exige trabalho, exige esforço. A recompensa disso é a aquisição de paz. Serenidade. E não tem recompensa maior do que sabermos que fizemos o melhor, temos fé e total confiança em Deus. — Recolheu as mãos, secou o rosto, sorriu e falou: — Precisarei de um tempinho para me recompor. Quero ser mais atuante e menos passiva. Quero liberdade dentro dos bons princípios. Quero trabalho. Orientar aqueles que enfrentam dificuldades, assim como enfrentei. Mas, antes preciso começar pelo mais próximo. Começar por mim. Começar me ligando a Deus. Me ligando a princípios elevados para eu ter valores elevados. Devemos ter princípios. Quem não tem princípios não tem valores. — Suspirou fundo e sorriu. Depois, perguntou: — Quando é que o senhor vai ao Centro Espírita? Gostaria de acompanhá-lo.

— Amanhã.

— Posso ir junto?

— Claro, filha. Claro — abraçou-a com carinho e muita emoção.

* * *

Normalmente, em determinada fase da vida, o ser humano se apega a muitas fantasias e ilusões.

Quando se decepciona, frustra-se, sente em sua alma um vazio, resultado dos conflitos íntimos do que fez ou do que deixou de fazer. Porém, à medida que o tempo passa e a pessoa amadurece, ela ganha entendimento e percebe que o ocorrido serviu de instrumento para a sua evolução, desde que não se proponha mais a insistir no que tanto a fez sofrer. A maturidade traz respeito a si e é, então, que a criatura não se permite mais se colocar em situação de sofrimento.

É aí que Deus abre Seus braços paternos recolhendo-nos, mesmo quando estamos cansados, com as mãos chagadas e os pés feridos. Acolhendo-nos na condição de filho pródigo, farta-nos com a ceia de uma vida nova, indicando bons princípios para que possamos aumentar nossos valores.

A insegurança psicológica, a frustração termina quando nasce a fé.

A fé é alcançada nos momentos de elevação, de prece em que rogamos forças, aumentamos nossa luz interior e nos trabalhamos, fazendo com que a esperança na paz e na alegria verdadeira seja nosso ideal.

A oração é a forma como cada um de nós, falamos de nós mesmos para Deus, nosso Pai Criador. Ele escuta, compreende e espera que, em nós, nasçam virtudes a nos fortalecer e guiar pelos caminhos da estrada evolutiva, a fim de lutarmos contra nossas próprias imperfeições, superando nossas más inclinações vindas, muitas vezes, de vidas passadas ou do orgulho e da vaidade da vida presente. Algo necessário de ser derrotado e superado por nós mesmos. Assim, e somente assim, encontraremos a paz e a felicidade verdadeiras.

Aquele que busca paz e felicidade sem esforço e sem trabalhar a si mesmo, corre o risco de encontrar, tão somente, a falsa e temporária alegria. Depois vê-se no vazio da solidão e da dor.

É na fraternidade e na caridade que encontramos trabalho e auxílio para qualificar nosso caráter e nossa moral.

***

Cada um está na experiência de que precisa para se aperfeiçoar, para qualificar seu caráter e sua moral.

Devemos aproveitar o movimento da vida para evoluir. Reclamações, melindres e coitadismo estagnam o ser e atrofiam a evolução, consequentemente, distancia-nos da paz.

Momentaneamente, podemos não compreender o objetivo de uma situação difícil. Entretanto, devemos acreditar que toda experiência faz parte da dinâmica da evolução e é necessária. Sem ela, muito provavelmente, nós ficaríamos acomodados.

Em todo momento, acredite que Deus está contigo, principalmente no instante de prece, pois Ele está. Assim, toda problemática que acreditamos viver, será mais suave e encontraremos as soluções necessárias. Se o trabalho dignifica, o trabalho na prece traz mais dignidade ainda.

***

Com o correr dos dias, Valéria se empenhou em aprender e se cuidar.

Passou a frequentar a Casa Espírita junto com seu pai e se propôs aos cursos para entender melhor o Espiritismo.

Foi um belo e glorioso recomeço.

Enquanto isso, Sofia se entregava às malhas da ilusão.

Ao mesmo tempo, Hélder enxergava possibilidades de mudança e de uma vida melhor. Ele e Rute começaram a namorar.

Saíam, passeavam e se propunham aos estudos no Centro Espírita.

— Já fiz esse curso, mas estou refazendo por sua causa, viu? — Rute brincou como se reclamasse. — Olha o que eu faço por você!

— A verdade é que não consegue ficar sem minha companhia e decidiu fazer o curso para ficar comigo!

Ela riu e o beijou. Estavam se dando muito bem. Dialogavam bastante e se compreendiam. Eram muito sinceros.

— Hélder — ele olhou e ela disse —, sei que temos um compromisso, mas... Você acharia ruim se eu saísse com minhas amigas?

— Claro que não. — Pensou um pouco e argumentou: — Bom... Depende de onde você vai.

— Vamos juntas a um barzinho. Tudo bem pra você?

A proposta o pegou de surpresa e, sem opinião formada, só pensou em dizer que concordava.

— Sim. Tudo bem. — Mas algo não lhe agradou. Não sabia dizer o que era.

— Então, na sexta-feira, vou sair com a Luciana e mais duas outras amigas.

— Tudo bem. Vai lá. Você quer que eu vá te pegar para te levar para casa? — perguntou ainda sentindo algo inquietante.

— Não. Não precisa. A Lu vai de carro e me dará uma carona.

— Quando você voltar, mesmo que seja tarde, me liga para eu não ficar preocupado. Pode ser? — pediu a fim de tentar ficar tranquilo.

— Claro. Ligo sim. Pode deixar.

Estavam passeando em um shopping e passaram em uma livraria. Hélder lembrou-se da irmã que iniciava seus conhecimentos na Doutrina Espírita e decidiu:

— Vou comprar este livro para a Valéria.

Rute sorriu. Pegou o exemplar nas mãos. Leu o verso do romance e comentou:

— Não acredito que a Valéria esteja se interessando pelo outro lado da vida. Ela era tão incrédula! Que bom que isso aconteceu. Agora ela vai abrir seus próprios horizontes.

— Foi o orgulho e a vaidade que não deixaram a mim e a Valéria buscarmos ensinamentos da Doutrina Espírita antes, embora meu pai, principalmente, tenha nos dado muitos ensinamentos e base. Quando

acreditamos que somos fortes, poderosos e que nada ou ninguém vai nos abalar, é o auge do orgulho e da vaidade. Então, só nos resta um caminho, que é para baixo, para o fundo. De alguma forma, acredito que nos sabotamos e decaímos. Atraímos situações difíceis e só nos resta pedir socorro a Deus, a Jesus. A Doutrina Espírita possui embasamento para responder, se não todas, a maioria das nossas perguntas. A mais comum delas é: por que passamos por uma situação difícil?
— E por que você acha que passamos por uma situação difícil?
— Para refletir. Porém nós não conseguimos refletir enquanto tivermos, desesperadamente focados no problema. Primeiro é preciso nos tranquilizarmos. Mas não conseguimos nos sossegar com facilidade, pura e simplesmente. É por meio de uma busca que podemos fazer isso. É quando buscamos Jesus. Quando buscamos o Pai Criador e rogamos por uma luz, por auxílio é que obtemos paz e entendemos o caminho a ser seguido. E para começar a buscar auxílio em Jesus, em Deus é necessário nos despojarmos, nos libertarmos das nossas mazelas, do orgulho e da vaidade. Quando fazemos isso, vemos o quanto somos pequenos e necessitados. Foi o que aconteceu comigo. Foi o que aconteceu com a Valéria. Eu, por exemplo, só levava a vida. Tinha um emprego bom. Não acreditava nas pessoas. Achava que o sofrimento existia porque alguém não se conformava com sua situação... Um belo dia, me peguei preocupado com minha irmã. Algo me incomodava muito. Passei a sentir coisas... Uma espécie de premonição. Não entendi o que estava acontecendo. Comecei a ouvir sem ter ninguém ao meu lado. Era como se alguém falasse comigo dentro de meus pensamentos. Como se eu ouvisse vozes. Depois parava. Desaparecia. Passei a ver vultos ou imagens... Era estranho. Também, às vezes, achava que via dentro da minha cabeça por algum tempo, depois, sumia. De repente, começava de novo. — Sorriu. — Achei que estivesse ficando louco. Tomei remédio para esquizofrenia — riu. — Fui ao médico psiquiatra que nem olhou na minha cara e prescreveu o medicamento antes de esperar meus exames ficarem prontos. Que pena muitos médicos não terem mais informações além das acadêmi-

cas. — Um momento e prosseguiu: — Não me conformava. Na época, foi bem difícil. Achei que estava louco. Queria morrer. Pensei em me matar... Meu orgulho e vaidade me impediram de procurar ajuda e orientação antes daquele pânico todo. Você não tem ideia de como foi difícil procurar a Sofia e contar tudo para ela. Era algo simples, muito simples, mas para quem é orgulhoso e vaidoso procurar orientação é algo medonho. Hoje tudo está esclarecido e... Estou tão bem — sorriu e a abraçou, beijando-lhe o alto da cabeça.

— Graças a Deus! — Rute exclamou baixinho.

— Então!... Vamos levar esse ou aquele outro livro ali para a Valéria? Ela leu o resumo do outro, observou bem e decidiu:

— Este! — sorriu, lindamente, ao levantar o que já segurava. Compraram o livro e se foram.

* * *

Rute sentia-se feliz por viver essa nova fase em sua vida.

Chegou a acreditar que homens dignos e respeitáveis haviam sido extintos. Que não encontraria nunca um companheiro bom e amigo fiel.

Hélder surgiu em sua vida e, até ali, parecia ser uma pessoa de caráter e responsabilidade. Educado, atencioso, e ela procurava corresponder.

* * *

A sexta-feira chegou.

Conforme avisou ao namorado, Rute se encontrou com as amigas em um barzinho.

Luciana estava animada e em companhia de duas outras colegas.

Algum tempo bebendo cerveja e petiscando e Luciana reconheceu três amigos que frequentavam o mesmo lugar.

Os rapazes cumprimentaram a todas e decidiram juntar as mesas.

A princípio Rute não gostou. Não foi isso o que planejou.

Aliás havia dito a Hélder que sairia só com as amigas. Agora não se sentia bem por haver rapazes ali. Não queria reclamar com as moças ou ser indelicada.

Um dos rapazes, Caio, sentou-se ao seu lado.

Simpático, parecia educado e sempre sorria ao lhe dar atenção.

Rute não deu importância quando Caio enchia seu copo de cerveja cada vez que ela bebia.

Aliás, era ele quem sempre brincava e propunha um brinde a coisas ou acontecimentos singulares.

Não demorou para Caio e os outros rapazes pedirem bebidas alcoólicas destiladas.

Passaram, então, da cerveja fermentada à bebida etílica destilada, cujo efeito de entorpecimento e embriaguez é mais rápido.

Muitas pessoas consomem álcool com o intuito de criar coragem e soltar o freio moral, romper laços com a educação e agredir, direta ou indiretamente, os outros.

Na primeira fase, a pessoa fica excitada, no sentido de querer aparecer, destacar-se.

Ainda consciente de seus atos, é capaz de dizer e fazer coisas que, no estado sóbrio, não faria.

Por essa razão, naquela mesa, todos começaram a ficar animados, inclusive Rute.

Associado aos ingredientes que proporcionam sabor, odor e cor diferente, o álcool ou etanol, quando ingerido, é metabolizado no fígado. As moléculas de álcool, conduzidas pela corrente sanguínea, chegam ao cérebro. Nesse órgão, estimulam a liberação de hormônios como a Serotonina – hormônio responsável pelo humor, prazer e ansiedade, conforme sua interação, a sua concentração nos neurônios.

Por essa razão, após a ingestão de bebida alcoólica a pessoa fica desinibida e eufórica.

Quanto maior é a ingestão de álcool, maior é a alteração da química corpórea e dos efeitos físicos.

Sua ação cerebral é devastadora porque, em nível de neurotransmissores, facilita a transmissão da dopamina e é por isso que se sente prazer e se perde a capacidade de controlar a quantidade de beber álcool, pois o ser humano tende a procurar algo para aliviar as tensões e que lhe proporcione sensações de prazer.

Existe o caso em que a pessoa ingere álcool, propositadamente, com a finalidade de cometer atos indevidos, delitos.

Ao contrário do que muitos pensam, o efeito do álcool, no organismo, deprime os mecanismos cerebrais, à medida que o consumo aumenta afetando, primeiro, o pensamento, a organização das ideias, a cognição, a opinião, a sensatez e segundo, os reflexos, os movimentos, a respiração e toda a parte motora. Em casos de muita ingestão, provoca sono e coma.

Muitas vezes, o vômito é uma forma de reação orgânica a fim de proteger o estômago e até os demais órgãos contra os prejuízos do álcool.

Muitos também ignoram que a bebida alcoólica é um psicotrópico por ter o poder de desenvolver dependência, agir no sistema nervoso central e alterar o comportamento de quem o ingere.

Como se não bastassem, esses e outros prejuízos físicos, psicológicos, morais e emocionais, também existe a problemática espiritual.

Para cada copo de bebida alcoólica existe, no mínimo, um espírito esperando pelo usuário a fim de vampirizá-lo em função de seus efeitos.

São entidades, muitas vezes, perversas, inferiorizadas no vício do alcoolismo e que não conseguiram superar suas necessidades.

A maioria com terrível aparência perispiritual, deformados, espiritualmente doentes. Corpos espirituais ainda enfermos, trazendo cânceres expostos no sistema digestivo, deformidades pela cirrose, situações das mais terríveis nos intestinos e vísceras, pancreatite alcoólica, alterações comportamentais, convulsões, demência, múltiplas atrofias cerebrais, atrofia de membros, arritmias desesperadoras e muitas outras deformidades e problemas causados por ulcerações e eviscerações decorrentes do álcool e que por, sua consciência comprometida, continua dando andamento às sintomatologias após o desencarne.

São esses os tipos de companheiros espirituais que se têm quando se ingere qualquer quantidade de bebida alcoólica.

Esses espíritos passam, muitas vezes, a seguir o encarnado que ingere álcool a fim de induzi-lo a beber cada vez mais. O encarnado, então, começa a atrair para si consequências de desajustamentos. Entre elas, o desajustamento nos relacionamentos, desajustamentos familiares como a insatisfação, a agressividade, intolerância, o desrespeito, entre outros.

Aos poucos, aparece a falta de um bom relacionamento no trabalho, mau ou péssimo rendimento das tarefas e atribuições, atrasos, faltas, acidentes e muito mais.

Muitas criaturas passam a entrar em estado depressivo e acreditam que ninguém mais as entende.

Algumas começam a cometer desatinos, sexo excessivo ou ausência de sexo, sexo transviado, prostituição, sexo banalizado e se afundam, cada vez mais, no antro das degradações humanas, porque a ingestão de álcool desinibe a criatura que já está com baixa autoestima e não se valoriza mais.

De um modo geral, ao longo do tempo, a maioria perde a fé em Deus, nas religiões, filosofias e, se for médium então... Lembrando que todos somos médiuns em maior ou menor grau.

Além disso, bebidas alcoólicas e drogas podem desencadear transtornos psiquiátricos em quem tem tendência a eles.

E foi então que, logo após os primeiros efeitos, na primeira fase de alcoolização, Rute começou a se sentir mal.

Apesar disso, continuou participando, aparentemente de modo normal, da conversa.

Todos estavam bem falantes. Vez ou outra, alguém contava uma piada ou acontecimento engraçado. E os risos cresciam.

Caio, ao lado de Rute, às vezes, tocava seu braço sobrepondo-lhe a mão para chamar-lhe a atenção antes de dizer algo. Ela não gostava, porém não se manifestava. Até que, em determinado momento, o rapaz sobrepôs a mão em sua perna e a alisou.

Rute sentiu-se mal ao sentir a mão do outro sob sua saia. Constrangida, muito confusa, não sabia o que dizer nem como agir. Ninguém à mesa demonstrou ter percebido.

Ela se levantou, disse que iria ao banheiro. Pegou sua bolsa e assim o fez. Estava tonta. Atordoada.

A música em volume alto era ainda mais perturbadora, provocadora de transe pelas batidas.

Sentia seu peito apertar e um nó na garganta.

Lembrou-se do caso da noiva de seu irmão. Do quanto Roxana havia se deixado influenciar e como uma atitude impensada tinha prejudicado sua vida. Foi difícil Yuri perdoar-lhe e, ainda assim, o romance entre eles não estava bom como antes. Via o irmão desanimado.

Rute sentiu-se humilhada, agredida.

Caio, que mal conhecia, não tinha sido digno. Tratou-a como uma qualquer. Ela não tinha dado liberdade para ele passar a mão em sua perna.

Ou tinha?

A partir de quando ele começou a servi-la com bebida, de quando não reclamou que a tocasse no braço... Tinha sido uma aprovação para que ele prosseguisse?

Poderia tomar alguma providência. Conhecia tanto sobre Leis de proteção à mulher. Sentiu-se tão humilhada.

Cadê a coragem?

Estava embriagada e sabia disso.

— Droga! Eu não deveria estar aqui! — murmurou sozinha, sentindo-se muito mal com o ocorrido.

Abriu a bolsa, pegou o celular e ligou:

— Hélder! — chamou ao ser atendida.

— Oi! Tudo bem?

Estava muito tonta por causa do efeito do álcool. Nem sabia o que dizer.

— Não estou muito legal. Será que você pode vir me pegar?

— Pensei que já estivesse em casa. Onde você está? — ele se preocupou.

Rute deu o endereço.

Ficou aguardando, ali no banheiro, para que desse tempo suficiente de o namorado vir pegá-la.

Após longos minutos, pegou dinheiro em sua carteira e voltou até a mesa onde os demais nem deram conta de sua ausência.

Gritou para poder se fazer entender, por causa do volume alto do som. Entregou o dinheiro na mão de Luciana, a fim de ela pagar sua parte nas despesas.

Não ofereceu tempo para que alguém lhe fizesse perguntas.

Despediu-se de uma forma geral e se foi.

Capítulo 15

Sob efeito do álcool

Rute saiu do estabelecimento e caminhou pela calçada para chegar à esquina onde ficou de encontrar Hélder.

Passou em frente a outros bares e observou moças e rapazes, visivelmente, alcoolizados. Falavam alto, riam escandalosamente. Diziam palavrões do mais baixo nível para expressar uma simples emoção.

Ela sentiu-se tomada por um medo inominável.

Via pessoas se esfregando, vulgarizando-se, desvalorizando-se em todos os sentidos morais.

Caminhou assustada. Não sabia o porquê.

Um toque de buzina e olhou.

Reconheceu Hélder ao volante do carro. Atravessou a rua. Entrou no veículo e pediu, sem antes cumprimentá-lo:

— Me tira daqui, por favor.

— O que foi? Aconteceu alguma coisa?

— Não. Nada. Mas... Vamos embora.

Hélder obedeceu, tomando o caminho da casa da namorada.

Diante do longo silêncio, o rapaz perguntou:

— O que houve para você estar assim?

— Estou me sentindo muito mal.

— O que você tem, Rute? — insistiu, bem preocupado.

— Pare o carro!

— Como?!

— Pare o carro! Estou passando mal!

Ele parou. Ela abriu a porta. Desceu e encostou a mão em um poste próximo e vomitou.

O namorado desceu e foi para perto dela, mas não tinha o que fazer.

Alguns minutos e Rute se recompôs um pouco. Voltou a se sentar no automóvel e Hélder ficou observando-a. Concentrado nela, ficou insatisfeito.

Depois, entrou no veículo e continuou o destino.

* * *

Ele estacionou e desceu.

Contornou o veículo e abriu a porta para a namorada. Estendeu-lhe a mão e a ajudou a sair.

Já na sala, ela se sentou no sofá e ele, em pé ao seu lado, perguntou:

— Você bebeu todas, não foi?

— Desculpa. Nunca me senti tão envergonhada — expressou-se, falando mole.

— Rute! Isso são horas, filha?! — preocupada, dona Leila perguntou chegando à sala, arrumando o robe que vestia.

— Ai, mãe... Não sei o que foi — fechou os olhos sem olhar para a mulher. Estava com os pensamentos atordoados e constrangida também. Encostou no braço do sofá e encolheu os pés.

— Liguei para o seu celular e não atendeu. Não liguei para você, Hélder, porque não tinha o seu número — falou olhando para ele. Voltando-se para a filha, reclamou: — Por que bebeu assim? Você não é de fazer isso! — esbravejou. — Até pedi para o Yuri ir atrás de vocês, mas ele nem sabia onde. — Virou-se para o rapaz, novamente, e se queixou: — Por que deixou minha filha beber tanto?

— Eu não estava com ela, dona Leila — defendeu-se ele. — Ela me disse que iria sair com as amigas e só iria mulher e... Fiquei de fora. Até porque não gosto de bares.

— E você deixou que ela fosse sozinha?!

— A Rute é maior de idade, dona Leila. Além disso, ela já saiu sozinha antes com as amigas.

A mãe não se conformava. Nunca tinha visto a filha daquele jeito.

— Levanta, Rute! Vai tomar um banho frio.

Hélder a ajudou a se erguer e a conduziu até o banheiro enquanto a mãe foi pegar as roupas da filha.

Yuri acordou por causa da movimentação na casa. Levantou para saber o que estava acontecendo e o amigo contou.

— A Rute não é disso. Não é de beber assim. Toma um ou dois chopes. Não mais.

— Mas seu estado, hoje, é de muitos chopes e algo mais — tornou Hélder, que não parecia nada satisfeito.

— É... Dá para perceber — concluiu o irmão.

— Não gosto disso, Yuri.

— Nem eu.

Olhando seu relógio e vendo que não adiantaria ficar ali, Hélder decidiu:

— Já vou indo. É bem tarde... Digo, cedo. Não vou ajudar em nada. Quando ela sair do banho, provavelmente, vai dormir. Até!... Mais tarde, eu ligo.

— Certo. Está bem.

— Diga a sua mãe que deixei um tchau.

— Beleza!

Despediram-se e Hélder se foi.

* * *

Bem mais tarde, pouco antes do horário do almoço, Rute acordou.

Ainda sentia tontura, estômago embrulhado e uma dor de cabeça terrível.

Levantou-se. Estava com uma toalha enrolada nos cabelos umedecidos do banho que tomou de madrugada.

Tirou a toalha e soltou os cabelos pretos que lhe cobriram os ombros e parte das costas.

A cabeça pulsava.

Foi para perto de uma cômoda, a abriu e pagou um analgésico. Tomou um comprimido com a água que havia no copo sobre o criado-mudo.

Sentou-se, novamente, e segurou a cabeça com as mãos, apoiando os cotovelos nos joelhos.

Poucas batidas à porta e a voz de Yuri pediu:

— Posso entrar?...

— Entra — permitiu com a voz rouca.

O irmão entrou. Sentou-se ao seu lado e perguntou:

— E aí? Como está?

— Péssima... — sussurrou.

— Que vexame, hein!

— Cala a boca... — sussurrou, novamente.

— Cala a boca, nada! O que deu em você?! Não é de fazer isso. Bom... Não que eu tenha visto — riu, para provocá-la.

— Você não está me ajudando em nada.

— Estou sim. Estou fazendo você se arrepender para não fazer isso de novo. — Rute não respondeu e o irmão contou: — O Hélder saiu daqui decepcionado. Já ligou três vezes.

— Ele ligou?!

— Ligou, sim. Três vezes — repetiu.

— Droga! — ela exclamou, murmurando.

— Disse que vai passar aqui mais tarde.

— Pisei na bola, né? — Rute falou, olhando para o irmão com uma expressão de arrependimento.

— Pisou mesmo, maninha.

— Lá no barzinho aconteceu algo muito chato e... Não costumo beber assim.

— O que aconteceu de chato? — o irmão quis saber.

Rute pensou um pouco e se calou, dissimulando:

— Agora tenho certeza de que onde tem bebida sempre tem quem dá vexame. Lembro que vomitei quando o Hélder me trazia.

— No carro dele?! — fez cara de nojo.

— Não, né! Deu tempo de pedir para ele parar.

— Nossa! Que ideia ele não deve fazer de você, não é mesmo?
— Não enche, Yuri! — zangou-se.

Nesse momento, Thor, o cachorro da família, entrou no quarto e ficou abanando o rabo para Rute que esfregou um pouco sua cabeça fazendo-lhe um carinho.

O cão lambeu-lhe a mão. Yuri também o agradou e chamou:

— Vem, amigão! Agora chega. Não precisa mais lamber a boca dela. A Rute está acordada e não vai deixar. Vamos combinar que, da próxima vez, você lamberá enquanto eu filmo para jogar nas redes sociais da internet e...

— Some daqui, vai! — ela esbravejou e lhe jogou um travesseiro.

Yuri se desviou do travesseiro jogado e riu, enquanto o cachorro o seguia, remexendo-se e fazendo festa. Quando ele latiu alto, Rute reclamou:

— Estou com dor de cabeça... Por favor...
— Vem, Thor! Vamos passear! Vamos!

O cachorro entendeu e latiu mais, saindo do quarto atrás do rapaz.

* * *

Rute procurou se recompor ao máximo.

Banho frio, remédio, comida, café forte e outros cuidados só davam a sensação de acordada, ou seja, mantinham-na desperta, porém com todos os efeitos da embriaguez. Seriam necessárias de seis a oito horas para que o álcool perdesse o efeito no organismo, podendo, ainda, deixar órgãos sequelados e sob o efeito dos estragos causados.

Não há ninguém livre dos efeitos do álcool e não existe esta ou aquela bebida fraca.

Já escurecia quando Hélder chegou à casa da namorada.

Recebido por dona Leila, que não estava risonha como de seu costume. Sentia-se constrangida pelo ocorrido. Ele a tratou com normalidade.

Thor também foi recebê-lo e o rapaz brincou com o cachorro antes de entrar.

Já na sala...

— Vou chamar a Rute. Você espera aqui?

— A senhora acharia ruim se eu fosse até o quarto dela para conversarmos? — perguntou bem sério.

— Vou perguntar para ela. — Bem séria, dona Leila foi até o quarto da filha. Bateu à porta e entrou. Sem demora, disse: — O Hélder está aí. Ele quer vir aqui para conversar com você.

Rute estava arrumada e pronta para ir recebê-lo na sala.

— Conversar aqui? Por que aqui?

— Não sei. Ele não me pareceu com a cara boa — falou em tom zangado. — Você também, né!

— Manda o Hélder vir até aqui, mãe. Por favor... — pediu, sentindo a adrenalina correr em seu corpo anunciando um medo incontrolável.

Estava gostando dele. Tinha certeza. Agora, além de vergonha, tinha medo de perdê-lo.

Não era seu feitio se embriagar. Talvez, Hélder não soubesse e não entendesse isso.

Aqueles segundos de espera foram os mais cruéis e longos.

Algumas batidas à porta e ele espiou pedindo:

— Posso entrar?

— Oi...Claro. Entra — sorriu, constrangida e foi ao seu encontro.

— Oi.

Ele lhe deu um beijo rápido nos lábios. Afagou seu rosto com carinho, ao mesmo tempo em que a olhou por longos segundos. Depois indagou:

— Você está melhor?

— Bem melhor. A cabeça ainda dói, mas não é nada. — Inquieta e ansiosa, não conseguiu esperar e perguntou: — Minha mãe disse que você queria conversar comigo aqui.

— É... — Ele andou um pouco pelo quarto e confirmou: — É pra gente ficar mais à vontade.

Ela pegou uma cadeira e colocou próxima de sua cama. Solicitou que se sentasse e sentou-se na cama em frente ao rapaz.

Hélder respirou fundo, após se acomodar, e sorriu com timidez enquanto Rute ficou sofrendo com a grande expectativa.

— Fala — ela pediu com a voz fraca.

— Gostaria de conversar sobre o que aconteceu ontem, ou melhor, na madrugada de hoje.

— Hélder, por favor, me perdoe — disse com angústia na expressão. Olhando-o nos olhos, pareceu implorar: — Me desculpa. Eu não...

— Espera um pouquinho — interrompeu-a com um tom educado na voz. — Deixe-me contar minha história. Acho que você não me conhece tanto. Assim como eu ainda não a conheço também. — Ofereceu um minuto de trégua. Remexeu-se na cadeira e respirou, profundamente, antes de contar: — Rute, outro dia eu disse que sempre vivi a vida e... Nunca levei nada tão a sério. Lembra? — Ela balançou a cabeça sinalizando que sim, e ele prosseguiu: — Então... Não faz muito tempo, eu saia com uma turma do banco e amigos de outras agências. Ficava curtindo até tarde. Bebia, saía com mulheres... Eu não tinha nenhum compromisso sério com nenhuma. Sabe por quê?

— Não — murmurou.

— Porque elas, pelo menos as mulheres que conheci, não se respeitavam. Era nos barezinhos, nas baladas... Nenhuma se respeitava. Algumas vezes, senti inveja do meu irmão Alex. Ele conheceu a Ivone, minha cunhada. Você conhece?

— Sim. Claro.

— Eles se conheceram na faculdade. Ela sempre foi pessoa decente. Juntos, levam uma vida como a dos meus pais e possuem duas qualidades invejáveis para muitos. Sabe quais qualidades são essas?

— Não.

— Respeito e carinho. — Ofereceu um instante e prosseguiu: — Lógico que existe entre eles opiniões diferentes, mas o respeito faz com que não briguem, e sim conversem. Enquanto que o carinho complementa o entendimento. Respeito é sinceridade, amizade, honestidade. O carinho, eu diria, é a cereja do bolo. — Ela sorriu e Hélder correspondeu ao seu sorriso. — Não gosto de lembrar da vida que eu levava e que me causou muita perturbação. Embora eu tomasse cuidado para não engravidar ninguém nem me contaminar com doenças, todas as vezes que eu saia com uma mulher fácil eu me arrependia. Tinha nojo de mim. Foi, então, que a mediunidade me perturbou. Perturbou porque o meio onde vivia, as companhias que tinha, os amigos com quem saía eram todos de um nível inferior e de acordo com os espíritos que os acompanhavam, lógico. Hoje, apesar de não ter estudado tudo o que preciso, já entendi que temos, espiritualmente falando, companheiros semelhantes aos atos que praticamos. Se você bebe, mesmo que pouco, terá ao seu lado um espírito que suga as energias que produz quando está sob o efeito do álcool. Com toda a certeza, os espíritos favoráveis, dependentes de bebidas alcoólicas, vão querer que você beba mais e mais. Só que a coisa não para aí. Lembro que, muitas vezes, se eu não tivesse bebido, não teria saído e transado com uma ou com outra... Consequentemente, não teria raiva, nojo de mim mesmo depois. Não teria uma problemática psicológica e espiritual para resolver. Quando bebemos, não só os espíritos viciados nos fluidos do álcool se ligam a nós, mas também os espíritos que gostam de brigas, de baixaria, de promiscuidade, sexo casual, prostituição passam a nos acompanhar. Por isso é tão comum ver alguém, sob o efeito do álcool, fazer alguma baixaria, corromper-se, vulgarizar-se e depois ficar com vergonha, pois em seu estado normal, sem os efeitos da bebida alcoólica, não faria nada do que fez. Quando alguém bebe, perde o bom senso, perde o freio moral. Fica agressivo, exibido ou se deixa levar pela animação do momento. Rompe os laços com a educação e os bons princípios. Eu digo isso com conhecimento de causa. Sei o quanto é constrangedor, vergonhoso se olhar no espelho, e para as outras pessoas, no dia seguinte, e lembrar do que fez. E, se houver reincidências, a pessoa começa a perder a vergonha e cria dependência no álcool e estreita ligações com espíritos que se aproveitam dela. Daí, então, é um passo para a perdição, para a desvalorização. A reincidência também vai fazer com que os outros a desvalorizem e a vejam como pessoa não confiável, fraca e que vive dando vexame. Viver a vida, aproveitar a vida, enchendo a cara, é desvalorizar-se. Educar-se, em todos os sentidos, a começar pela postura, pelo seu posicionamento de dizer não ao que não é bom, é evolução. Não precisamos de bebida alcoólica para sermos felizes nem para ficarmos alegres. — Ele fixou-se nela e tocou sua alma através de seu olhar. — Por que precisamos beber? — Não houve resposta. — Qualquer quantidade de bebida alcoólica altera nosso estado psicológico e atrai espíritos inferiores. — Rute abaixou a cabeça e Hélder falou: — Nunca vi meus pais beberem. Na minha casa, não tem bebida alcoólica. Infelizmente, eu experimentei e... Não foi bom. Não quero viver perturbado, como meses atrás, sofrendo, psicologicamente, com sensações estranhas e perturbadoras por causa de espíritos que eu via, sentia e ouvia. — Ofereceu uma pausa. Depois continuou: — Comecei a estudar e educar minha mediunidade e, ontem, ao seu lado, eu fiquei muito perturbado, novamente. Senti uma coisa muito ruim. — Subitamente, perguntou: — Seu pai bebia?

Ela o encarou e respondeu:

— Sim. Bebia sim.

— A bebida alcoólica agrava situações no lar. Provoca a intolerância, a agressividade, sentimento de desvalorização de si e dos outros. È tudo de ruim. Você já viu esse filme, que eu sei. Eu senti o seu pai ao seu lado ontem. Por isso acho bom que faça um tratamento de assistência espiritual e pare, definitivamente, de beber qualquer coisa que tenha álcool. — Em seguida, perguntou: — Seu irmão bebe?

— Não. Nem ele nem minha mãe. Porque viam meu pai beber e... Para eles foi uma lição.

— Maravilha! Pena você não ter aprendido com eles. Mas, ainda é tempo.

O silêncio imperou por longo tempo.

Rute ficou de cabeça baixa refletindo sobre o que ele havia dito. Estava envergonhada pela lição. Chateada consigo mesma, pois, com tanto conhecimento sobre a espiritualidade, deveria ter usado tudo o que aprendeu e se vigiado mais.

Hélder suspirou fundo, novamente, e pediu:

— Depois de tudo o que eu falei, gostaria ainda de propor algo.

— O quê? — perguntou com voz fraca, cabeça pouco erguida e com os cabelos escondendo seu rosto.

— Que tentemos nos dar uma nova chance.

— Como assim, Hélder?

— Eu estava a fim de terminar tudo entre nós. Veja... Eu conheci mulheres fáceis, sem valor, que bebiam, fumavam, desvalorizavam-se com comportamento, vestimenta, trejeitos e outras formas e... Não quero alguém assim do meu lado. Não quero alguém que minta para mim e... Você me disse ontem que iria sair com suas amigas, mas a verdade é que tinham homens lá com vocês. Não é mesmo?

— Sim. Tinha sim. Mas eu não sabia. Aliás, eram amigos da Luciana e que nos encontraram lá por acaso. Não estava previsto para eles irem.

— Não precisa explicar. Não quero saber o que aconteceu ontem. Hoje em dia, tem essa tal Lei para as mulheres e... — riu. — Você é formada em Direito... Sei que homem não pode proibir mulher de fazer nada e isso é justo... — sorriu, tentando deixar o clima menos tenso. — Veja bem, não estou proibindo você de fazer nada. Nem de sair com suas amigas. Só quero pedir que, se for sair, que seja um encontro num shopping, restaurante, café... Sei lá! Vá! Pode ir. Mas, se for para bares ou baladas, eu não vou querer ficar com você. Porque eu sei exatamente o que existe nesses lugares e o que pode acontecer, principalmente, depois do primeiro copo de bebida alcoólica. — Tocou em seu queixo e o ergueu. Passando-lhe a mão no rosto pálido, tirou uma mecha de cabelo dos olhos e a fez encará-lo. Invadindo sua alma com o olhar, falou de modo terno: — Amo você, Rute. Não vou suportar vê-la, novamente, daquele jeito, igual a ontem.

Ela não suportou. Deixou que lágrimas corressem em seu rosto e, quando foi virar a face, ele se aproximou e a abraçou.

— Me perdoa? — pediu com a voz abafada em seu peito.

— Claro. Quero que também perdoe a minha franqueza. Eu disse tudo isso porque acredito que é correto, em um relacionamento, a gente expressar uma opinião para que um conheça o outro e saiba o que vai tolerar ou não. — Breve pausa e ainda disse: — Por isso, ainda peço que nunca me traia, porque eu não vou te trair. Não minta, porque não vou mentir. Não beba, porque não vou beber nem tolerar mulher que bebe. Vou respeitá-la e preciso que me respeite. Vamos ouvir, conversar e nos conhecer sempre. Estou propondo isso porque foi o que vi em relacionamentos duradouros que deram certo. Para fazer isso, é preciso saber que quer ficar junto, ter consciência das responsabilidades e, verdadeiramente, amar o outro.

Ela sorriu, mas ainda estava envergonhada.

— Amo você, Rute.

— Também te amo.

Ele beijou sua cabeça. Afastou-a de si e a encarou, quando segurou seu rosto com ambas as mãos, dizendo:

— Eu quero que dê certo entre nós. Quero muito.

— Eu também. Estou com muita vergonha do que fiz. Prometo que isso nunca mais vai voltar a acontecer. Nunca mais vou beber. Nunca mais vai me ver assim. É o velho ditado: quem não aprende com amor, aprende com a dor.

— Não fique com vergonha. Fique com a lição. Esse sentimento ruim vai passar, mas não se esqueça dele. Nem se esqueça do porquê ele surgiu.

Hélder a puxou para si e a beijou com carinho.

Naquele dia, ficaram, ali, na sala da dona Leila. Ela a acolheu num abraço enquanto ficaram no sofá assistindo à televisão. Não conversaram muito.

Dona Leila não estava nada feliz com o comportamento da filha e isso podia ser visto em seu semblante.

Não teve tempo de conversar com ela e esperou Hélder ir embora para fazê-lo.

Assim que Rute foi para seu quarto se aprontar para dormir, a mãe chegou.

— Posso entrar?

— Oi, mãe. Entra.

A mulher deu alguns passos, olhou em volta, e perguntou:

— O que aconteceu para você fazer isso, Rute?

— Mãe... Na verdade era pra eu sair com minhas amigas. A Luciana, a Cleide e a Hilda. Como já fiz algumas vezes. Mas, lá no barzinho, apareceram três amigos da Lu. Juntaram as mesas. Costumo beber um pouco e parar, mas... Os rapazes pediram bebidas mais fortes e eu misturei.

— Filha, não tem essa de beber pouco ou de bebida mais forte ou mais fraca. Já disse isso pra você. Toda bebida atrai espíritos que vão ficar, ali, te incentivando ou incentivando outra pessoa a pôr mais bebida em seu copo e deixá-la mais animada para beber mais. O espírito fica fazendo isso até conseguir. Ele tem todo o tempo do mundo. — Dona Leila pareceu adivinhar o que tinha acontecido. — Beber é se permitir entrar em um mundo de irresponsabilidade, em minha opinião. Lembra-se da frase: Orai e Vigiai? — A filha acenou positivamente com a cabeça e a senhora comentou: — Quando alguém bebe não se vigia mentalmente. A pessoa vive um estado de idiota e não se freia no que fala, pensa ou faz. Muitas, hoje em dia, deixam-se flutuar na leviandade, nas más paixões e nos prazeres profanos, prazeres que ofendem a si mesmas. Ofendem e maltratam a própria consciência depois que se dão conta do que fizeram. É como se a pessoa se deixasse voltar a um estado primitivo, levar-se por instintos que anulam a razão e a moral. Bebida alcoólica, geralmente, em bares e baladas, terminam com envolvimento sexual sem respeito ou responsabilidade. Eu sei. Não pense que é porque estou com sessenta anos que não sei como está o mundo. Cada dia o número de mulheres e adolescentes que ingerem álcool aumenta mais e mais. Falam que isso não é correto, mas ninguém explica por que. — Breve pausa. — O porquê está no desregramento moral, no vexame emocional, na falta de educação, na falta de princípios, na vulgaridade e no vício. Bebida alcoólica só atrai catástrofe e degeneração de seus órgãos. Quantas mortes criminosas, chamadas de acidentes de trânsito, ocorrem por causa da bebida? Quantas brigas e crimes ocorrem por conta do álcool? Quantos comportamentos levianos que atraem dores morais e doenças existem todos os dias porque a pessoa se sentiu animada para se entregar àquele ato por ingerir álcool? Em todas as classes sociais, encontramos vítimas do álcool. Famílias inteiras são destruídas por causa dele. Profissionais competentes se degradam por conta da bebida. Temos como exemplo as pessoas públicas. Presidentes de países, homens do governo, atores e atrizes, atletas e outros que se fizeram vítimas do álcool e prejudicaram suas vidas, carreiras e reputações. Nós mesmos tivemos essa dor, quando seu pai bebia e nos maltratava ou quando caía na cama embriagado e não dava uma única palavra. Quanta dor, não foi mesmo? — A filha estava sentada e de cabeça baixa. De seus lindos olhos, lágrimas quentes escorriam descendo pela face pálida. Não dizia nada e só ouvia a mãe falar de modo firme: — Embriaguez pode se tornar um vício infeliz. Eu já te disse isso. Já perguntei para muitas pessoas por que elas bebiam e, até hoje, não encontrei alguém que me desse uma reposta razoavelmente racional. E com isso eu só posso deduzir que elas estavam sob influência espiritual muito negativa. O único motivo de se ingerir álcool é desejar o acesso a influências vis, baixas de todos os tipos. A influência espiritual faz uma pessoa beber álcool para se tornar leviana, desrespeitosa, agressiva, exibida ou qualquer outra coisa. Nunca faz uma pessoa ser gentil, amável, educada ou ter qualquer outra qualidade. Quando bebe, é o momento em que a pessoa relaxa todo o cuidado que tem com ela mesma. Bebida nunca trouxe felicidade a ninguém. Só dor, vergonha e desgraça.

— Tá bom, mãe. Chega — reclamou em tom baixo, envergonhado.

— Não chega não! — foi firme. — Sou sua mãe e tenho vivência o suficiente para chamar sua atenção, independente da sua idade, enquanto morar sob o meu teto. E... Quer saber? Mesmo que não morasse. Deus confiou você aos meus cuidados e eu preciso zelar por você ou não cumprirei bem minha missão. — Longa pausa. — Nunca mais quero ver você como vi nessa madrugada. Entendeu?

— Entendi sim. Desculpa. Não vai mais acontecer. Eu prometo — disse levantando, levemente, o olhar envergonhado.

— E eu vou cobrar. Que vexame, Rute! Outro dia, você estava reclamando sobre o fato de não existirem mais rapazes bons, educados e que queriam um compromisso sério. Agora, que encontrou alguém que preenche os requisitos, sai com as amigas, bebe, enche a cara e mostra tudo de bom que faz quando embriagada! — ironizou.

— Ai, mãe... Por favor.

Algumas batidas à porta e Yuri entrou, perguntando:

— Interrompo alguma coisa?

— Não — respondeu a senhora firme e zangada. Virando-se, foi à direção da porta e voltou-se para dizer antes de sair: — Pense muito sobre tudo o que aconteceu.

Ao ver a mãe sair, Yuri indagou:

— E aí? Melhorou?

— Estou melhor — suspirou fundo, parecendo relaxar um pouco mais.

O irmão sentou-se na cama ao seu lado e quis saber:

— Conversou com o Hélder?

— Conversamos. Ai, Yuri... Que coisa feia. Estou me sentindo tão mal!

— Ainda bem! — ele exclamou e sorriu.

— Como assim?!

— Pior seria se você tivesse achado legal ter bebido todas! Por ter vomitado no carro do namorado. Por...

— Não vomitei no carro dele! — enervou-se.

— Fala sério! Foi quase!...

— Não enche, vai. Estou falando sério.

— Eu também. — Um momento e Yuri satirizou: — Eu, que sou homem, em casa, dormindo e você...

— ...batendo pernas.

— Batendo pernas, nada! Batendo os canecos por aí!

— Cretino! —reagiu e riu. Pegou um travesseiro e bateu no irmão que deu o ombro.

— Agora, vem cá. Deixe-me perguntar uma coisa. — Ela olhou e ele indagou: — Aprendeu?

— Ai! Lógico que aprendi.

— Tomara. Porque, se não aprendeu, vai acontecer de novo. Sabe, Rute, tem coisa que se repete na nossa vida até a gente aprender.

— Me lembrei da Roxana. Era para ser só eu e minhas colegas. Ainda estou engasgada. Passando mal. Com uma dor nos sentimentos. — Encarou o irmão. Ele ficou prestando atenção e Rute contou: — Estávamos, lá no barzinho, e apareceram três carinhas amigos da Lu. Juntaram as mesas. Ficamos conversando, brincando. E, no meio disso tudo, eles pediram bebidas mais fortes. Um deles não deixava meu copo vazio e... O cara começou a me dar uma empurradinha com o ombro quando achava algo engraçado e a pôr a mão em mim quando ia contar qualquer coisa e... Depois de um tempo, quando todo o mundo estava bem embriagado, o cara passou a mão em mim... — chorou. — Ai que raiva!!! — exclamou indignada.

— Ficou só nisso? — perguntou Yuri, friamente.

— Ficou sim. Foi só isso, mas... Não é só! Entende? Eu estava de saia e ele passou a mão na minha coxa e subiu!... Me senti vulgar! Uma qualquer! Um lixo! E... E eu não sabia o que fazer! Eu não sabia o que dizer e... — chorou.

O irmão passou a mão em suas costas para tranquilizá-la.

— Vou te falar como homem, tá? — Ela secou o rosto, encarou e Yuri disse: — Quando bebemos, nós relaxamos o lado moral. Daí a influência espiritual começa acontecer. Você deve ter feito algum gesto, falado alguma coisa que fez o cara entender que você se tratava como uma qualquer. Não bastasse o espírito que te influenciou a beber mais e mais, outro espírito inferior, feminino, talvez, e bem vulgar, inspirou-a a não reagir ou não ter postura e posicionamento quando o cara te deu uma empurradinha com o ombro ou colocou a mão em você. Enquanto isso, outro espírito deveria estar junto dele para incentivá-lo a ser mais provocante. É a força da atração da leviandade.

Você deu alguma insinuação, alguma permissão, algum sinal que ele entendeu como leviandade de sua parte.

— Mas eu não!... — ela não terminou porque o irmão a interrompeu.

— Eu sei. Não queria. Não tava a fim. Mas não se posicionou! E ele foi em frente! Homem que não tem caráter, principalmente quando embriagado, age por instinto.

— Não sou vagabunda!

— Eu sei. Mas os espíritos envolvidos com bebidas alcoólicas e todo tipo de leviandade, querem que seja. Não dá para separar. Uma coisa puxa a outra.

— Eu não comentei nada com o Hélder.

— Ele não quis saber? — o irmão perguntou.

— Não. Mas foi como se ele entendesse que algo estranho aconteceu.

— Sabe o que é legal? — Não esperou por resposta. — Para muitas mulheres isso seria algo muito simples. Um cara passar a mão na coxa seria algo sem importância. Mas, para os seus princípios, isso não é correto. Por isso se incomodou. Para quem tem princípios morais elevados, para quem não é leviana, isso não é correto. Essa sua indignação mostra que você é uma pessoa de valor.

— Pode ser, mas não melhora essa coisa ruim que estou sentindo.

— Vai passar. Só procure não esquecer a ponto de deixar acontecer de novo. Uma coisa é você querer sair com um cara e se permitir a um carinho. Outra, é ser usada, leviana e deixar qualquer um passar a mão. Não é esse o seu caso.

Rute pensou um pouco e lamentou:

— Justo eu... Toda cheia de querer ser! Critiquei a Roxana. Falei um monte. Que ela deveria se vigiar mais. Tenho um monte de conhecimento sobre Lei Maria da Penha e... Não fiz nada. Não tomei uma atitude. Que droga!

— Foi um aprendizado. Agora sabe que não podemos criticar ninguém. Não sabemos o que faríamos no lugar da pessoa.

— Ouvi tanta coisa do Hélder.

— Ele brigou com você?

— Não. Falou coisa boa, mas que me deixou tão envergonhada. — Esperou um pouco, sorriu e disse: — Sabe, eu senti que ele está comigo porque gosta de mim. Porque quer coisa séria — sorriu novamente.

— Então, se gosta mesmo dele, respeite-o. Converse sempre. Explique e procure entender. Não grite! — ressaltou e riu. — Homem odeia grito e jeito estridente de falar — riu novamente.

— Já vai puxar a brasa para a sardinha masculina! — riu junto.

Yuri se levantou, curvou-se e a beijou na cabeça.

— Já está tarde. Vou tomar um banho e dormir. Quero dar uma corridinha no calçadão amanhã.

— Vem cá! — Esperou que ele olhasse e perguntou: — Você e a Roxana estão bem?

— Pra dizer a verdade... Não sei.

— Você conseguiu perdoá-la?

— Acho que sim.

— Como acha que sim?

— Decidi dar uma chance. Retomamos o noivado, mas não está como antes.

— Vocês desmarcaram o casamento?

— Não.

— Yuri! Falta pouco! Os meses vão passar rápido!

— É. Eu sei — disse e respirou fundo, ficando com o semblante bem sério.

— Então não perdoou?

— Está acontecendo algo estranho que ainda estou procurando entender. Eu não estou mais pensando no que a Roxana fez. Aliás, eu não estou mais pensando na Roxana. Isso está bem difícil para mim. Não nos envolvemos e...

— Como assim?! — surpreendeu-se a irmã.

— Não estou animado com esse noivado, muito menos com o casamento.

— Você arrumou outra?

— Não! Jamais eu conseguiria trair. Não é meu perfil. É que... Tem alguém que não sai da minha cabeça.

A irmã pensou um pouco, enquanto se olharam por minutos.

— Sofia? — ela perguntou em tom cuidadoso, demorado.

— É — não a encarou. Fugiu do olhar.

— Eu percebi. E percebi que ela também...

— Também o quê? — ficou ansioso.

— Acho que ficou interessada em você também. Queria que você passasse lá no apartamento dela para me pegar e subisse para comer alguma coisa. E pareceu decepcionada quando eu disse que você e a Roxana voltaram.

— Tem certeza?

— Olha, Yuri... Ela sumiu desde quando vocês retomaram o noivado. Não veio mais aqui e quase não dá notícias.

— O dia em que a Roxana esteve aqui eu vi que ela não gostou. Foi para a cozinha com a mãe e ficaram lá conversando. Quando decidiu ir embora, até queria levá-la, mas eu e a Roxana estávamos nos acertando ainda e... — falou baixo, a irmã quase não ouviu: — Me deu uma coisa vê-la ir embora.

— Ah... Por isso ela não sabia que vocês tinham voltado. Ela foi embora antes.

— E ela e o George? — o irmão se interessou.

— Não estão mais juntos. Acabou tudo e faz tempo. O cara, safado, deu um golpe nela que está com dívidas até o pescoço. Até sugeri um advogado que conheço. Mas nem sei como anda o caso. Faz tempo que não converso com a Sofia.

— Será que?...

— Quê?...

— Ficaria mal se eu ligasse para ela? — ele se interessou.

— Ficaria sim, Yuri.

— Por quê? Por causa da Roxana?

— Exatamente. Não é correto.

— Eu quero ligar como amigo.

— Será? — Não houve resposta e Rute aconselhou: — Olha, se não está se sentindo bem com a Roxana, dê um tempo. Seja sincero.

— Eu sempre sou sincero.

— Então use essa qualidade agora, mais do que nunca.

— Por quê?

— Porque se você estiver com a Sofia e surgir um lance... Uma chance de se aproximar... se rolar alguma coisa... Vai ser muita cachorrada com as duas.

Yuri sorriu simplesmente e disse:

— Legal. Valeu!

Aproximando-se, beijou a cabeça da irmã novamente e recomendou antes de sair do quarto:

— Vê se não enche a cara de novo, hein!

— Vai embora daqui!

Ele riu e se foi.

Capítulo 16

Pensamentos não vigiados, adoecem

O dia amanheceu lindamente ensolarado.

A luz, aquela hora da manhã, atravessava as frestas da janela do quarto de Yuri, quando seu telefone celular tocou.

O rapaz se moveu e pegou o aparelho.

Sem olhar no visor, atendeu com voz rouca:

— Pronto!

— Yuri?

Reconheceu a voz e respondeu:

— Oi, Roxana. Tudo bem?

— Tudo. Te acordei?

— Acordou. Acho que perdi a hora. Eu ia mesmo levantar cedo para...

— Ah... Desculpa se o acordei. É que o dia está maravilhoso e eu pensei da gente pegar uma praia. O que acha?

Ele olhou o relógio com os olhos espremidos. Eram 7h.

— Estou acabando de acordar — respondeu.

— Eu passo aí. Tudo bem pra você?

Ele se sentou. Remexeu-se e concordou:

— Tudo bem. Vou tomar café. Aí a gente sai.

— Que bom! — ficou feliz. — Daqui a pouco estou aí. Te amo! Beijos!

— Beijo.

— Você não disse que me ama!... — exclamou, com jeito mimado e riu.

Yuri sentiu um choque correr em seu corpo.

Não queria dizer que a amava. Não era verdadeiro. Mas não gostaria de começar uma conversa daquela por telefone.

— Te amo — falou sem ânimo. — Beijo.

— Beijo! Até mais! — disse Roxana, desligando.

Uma onda de contrariedade o dominou.

Yuri se levantou. Não conseguia pensar em outra coisa a não ser em como falar com Roxana sobre não poder continuar com aquele noivado.

Ficou inquieto e ansioso.

Foi para o banheiro, tomou uma ducha rápida para acordar e depois se dirigiu à cozinha. Viu que ninguém havia se levantado.

Fez um suco de laranja e comeu uma maçã.

Voltou para o quarto, escovou os dentes e lavou o rosto novamente.

Um toque de buzina em frente a sua casa e soube que Roxana estava a sua espera.

Pegou as chaves, o celular e certo valor em dinheiro. Bateu a porta ao sair de casa.

No carro, cumprimentou-a com suave beijo nos lábios.

— Oi, amor! Bom dia! — Roxana exclamou. Estava bem alegre.

— Bom dia — respondeu sem ânimo, suspirando fundo.

— Vamos até o Arpoador?

— Tão longe assim?

— Como tão longe? Precisamos passear. Nos divertir. Variar um pouco. Aliás... — reparou-o e deteve as palavras. — Por que está de agasalho e tênis? Deveria estar de calção! Vamos à praia.

— Não estou a fim. Só vamos à praia.

— Mas, Yuri... Por quê?

— Não estou a fim, Roxana. Isso não basta para você?

Mais séria, sentindo que alguma coisa estava diferente, ela perguntou:

— Por que está me chamando de Roxana? Sempre me chama de Ro.

O rapaz respirou fundo. Não queria mais alongar aquela situação e respondeu:

— Porque preciso ser sincero com você. Não está dando mais. Não consigo mais levar em frente o nosso relacionamento e... Sinto muito.

— Como assim? Sente muito?

— Não deu, Roxana. Não deu.

— Você não me perdoou, não foi?

— Acredito que perdoei sim. Não tenho qualquer mágoa contra você. Só que não estou mais a fim de levar em frente esse noivado.

— Faltam seis meses para nos casarmos!

Olhou-a na alma, através dos olhos, e admitiu:

— Estou sendo sincero. Não posso mais me enganar nem enganar você.

Roxana começou a chorar.

— Por favor, não fique assim — tentou consolar, mesmo sabendo que seria inútil.

— Desce do carro — ela pediu entre lágrimas.

— Vamos entrar. Não pode ir embora desse jeito.

— Por favor... Desce do carro — pediu, educada, novamente.

Yuri respirou fundo e obedeceu.

No instante em que chegou a calçada, Roxana ligou o veículo e se foi.

O rapaz entrou em sua casa. Sentou-se na sala. Mas, logo, decidiu ir à cozinha.

Fez um café e tomou, vagarosamente.

Não deixava de pensar em Roxana, porém suas ideias rapidamente se voltavam para Sofia.

Pegou o celular e ficou algum tempo pensando se deveria ligar ou não.

Consultou o relógio: 9h.

Ligou.

— Alô! Sofia?

— Oi... Yuri? — ela respondeu, perguntando. Não havia olhado no visor do aparelho para saber quem era, mas foi capaz de reconhecer a voz.

— Sou eu. Acordei você?
— Não. Já estava acordada.
— E aí? Anda sumida... O que tem feito?
O silêncio foi longo.
— Sofia? Ainda está aí? — ele insistiu.
—Estou te ouvindo...
— Você está bem? Pode falar?
— Não tenho muito o que falar. Estou desanimada e...
— Quer conversar um pouco? — o rapaz propôs.
— Não quero te dar trabalho — respondeu com voz baixa.
— Vou até aí. Posso?
Ela pensou um pouco e respondeu:
— Vem.
— Até daqui a pouco.
— Até.
Desligaram.
Imediatamente, ele foi até seu quarto, pegou as chaves do carro e saiu.
Em pouco tempo, estava em frente ao prédio onde Sofia morava.
Anunciou-se na portaria e subiu.
No andar...
— Oi. Entra — ela pediu, abrindo a porta.
Yuri entrou.
Sentiu um nervosismo, uma ansiedade invadir-lhe o corpo e a alma. Não sabia se por medo ou insegurança.
Olhou ao redor e ficou com a chave do carro entre as mãos, mexendo como exibição de leve agitação.
Seguiu Sofia até a sala.
Ela usava uma calça de moletom bem folgada e uma blusa igualmente larga que, às vezes, deixava um ombro à mostra.
Sofia sentou-se no sofá sobre uma das pernas.
Estava abatida, bem pálida. Um inchaço nos olhos mostrava que tinha chorado.

— Sente-se aí, Yuri. Fique à vontade.

Ele aceitou o convite e se acomodou a menos de um metro, quase de frente para ela e comentou:

— Estive pensando muito em você. Não tive mais notícias suas e... Como está?

— Péssima — chorou. Secou o rosto com as mãos.

— Não resolveu o problema com sua sócia e seu noivo?

— Não. E o George não é mais meu noivo. — Um instante e, entre o choro, balbuciou: — Eu só faço besteira... Perdi tudo...

— Como assim?! Do que você está falando?

— Eu só me envolvo com quem não presta — lamentou chorosa. Secou o rosto na blusa, tentou se recompor e contou: — O único jeito de eu arrumar tudo, pagar as dívidas em meu nome, seria vendendo este apartamento.

— E então? — perguntou diante da longa pausa.

— Assim que descobri tudo sobre o golpe que aqueles dois me deram, sabe? — Ele balançou a cabeça insinuando que sim. Ela continuou: — Você veio até aqui, me deu a maior força... Bem, naquela mesma época eu encontrei o Gustavo, um amigo do tempo da faculdade. Havíamos perdido o contato. Depois que terminamos o curso ele foi morar no exterior. Um dia nos encontramos, por acaso, na rua. Depois daquele dia, nos encontramos novamente. Almoçamos juntos e eu estava até interessada em um trabalho que ele pudesse me passar. Afinal, precisava de dinheiro. Desenvolvi um projeto para ele e deu certo. Enquanto trabalhava nisso, acabei comentando o que tinha acontecido. Falei que a Vânia, safada, me deu um golpe e o George também... — chorou.

— Calma, não fica assim — pediu, mudando de sofá e ficando ao seu lado.

— Ai, Yuri... — chorou e se inclinou em seu ombro.

O rapaz afagou suas costas e tirou seus cabelos do rosto.

— Calma. Respira fundo e conta. O que aconteceu?

Ela fez o que ele pediu e se afastou do abraço.

— Aconteceu que o Gustavo ficou interessado em comprar este apartamento. Vendendo-o, eu teria dinheiro para pagar tudo o que devo, ou melhor, todas as dívidas que aqueles dois fizeram em meu nome e ainda sobraria uma boa grana até para comprar um apartamento menor.

— Sei.

— Com meu nome comprometido em dívidas, eu não poderia vender este apartamento. O Gustavo sugeriu pagar todas as minhas dívidas. Tudo! E eu venderia este apartamento para ele. O restante do dinheiro ele me daria depois.

— Espere aí! Deixe-me ver se entendi. Ele pagou tudo o que você devia. Você passou este apartamento para o nome dele sem receber o restante do valor?

Sofia respondeu, silenciosamente, com longa crise de choro.

Inconformado, o rapaz a esperou se recompor e insistiu:

— Você não fez isso. Fez?!

— Fiz... — murmurou e chorou.

— Sofia! O que deu em você?!

— Não sei. Quando volto a pensar no que aconteceu...

— E o tal Gustavo? Foi atrás dele? Cobrou?

— Ele viajou para os Estados Unidos. Eu soube que mora lá e só estava no Brasil por pouco tempo... Tempo suficiente para me enganar. O pior é que, antes de viajar, ele vendeu o apartamento. Só me resta um mês para sair daqui.

Yuri se levantou.

Passou a mão pelo rosto, depois, pelos cabelos.

Virou-se para ela, que não o encarava, e não sabia o que dizer.

Irritou-se.

Indignado ao entender o que havia acontecido, ele foi até a cozinha, pegou um copo com água, adoçou e levou até a sala.

Sofia ainda chorava.

Com as mãos trêmulas, ela pegou o copo oferecido e tomou alguns goles, agradecendo:

— Obrigada.

Sentando-se, novamente, quase à sua frente, ele perguntou:

— Por que não consultou alguém? Por que não pediu a opinião de um de seus irmãos ou me consultou?

— Não sei. Não sou burra ou idiota, mas não sei explicar o que me deu. Ele me enganou! Veio com uma conversa tão...

— Vocês se envolveram? — foi direto.

— Não. Quer dizer... A gente começou a ficar e... Não rolou nada. Só carinho e beijo.

— Sei. Mas foi o suficiente para fazê-la acreditar que era um cara respeitável, que gostava de você. O bastante para enganar.

— Eu fui tão burra! Tão imbecil! Até na documentação, a venda foi pela metade do preço que este imóvel vale. Ele conseguiu me convencer, inclusive nisso. Hoje, quando paro para pensar... Como eu pude?!... — Olhou-o nos olhos. Sentia raiva e dor. Angústia e medo. — Perdi tudo, Yuri! Minha vida acabou. Estou sem emprego, sem ter onde morar... Só tenho um mês para sair daqui. Estou acabada!

— As dívidas estão pagas, pelo que entendi?

— Sim. Estão, mas... É tão duro ser enganada. Passei por trouxa. Saber que alguém está se divertindo com a tua cara, em algum lugar, é muito cruel. Estou pensando em tanta coisa.

— O quê?

— Queria matar o Gustavo. Queria... — não completou. — Olha! Olha para tudo aqui! — falava com a voz embargada pelo choro.

— Deveria ter conversado com alguém.

— Fui orgulhosa. Queria resolver sozinha essa situação. Se eu me meti na enrascada, eu mesma poderia resolver tudo sozinha. Mas não. Piorei ainda mais minha vida.

— Sofia, nem sempre nos restabelecemos rapidamente depois de um episódio difícil. Quando estamos emocionalmente fragilizados, precisamos tomar cuidado para não nos envolvermos em situações bem complexas e piores do que a circunstância complicada que nos deixou fragilizado. Entende isso? — Breve pausa e comentou no mesmo tom tranquilo. — Você já estava vivendo um período difícil. Problemas com sua sócia e seu noivo. Talvez, não esperasse ser traída por essas duas criaturas. Levou um choque. Ficou fragilizada. Não havia se recuperado do golpe. Pelo que eu soube, também se afastou de Deus, do caminho religioso que tanto nos deixa centrado, que nos liga ao Alto, aos amigos espirituais que nos querem bem.

— Por que está me dizendo isso agora? Já não basta minha dor? Precisa me deixar mais triste?

— Não quero deixá-la mais triste. Quero lembrar que ainda está fragilizada, por isso deve tomar cuidado com novas decisões, com novos desejos. Querer matar o Gustavo é vibrar no negativo. É ser tão destrutiva quanto ele. Talvez, agora, minhas palavras não façam tanto sentido, porque você está com raiva. E a raiva, como dizem, é beber veneno querendo que o outro morra. A raiva destrói nossa paz.

Silêncio.

Yuri sabia que não adiantaria falar muito.

Ele estava repleto de razão.

Jamais devemos permitir que alguém destrua, em nós, a nossa paz, a nossa alegria de viver. Não vale a pena.

Aquele que fere, magoa, rouba, destrói, de alguma forma, não merece nossa raiva ou nossa mágoa. Merece de nós a compaixão. Porque o ingrato é portador de um grande distúrbio e um profundo transtorno que é a insensibilidade, a ausência de sentimentos bons para com o próximo. E um dia, com toda a certeza, o que fez vai se voltar contra ele porque a própria consciência vai cobrá-lo.

Como nos ensinou Jesus: Não passará um Jota, nem um Til sem que a Terra passe. Vá, diante do altar, deixe ali sua oferenda e reconcilie primeiro com teu irmão.

Quando temos débitos com nossos irmãos, nossa consciência não deixa nossas orações chegarem ao Pai com pureza.

Por essa razão, devemos ter compaixão e perdoar. Não sabemos o quanto precisamos ser perdoados.

Ainda abatida, Sofia falou sem ânimo:

— Entendo e sei de tudo isso que está falando, mas não consigo mudar o que sinto.

— Nesse caso, é preciso que ouça várias vezes e de diferentes formas tudo isso que estou dizendo. Só assim essa energia de raiva e mágoa vai ficar mais branda, mais leve. E é por isso que aconselho ir ao Centro Espírita. Ouvir palestras doutrinárias. Refletir sobre os temas evangélicos. Ligar-se a Deus e pedir uma forma de perdoar. Pedir que Ele a ajude a tirar essa mágoa do coração. O Pai sempre nos ajuda. Acredite. Ir a Casa Espírita vai ajudar incrivelmente. — Diante do silêncio, perguntou: — O que acha?

— Minha vontade é de deitar. Pensar em nada. Meus pensamentos estão acelerados. Parecem doentes.

— E estão. Os pensamentos também adoecem. — Envolvido por seu mentor, Yuri disse: — Sabe, Sofia, muitas pessoas vão para a academia cuidar do corpo. Procuram médicos para ter exames preventivos em dia. Procuram nutricionistas para fazerem uma boa alimentação. Alguns, louvavelmente, já têm entendimento e/ou evolução suficiente e são veganos[2], vegetarianos... Isso é ótimo. Tudo isso é necessário para se ter um corpo saudável. Mas, é pena, ainda, ver que muitos não entendem que a verdadeira saúde está também no espírito, principalmente. Está na paz que vem dos nossos pensamentos. Quando pensamos bem, agimos bem, falamos bem, escolhemos ler e escutar o que é bom, estamos em paz. Estamos bem. Quando não perturbamos os outros e não nos perturbamos, seja com o que for que fizermos, estamos melhor ainda. E a verdade é que não devemos perturbar os outros nem com os nossos pensamentos. Por isso eu aconselho que mude os seus. Você sempre se mostrou ser uma pessoa forte.

---

2 - Nota da médium: Veganismo é uma opção de vida por questões éticas, relacionadas ao respeito dos direitos animais. Ele renuncia qualquer produto de origem animal. Além disso, o vegano não usa ou consome aves, peixes, leite, ovos, gelatina. Não usa roupas de seda, lã, peles couro ou outras que tenham origem animal. Não frequenta circos, touradas, rodeios, zoológico ou qualquer espetáculo que inclua animais. Não compra animais de estimação. Entre outras opções.

Cuidou de se estabilizar, da alimentação, da aparência, do corpo, mas não deu manutenção aos pensamentos positivos na sua ligação com Deus. Não cuidou de seu relacionamento com você mesma, que é a sua paz interior. Acabou abandonando a si para dar assistência aos outros. Podemos auxiliar os outros, mas necessitamos continuar dando assistência a nós mesmos. — Um momento e ainda disse: — Sei que cada um tem o seu tempo para sair da angústia, da dor na alma. Mas sei também que é possível acelerarmos esse tempo.

— Preciso encontrar uma solução agora para o que vivo. Tenho um mês para sair daqui. Estou sem emprego...

— Você tem uma família. Já pensou em procurá-los?

— Já, mas... É estranho ter que voltar para casa.

— Estranho, é o nome que está dando ao orgulho ferido, não é?

Ela só o observou e não respondeu sua pergunta, mas tentou dizer:

— A única coisa que não sai do meu pensamento é... — calou-se. Abaixou a face triste e chorou. Murmurou em seguida: — Quero morrer, Yuri.

Ele pensou um pouco e convidou:

— Quer sair, Sofia? Vamos! Levanta. Vamos dar uma volta. O dia está lindo e uma caminhada vai fazer bem.

— Não. Não quero. Estou me sentindo fraca. Sem ânimo.

— Quer que a leve para a casa de seus pais? Ficar com a sua família vai te fazer bem.

Sofia ficou pensativa.

Na espiritualidade, seu mentor a incentivava aceitar a proposta.

— É na família que, muitas vezes, nós nos acolhemos e multiplicamos forças. São os braços que devem sempre estar abertos e prontos para amar e compreender. Por essa razão é tão importante o fortalecimento, a fé, o amor e a união familiar. Família é uma bênção que Deus criou. Ficar junto aos seus é o melhor remédio nesse momento.

— Acho que vou me trocar.

Sofia foi para o quarto. Demorou um pouco.

Yuri a esperou enquanto apreciava a linda vista da sacada.

Entendeu que Sofia estava apegada demais a tudo aquilo. Seu

tesouro ainda era material e ela não admitia isso.

Quando nosso tesouro é material, corremos o risco de vivenciar grande dor. Quando nosso tesouro é vida e paz, caminhamos com segurança rumo a um destino: o da felicidade.

Yuri respirou fundo, fechou as portas de vidro e voltou para a sala.

Não demorou e Sofia chegou com uma bolsa onde havia algumas roupas.

O rapaz se alegrou. Entendeu que ela ficaria na casa dos pais e estaria mais segura. Protegida de si mesma.

***

Algum tempo depois, Sofia e Yuri chegaram à residência de Ágata e Bernardo.

Ela reconheceu o carro de seu irmão Alex, estacionado em frente à casa dos pais.

Não gostaria que estivessem ali. Aliás, não desejava ver ninguém. Não queria conversar. Muito menos responder perguntas.

Yuri desceu. Contornou o veículo, pegou a bolsa e estendeu a mão ajudando-a a sair.

A passos lentos, caminhou até o portão e entrou.

Percebendo a movimentação, após escutar o ranger do portão, Ágata foi receber a filha.

— Ah! Que surpresa boa!

— Oi, mãe — cumprimentou com simplicidade. Logo disse: — Mãe, o Yuri veio me trazer e...

— É o irmão da Rute! Claro que conheço! — recepcionou alegremente.

— Olá, dona Ágata. Tudo bem com a senhora?

— Tudo bem, filho. E você?

— Vou bem. Graças a Deus.

— Sua irmã está aqui. Acabou de chegar.

Yuri ficou surpreso, mas não disse nada. Havia deixado Rute dormindo quando saiu.

A casa estava bem alegre, enquanto a preparação do almoço era anunciada pelo cheiro gostoso que abria o apetite.

Hélder logo foi recebê-los e cumprimentá-los.

Beijou a irmã. Reparou em seu rosto sem brilho, sem sorriso e abatido.

— Tudo bem? — perguntou baixinho, quase ao seu ouvido, quando a abraçou.

Os olhos dela ficaram empoçados em lágrimas, mas controlou a respiração para não chorar.

Ágata foi chamada para resolver uma situação na cozinha e não reparou.

Sofia se afastou do irmão e ele foi à direção de Yuri para cumprimentá-lo.

Desconfiado, Hélder perguntou:

— E aí, Yuri? Tudo bem com ela?

— Ela não está muito bem não. Achei melhor trazê-la para cá.

Sem dizer nada, Sofia foi para o quarto da irmã onde a encontrou arrumando uma documentação na escrivaninha.

Ao vê-la, Valéria alegrou-se. Alargou o sorriso. Largou o que estava fazendo e a abraçou.

Muito abalada, nesse instante, Sofia começou a chorar.

— Hei! O que foi? — perguntou, fazendo-a sentar na cama.

Acomodando-se ao lado de Sofia, a irmã reparou sua aparência.

O cabelo estava crescido e sem corte. Rosto pálido. Mãos finas, com unhas sem fazer. Abatida. Estava magra e sem muito se arrumar.

A outra secou o rosto e murmurou:

— Aconteceu tanta coisa em tão pouco tempo...

— O que aconteceu? Por que está assim? — quis saber Valéria.

— Eu não gostaria de falar sobre isso agora. Só quero me deitar — disse, sem ânimo.

— Claro. Deita aí — levantou-se e a ajudou a se deitar.

— Quer uma colcha ou...

— Um lençol, por favor — pediu, apesar de estar um dia morno.

Valéria a cobriu e observou quando a irmã deitou de lado apertando, de modo tenso, a ponta do travesseiro onde repousou a cabeça.

Sentou-se do seu lado e a afagou por alguns instantes.

Vendo que Sofia não estava a fim de conversar, deixou o quarto e foi para a sala. Lá, encontrou Yuri, entrosado em conversa com seus irmãos.

Depois de se cumprimentarem, ela o afastou um pouco dos demais e perguntou:

— O que aconteceu com a Sofia?

— Liguei para ela hoje cedo e percebi que não estava bem. Fui até lá e tive certeza. Conversamos um pouco e achei melhor trazê-la para cá.

— Mas o que houve? Mais problemas com o George?

— Não só com ele. — Pensou um pouco e decidiu: — Será melhor que ela conte a você.

Pouco antes de o almoço ser servido, Ágata se preocupou com Sofia.

Fez de tudo para que a filha se juntasse aos demais à mesa, mas não adiantou. Ninguém conseguiu tirá-la do quarto.

A senhora questionou Yuri sobre o que estava acontecendo, mas, como amigo fiel, achou melhor que todos soubessem pela própria Sofia.

* * *

Por sugestão de Bernardo, decidiram deixá-la sozinha e quieta como escolheu.

Sofia não aceitou comer nada. Só tomou um suco de frutas que a irmã levou.

Seu desânimo era tamanho que nem os sobrinhos a alegraram.

* * *

No início da noite, quando as visitas se foram, Bernardo foi até o quarto para conversar com a filha.

— E então, Sofia? Como você está?

Ela se remexeu e precisou de muita força para se sentar.

Nitidamente abatida, não tinha ânimo para conversar.

Forçando-se, respondeu:

— Parece que tudo o que vou fazer é difícil, até falar. — Sentiu os olhos aquecerem pelo surgimento de lágrimas e comentou: — Estou passando por uma situação bem complicada, pai.

— O que está acontecendo? — perguntou o senhor com voz terna. Bem calmo, aproximou-se mais para ouvi-la.

— Sabe os problemas que tive com a Vânia e com o George, não é?

— Sei o que me contou.

— O único jeito para eu deixar meu nome limpo e poder começar de novo seria vender meu apartamento. Eu precisaria encontrar alguém que aceitasse saudar, primeiro, as minhas dívidas para, depois, negociar o imóvel. Daí que eu acreditei ter encontrado a pessoa certa, que confiasse em me dar o dinheiro para eu pagar o que devia e depois vender o apartamento. Essa pessoa me confiaria uma quantia bem significativa. Era um grande voto de confiança. Só que essa pessoa também precisaria que eu confiasse nela. Ela não teria todo o dinheiro para me pagar, no primeiro momento. Disse-me que conseguiria o restante depois de dois meses. Então, eu peguei o valor para saudar tudo o que eu devia e passei o apartamento para o nome dela sem receber o restante. O tempo foi passando e... Essa pessoa sumiu. — Chorou. — Procurei por ela e soube que foi embora do país. Antes, vendeu o apartamento para outro. E esse outro nem foi olhar o imóvel. É um negociador. Agora tenho um mês para deixar o apartamento, pai. Perdi tudo... Tudo o que conquistei. Tudo pelo que tanto lutei... Perdi tudo.

— Mas não perdeu a vida.

— Mas, pai...

— Sofia, preste atenção. Não gosto de fazer isso, mas... Neste caso vou me dar como exemplo. Quando aconteceu aquele acidente comigo e o trator caiu sobre mim, fiquei condenado a esta cadeira de rodas. Foi o momento mais difícil da minha vida. Sua mãe conta como correu para a igreja e pediu para que eu ficasse vivo, mesmo com o diagnóstico de que ficaria paraplégico. Quando voltei do coma, demorou um pouco para eu entender o que estava acontecendo. Meus pensamentos, minhas ideias não estavam coordenados. Tinha dias em que acordava e nem sabia onde estava. Assim que me dei conta de tudo o que aconteceu e olhei para mim sem existir da cintura para baixo, quis também que a outra parte morresse. No primeiro instante, perguntei a Deus porque não morri por inteiro. No segundo instante, olhei para a sua mãe e vi, naquela mulher chorando, uma força, uma determinação, uma vontade de vida. Seja essa vida de que forma fosse. Ela queria que eu vivesse. Tínhamos vocês cinco! — enfatizou. — Sabe o que é isso para um homem que sempre trabalhou duro, debaixo de sol ou de chuva? Sempre trabalhei duro para dar condições suficientemente boas para vocês e sua mãe. Mas, a partir daquele momento, era dependente. Condenado a uma cadeira de rodas. O que é que eu poderia dar? A granja que tínhamos não era o suficiente para manter bem todos nós. Uma mísera aposentadoria, foi o que me sobrou. O que fazer com essa mísera aposentadoria, uma mulher e cinco filhos menores? — olhou-a firme. — Deveria investir ali e confinar vocês àquela cidadezinha no interior do Rio de Janeiro? — Breve pausa. — É lógico que a primeira vontade que dá é a de covardia. Fugir de tudo. Vontade de morrer... — Nova pausa. — Pura covardia! Morrer e deixar vocês e sua mãe à mercê de uma mísera aposentadoria, seria pura covardia. Ficar entregue à depressão, ao coitadismo era pura covardia. — Sofia o encarava e Bernardo invadia sua alma ao olhá-la. — Foi fácil? Não. Não foi. Para um homem ativo e independente, não poderia acontecer coisa pior do que se confinar a uma cadeira de rodas. Eu estava morto, totalmente morto, da cintura para baixo. Mas, o resto de mim estava vivo para alguma coisa e por alguma razão. Eu orei. Orei muito para que Deus me desse forças para descobrir que razão era aquela. Eu precisava de um motivo para viver e percebi que esse motivo eram vocês. — Ofereceu breve instante e continuou: — Pensei que nem sua mãe me quisesse mais com o passar do tempo. Provavelmente, ela quisesse o homem que eu já não era mais. Porém, eu tinha vocês a quem deveria amar, proteger, cuidar, educar, apoiar, ensinar e o que mais fosse necessário e possível eu fazer nas minhas novas condições. Se eu não tinha um futuro, decidi dar a vocês um e melhor do que o meu. Por isso vendemos o sítio, a granja. Mudamos de cidade. Peguei o dinheiro e compramos esta casa. Fui estudar assim que coloquei cada um de vocês na escola. Contabilidade foi o que decidi fazer. Lembro o quanto foi difícil com sol ou com chuva ir para o curso profissionalizante e depender de alguém para empurrar esta cadeira de rodas. Passar por alguns degraus ou mesmo subir escadas. Antigamente, ninguém pensava tanto em inclusão social nem em acessibilidade. Lá na escola, por bênção de Deus, tinha um sujeito que todos chamavam de Gigante. Já sabe por que, né? — sorriu. — Era um sujeito rude, invocado. Mas um rapazinho, franzino e muito simples, da minha sala o procurou e pediu ajuda. O Gigante chegou perto de mim e perguntou meu nome. Eu disse. Ele me levantou, pegou-me nos braços e subiu dois lances de escada, pois minha sala era no primeiro andar. Enquanto o rapaz franzino carregava a cadeira de rodas. Eu agradecia a eles todas às vezes por isso. Sentia-me envergonhado, triste, mas aquela era minha realidade e eu tinha de ser muito grato, gentil e educado com eles. Talvez, para trabalhar meu orgulho. Não sei. Por três meses, foram assim todos os dias. Falaram com o diretor, mas o homem não deu muita importância. Cadeirante, pessoas com necessidades especiais não eram bem vistas.

— Mas o senhor não desistiu. O senhor foi forte. Eu lembro disso.

— Não desisti. Contei com a ajuda desses novos amigos, que carregaram a mim, a cadeira e meu material. Três meses depois, observando que o diretor não se importava, os alunos fizeram um protesto, uma passeata dentro da escola. Só então houve uma mobilização e trocaram uma sala do térreo com a nossa, que era no primeiro andar. Depois alguém, que tinha um pai marceneiro, trouxe uma rampa de madeira que era encaixada no degrau de entrada pelo segurança e isso facilitou minha entrada da rua ao térreo. À medida que fui insistindo, com ânimo, perseverança, alegria, bom humor, amigos e simpatizantes apareciam. As dificuldades diminuíam, os desafios ficavam menores. Mas eu insisti enfrentá-los. Pensei que o estava fazendo por vocês, mas vi, depois, que era por mim mesmo. No meio do curso, um garoto... — riu. — Que tinha idade para ser meu filho. Um menino muito alegre, espirituoso me arrumou emprego na empresa de contabilidade que, também precisou mudar uma sala para o térreo a fim de criar acessibilidade para mim. Os caminhos foram se abrindo. As coisas foram se ajeitando. Sua mãe cuidava de vocês, da casa e das galinhas — riu. — Lembra que, quando viemos morar aqui, ela trocou garrafas por aqueles pintinhos, que viraram galinhas para vender e vender ovos?

Sofia sorriu e afirmou:

— Lembro sim.

— O tempo foi passando e não precisamos mais das galinhas. Eu e sua mãe não nos separamos, como eu imaginei. Ao contrário. Encontrei um jeito de ser o melhor homem para ela, em todos os sentidos que não só no sexo. E não tem nada melhor do que uma mulher satisfeita porque é bem amada, porque se sente querida, porque recebe carinho e atenção. Hoje, os casamentos se desfazem por causa do egoísmo. Os casais não querem mais se doar um para o outro. Acham que um carinho não é importante, naquele momento, e deixam para depois. E perdem o momento. Sua mãe nunca vai reclamar por falta de carinho nem atenção nem ajuda em todos os sentidos. Porque ficar confinado a uma cadeira de rodas, tornou-me o cara mais criativo e de boa vontade do mundo. Sabe por quê? — Ela pendeu a cabeça negativamente e o pai respondeu: — Porque eu tomo iniciativa. Tomo iniciativa e fico buscando um jeito, mesmo que simples, de surpreender e agradar à mulher que amo. Tomo a iniciativa de um carinho, de dar atenção, dar amor... É uma forma de retribuir todos os cuidados que ela tem por mim. Do almoço que prepara, do bolo que faz, da casa arrumada... Sempre estou atento a ela. Quero saber o que está acontecendo e se posso ajudar. Estou presente. Posso estar condenado a esta cadeira de rodas, mas não estou sem iniciativa. Minhas pernas estão mortas, mas minha mente não. — Longa pausa para deixá-la refletir. Depois comentou: — Certa vez o Alex pareceu insatisfeito com o casamento. Ele veio conversar comigo e perguntei: Qual é a sua contribuição na sua casa? Qual é a contribuição para a felicidade do seu casamento? Qual é a sua contribuição para a satisfação de sua mulher? Ele não soube responder. Então eu disse que se ele não tivesse iniciativa, diálogo, se não procurasse entender a sua companheira, não pensasse que outra seria diferente da atual, porque não seria. Superar a dificuldade existente, agora, é o seu desafio para uma vida feliz. Acho que o Alex pensou muito a respeito. Viu suas falhas e conversou muito com a mulher. — Sorriu. — fico muito feliz quando vejo os dois se dando tão bem. E sabe por que deu certo, Sofia? Sabe por que a minha vida e a do seu irmão deram certo?

— Por que vocês tentaram?

— Não. Não tentamos. Saímos fazendo. Eu encontrei amigos que me carregaram, literalmente, no colo para me ajudarem porque eu não desisti e saí fazendo. Você tem a mim e a sua mãe para te ajudar. Pelo amor de Deus, filha! Saia fazendo alguma coisa! Não fique condenada a essa cama, a esse estado depressivo, não! — enfatizava ao falar dando-lhe ânimo. — Tome uma iniciativa e faça algo por você mesma. Se a cabeça está ruim, faça o corpo carregá-la! Gaste essa energia pesada, inútil, prejudicial andando, falando, fazendo algo.

— Pai... Eu não paro de pensar em tudo o que aconteceu!

— Lógico que não para. Sabe por quê?

— Não.

— Porque não deixou que acontecesse algo novo e diferente para ocupar o lugar desses pensamentos ruins. É só por isso que os acontecimentos ruins preenchem todo o espaço na sua mente.

— Meu corpo não reage. Sinto um peso. Uma indisposição. Muita vontade de chorar.

— Todo o peso dos pensamentos, das tensões mentais desaguaram no seu corpo. Vai sentir o coração bater forte e achar que está enfartando, dores por partes do corpo que nem imaginava, fibromialgias... Sei lá mais o quê! Tudo isso, filha, é produzido por sua mente, por razão de seus pensamentos que ficam vibrando na mesma sintonia ruim. Talvez, tenha que trabalhar, em si, o orgulho e a vaidade. Talvez tenha que reconhecer em você a capacidade de recomeçar. Tenho certeza de que pode e vai superar isso. Deus não coloca fardos pesados em ombros leves. O quanto antes parar de se queixar por tudo o que aconteceu, melhor para você. O quanto antes, criar esperança e começar a ter iniciativa e tomar atitudes, melhor para você. Para isso é necessário, muitas vezes, forçar-se, insistir, teimar. Só assim vai sair desse estado.

Lágrimas corriam no rosto pálido de Sofia.

— Será que fiquei presa ao materialismo? Será que sou orgulhosa e vaidosa?

— Se está tão intensamente abalada é porque está com o orgulho ferido. E se o orgulho está ferido, é porque tem orgulho. Não é errado estar satisfeito com o que se tem. Não é errado ser rico e ter posses. É complicado quando a pessoa se apega demais ao que possui e acredita que sua vida está naquilo que perdeu e foi embora. Tudo o que vai embora e for para ser seu, volta. Acredite. Por isso é bom cultivarmos outro tipo de riqueza, independente da riqueza que temos. — Ela o olhou, sem entender. — Falo de outra riqueza, filha. Rico não é aquele que tem tudo o que sonhou para si. Rico é aquele que tem o que dar de si para os outros. — Deixou-a refletir. Depois lembrou: — Antes de tudo isso acontecer, você doava de si para a oficina de reciclagem e aqueles cursos de artesanatos que ministrava. Aquilo era doar de si. Depois deixou de fazer essa doação. Quantas pessoas você alegrou e tirou da depressão ou devolveu uma vida ativa, alegre. Essa é a verdadeira caridade. A doação em dinheiro, não sei se você continuou dando. Mas doar de si, negou-se. Ficou presa ao que tinha. Às lojas, a problemas da vida dos outros... Até eu me sinto culpado, porque eu disse para ir falar com seu irmão, mas... Pedi para falar com ele, não para se esquecer de você mesma. Você se abandonou. Apesar de todas as boas intenções, acabou por abandonar sua ligação com Jesus. Sabe aquela passagem em que o Mestre diz que, quando alguém estiver com fome, com frio, com sede e estiver na prisão e nós irmos visitar, é a ele que estamos dando de comer, agasalho, água e visita? Lembra disso?

— Lembro — falou tão somente.

— Cortou sua ligação com Jesus, quando deixou de doar sua mais rica riqueza! Seu maior bem por meio de um trabalho caridoso, sem dinheiro. O Mestre não quer dinheiro. Ele quer você empenhada em algum trabalho. — Breve instante. — Volte a ter ligação com Deus e com Jesus. Comece com uma prece. Peça perdão pelos sentimentos inferiores. Peça perdão por Tê-los abandonado. Peça que ajude a encontrar um jeito de afastar esses pensamentos ruins. Tome a iniciativa e faça alguma coisa por você mesma. Comece indo à Casa Espírita e a ouvir palestras evangélicas. Isso vai fazer muito bem.

Olharam e viram Ágata e Valéria abrindo a porta e trazendo um colchão.

— Vamos pôr este colchão aqui no chão. Amanhã a gente traz a cama e monta.

Sofia acreditou que estava dando trabalho, mas não disse nada.

Animadas, Ágata e Valéria arrumaram tudo. Elas não fizeram qualquer comentário a respeito de sua estada ali. Sabia que Bernardo já havia falado o suficiente por aquele dia.

— O Yuri é um rapaz tão educado! Falante... — comentou Ágata.

— Gostei desse moço! — concordou Bernardo.

— A criação ajuda a reforçar características boas da personalidade se os pais souberem educar bem o filho — tornou Ágata. — Ele é igual à irmã. Gosto muito da Rute também. Os dois são pessoas bem agradáveis, gentis.

— São mesmo — ressaltou Bernardo.

Continuaram conversando por mais um pouco.

Depois de ver as duas filhas acomodadas, os pais deram boa noite e foram deitar.

Capítulo 17

O passado bate à porta

Valéria sentiu-se bem por ter a irmã ali.

Não queria vê-la triste e depressiva como estava. Acreditava que aquele estado iria passar. Não achou conveniente conversar a respeito do que acontecia. Não naquela hora. A não ser que ela quisesse e tocasse no assunto. Imaginou se tratar dos problemas financeiros que já sabia.

— Está bem acomodada, Sofia?

— Sim. Estou — balbuciou. — Você bem que podia me deixar dormir no chão. Não quero atrapalhar.

— Não atrapalha em nada. Deixa disso. — Logo perguntou: — Quer alguma coisa? Um chá?... — tornou Valéria, desejando que a irmã se sentisse melhor.

— Não. Obrigada.

— Você não comeu nada hoje.

O toque do celular de Sofia chamou a atenção.

Valéria se levantou rapidamente. Pegou o aparelho sobre a escrivaninha, olhou o visor, mas não disse nada. Entregou-o e falou sussurrando:

— Vou ao banheiro. Já volto.

Na verdade, queria que a irmã ficasse à vontade para conversar.

— Alô? — atendeu Sofia.

— Oi! Tudo bem?

— Oi, Yuri. Tudo bem. E você?

— Estou bem. Fiquei em dúvida se poderia ligar. Achei que estava tarde.

— Não. Não está tarde. Fez bem ter ligado.

— Passei um dia bem legal aí com seus irmãos. Espero não ter incomodado. Apareci de repente. Acabei ficando para o almoço. O que sua mãe não vai pensar?

— Não incomodou em nada. Meus pais gostaram de você. Eles gostam de ter gente em casa.

— E você? Como está?

Longo silêncio.

— Do mesmo jeito.

— Estou preocupado com você, Sofia.

— Conversei um pouco com meu pai. Contei tudo o que aconteceu. Ele falou coisas que me deram ânimo. Mas... Assim que virou as costas, voltei a me sentir como antes.

— É aquilo que te falei. Precisa ouvir mais vezes o que é bom para você e de diferentes formas. Vai ser necessário fazer algumas coisas novas para começar a tirar as coisas ruins que te magoam. Tudo ainda é bem recente. Digamos que esse estado é normal. Mas precisa reagir.

— É. Eu sei.

— Tem planos para amanhã? — ele quis saber.

Ela pensou um pouco e respondeu:

— Não exatamente. Quero dar um tempo por aqui. Preciso conversar direito com minha mãe. Quase não nos falamos hoje.

— É justo. — Uma pausa e a chamou para que prestasse atenção: — Sofia?

— Oi.

— Faça uma prece.

— Tá.

— Deveria ir ao Centro Espírita. Iniciar uma assistência espiritual.

— Vou voltar sim. Verdade. Sei que vai me fazer bem. — Um momento e o chamou: — Yuri?

— Fala!

— Obrigada.

— Ora... O que é isso?

— Nessa condição é muito bom ter alguém para ajudar. É bom ter um amigo. Você nem imagina como eu estava hoje pela manhã quando me telefonou. Obrigada, mesmo.
— Não precisa agradecer. Não fiz nada. Agora deita e descansa. Faça uma prece. Ore. Se ligue a Deus.
— Tá bom. Vou fazer.
— Qualquer coisa, se precisar conversar, pode me ligar.
— Ligo sim.
— Durma com Deus.
— Durma com Deus você também, Yuri.
— Obrigado. Tchau.
— Tchau.
Desligaram.
Sofia colocou o celular no criado mudo e se ajeitou na cama.
Sentia-se enfraquecida ao extremo. Desatenta, não fez prece a Deus. Não entregou a Ele a sua alma.
Adormeceu logo. Antes de sua irmã retornar.

* * *

Em seu quarto, Yuri sentia-se inquieto.
Apagou a luz e ficou sob a penumbra de um abajur de iluminação bem fraca.
Sentado na cama, orou. Elevou-se em pensamento e desejo.
Deitou-se e dormiu.
Em poucos instantes, abriu os olhos da alma e sorriu para o espírito Pedro, seu mentor, que correspondeu e o cumprimentou.
— Bem-vindo ao mundo real.
— Obrigado por me receber e cuidar de mim.
— Faço porque é digno dos cuidados que me confiaram. E então, decidiu ser claro com a Roxana, não foi?
— Sim. Eu não consegui mais levar o noivado adiante. Precisei ser sincero.

— Embora algumas pessoas, como ela, acreditem que essa sinceridade seja ingratidão ou vingança, você agiu corretamente — disse Pedro.

— Estou procurando me aproximar de Sofia. Estou ansioso e com medo de que ela me entenda mal.

— Fui eu que o inspirou para procurá-la. Sofia não estava nada bem. Seus pensamentos ficaram confusos e ideias terríveis começaram a ser implantadas em sua mente por Vicente, que deseja destruí-la. Por isso Tássio me procurou e pediu ajuda.

— Obrigado pela inspiração. Como ela está agora? — Yuri quis saber.

— Mais acolhida junto da família. Isso significa proteção.

— Queria vê-la. Encontrar com ela, se possível.

Pedro sorriu ao chamar:

— Vamos.

Em fração de segundos, estavam no quarto onde Sofia dormia.

Yuri olhou para o chão e viu o corpo adormecido de Valéria, que já havia se emancipado e se unido a espíritos mais esclarecidos e afins em sua nova etapa de vida.

Virando-se para a cama onde Sofia estava, ele a viu ainda presa ao corpo.

Fluidos densos, pesarosos, a impregnavam, perturbando e atrapalhando seu desprendimento do corpo físico.

Com energias e vibrações, que lhe eram peculiares, Tássio, espírito protetor de Sofia, auxiliou-a a despertar naquele plano para vê-los.

O perispírito ou corpo espiritual de Sofia, como se estivesse assonorentado e ainda sem entender o que se passava, sentou-se na cama.

A influência dos algozes espirituais, Vicente e Lucídia, criaram pensamentos desequilibrados e confusos, capazes de gerar substâncias venenosas ao corpo e à alma da encarnada.

Matéria escura e gelatinosa, sem forma definida, impregnava os centros de força proporcionando desânimo, ausência de iniciativa e todos os tipos de fadiga para deixá-la sem ação.

— Sofia? — Yuri a chamou, procurando despertá-la.

—Ela virou-se, mas pareceu não vê-lo ou se importar com sua presença.

— Essas energias escurecidas a deixam aprisionada — explicou Tássio.

— Se ela fosse à Casa Espírita, a assistência por meio de passes magnéticos de libertação, dispensados por médiuns passistas equilibrados, ajudaria? — perguntou Yuri interessado em ajudar.

— Sim. Lógico — tornou Tássio. — Passes magnéticos, aplicados por encarnados equilibrados, que exercem a mediunidade com Jesus, que não experimentam, na vida diária, vícios como: fumo, drogas e álcool, vida moral equilibrada, é de incrível ajuda a pessoas no estado de Sofia. A energia do passista, trabalhada por amigos espirituais, é capaz de auxiliar imensamente a desimpregná-la desses fluidos pesarosos. Isso vai ajudá-la a, digamos, tomar um fôlego, clarear os pensamentos e buscar forças interiores para tomar iniciativas e atitudes que irão tirá-la desse estado. Sem dúvida, ela precisa tomar iniciativas e atitudes mentais positivas. Novos pensamentos, palavras e ações.

Aproveitando-se da pausa, Pedro disse:

— Sabe, Yuri, não adianta somente ser espírita, católico, umbandista ou de outra doutrina, religião, filosofia. Não adianta ser vegetariano, vegano, fazer consultas médicas, exames clínicos, malhar nas academias, fazer caminhadas e qualquer outra coisa para ajudar o corpo se não cuidar da alma, do espírito por intermédio da boa conduta mental.

— É verdade — concordou Tássio. — Não adianta o melhor Centro Espírita, os melhores passistas, a melhor assistência espiritual se a própria pessoa continua fazendo a si mesma o trabalho do obsessor. Muitas vezes, é comum assistirmos ao afastamento do obsessor e a criatura encarnada continuar a criar fluidos pesarosos por conta de suas ideias de perseguição, vingança, raiva, mágoa, medo. Por sua falta de atitude e iniciativa na vida. É certo que Sofia, minha protegida, passou e passa por um período de perseguição, de obsessão. Não é importante para mim nem para ninguém, afastar Vicente e Lucídia de Sofia. Se afastá-los, outro, do mesmo nível, ocupará seus lugares pelo nível de pensamento e sentimento que ela cultiva. Meu objetivo é fazê-la crescer, elevar-se e não ser mais atingida por irmãos que merecem, de nossa parte, a compaixão por tamanha pequenez.

— Não os vejo aqui. Onde estão Vicente e Lucídia? — perguntou Yuri.

— Esta casa, se não percebeu, é abrilhantada com a luz do Evangelho de Jesus. Fortalecida com preces, orações, desejos no bem, atitudes que realçam a nobreza dos encarnados que nela vivem. Aqui não se vê a prática do pensamento no mal, no desejo de ferir, zombar, humilhar. Não se assiste, lê ou ouve o que é catastrófico, destrutivo e atrativo para espíritos levianos e maus. Por essa razão, as vibrações vigorosas e benéficas funcionam como algo que repele espíritos de nível inferior. É o caso dos espíritos do nível de Vicente e Lucídia.

Yuri compreendeu.

Sentando-se ao lado de Sofia, ele a olhou com ternura, experimentando despertar em si um sentimento forte, antes adormecido.

— Reaja, Sofia! — Ela o olhou. — você precisa reagir. Ore. Pense em Jesus. Peça forças. Não precisa passar por isso dessa forma. É possível superar o que aconteceu. Não desanime.

— Yuri...

— Oi. Estou aqui. — Abraçou-a com carinho e se apiedou de seu estado. — Vou cuidar de você. Vai dar tudo certo.

— Por que estou assim?

— Porque precisa melhorar seus pensamentos, seus desejos, desapegar do material, do orgulho, acabar com a mágoa. Tudo isso vai proporcionar grande evolução a você como espírito.

Ela recostou em seu ombro. Sentia, no afeto, um pouco de conforto e carinho para aliviar sua dor.

— Yuri? — Tássio o chamou. — Preciso que ajude Sofia a procurar assistência. É necessário fazê-la se elevar. A você ela vai ouvir e atender.

— Farei isso — afirmou o rapaz convicto.

— Vamos ampará-lo. Estaremos com você sempre — disse Tássio. — Ela vai precisar ouvir de você, dos pais, dos irmãos quantas vezes forem necessárias que precisa reagir, tomar atitudes, posicionar-se, ter iniciativas a começar por uma assistência espiritual.

— Pode deixar.

— Com isso vai quebrar o elo que tem com Vicente e se libertar.

Com Sofia envolvida em seu abraço, Yuri a afagou e embalou com carinho por longo tempo e orou.

Os mentores se uniram a ele.

Vibrações vigorosas, arrancadas dos corações amorosos, criaram energias sublimes, começando então a disseminar partículas obscuras e tóxicas, iniciando a desintoxicação perispiritual de Sofia que, apesar de ainda portar fluidos pesarosos, ficou envolvida por novas e sublimadas energias.

Como que adormecida, cercada por renovadas fluidificações, ela estava agora com semblante sereno e foi recolocada de volta na posição do corpo carnal.

Yuri a beijou na face e se afastou, embora o desejo fosse de permanecer ali.

Pedro, seu mentor, conduziu-o de volta a sua casa.

Entristecido com a situação, Yuri perguntou:

— Posso saber a razão de Vicente desejar tanto mal a ela?

— A vocês, na verdade — respondeu Pedro.

— A nós?! Por quê?

— Por ocorrências no passado.

— Eu entendo. Gostaria de saber o que fizemos a ele para que tenha tanto desejo de vingança. Por que ele a atinge e eu sou poupado? Pelo menos, é isso o que estou vendo até agora.

Pedro pensou um pouco e decidiu contar. Sabia que o rapaz não se lembraria de nada ao despertar:

— Em outros tempos, em terras distantes, por costume daquela época, o homem que foi pai de Sofia a prometeu ao filho de um homem rico, em troca de um considerável dote. Naquela época, a mulher não passava de uma mercadoria, principalmente para famílias ricas. A riqueza é uma prova difícil. Muito difícil. Aqueles que dela experimentam, na maioria das vezes, sucumbem, reprovam-se. É com a riqueza que muitos ficam egoístas, orgulhosos e insaciáveis. As necessidades dos ricos são sempre maiores e sempre acreditam que não têm o bastante para si. São provações perigosas e arriscadas, pois as obrigações materiais e morais dos que muito têm são maiores. Aquele a quem muito é dado, muito será pedido.

— Mas... Conta. O que aconteceu? — pediu Yuri curioso.

— Prometida ao filho de um homem rico, em troca de um considerável dote, Sofia ficou revoltada. Jovenzinha, muito bonita e atraente, não aceitava ser objeto de compra e venda — contou Pedro.

— Nós nos conhecíamos?

— Sim. Você era Capitão da guarda e comandava uma fração do exército daquela província. Apaixonou-se por ela assim que a viu pela primeira vez. E foi correspondido. Um homem respeitável, como você, tinha acesso e liberdade, principalmente, junto aos privilegiados que dependiam, muitas vezes, da sua proteção. Então, usou suas regalias para se aproximar da jovem Sofia. Os encontros às escondidas tornaram-se algo constante, encoberto pela ama-seca da jovem, que sonhava com amor igual ao de vocês. Mas, você também estava comprometido. Deveria se casar, em breve, com a filha de outro militar. Essa jovem era Roxana. Você decidiu não enganá-la. Quis ser franco, sincero e a procurou revelando seu amor por outra pessoa, sem mencionar de quem se tratava.

— Eu traí a Roxana?

— Na verdade, não. Assim que se viu apaixonado por Sofia, separou-se de sua noiva. Mas a rejeição de um homem, principalmente naquela época, era algo devastador para uma mulher prometida em matrimônio. Depois que desfez o compromisso com Roxana, foi que começou a se encontrar com Sofia.

— Nossa!... — pareceu sentir um misto de surpresa e decepção.

— Devido ao compromisso assumido pelas nobres famílias, Sofia deveria se casar com o noivo a quem foi prometida, George, filho primogênito do Duque Vicente e sua esposa Lucídia. O casamento se aproximava, para desespero de Sofia que não via saída daquela situação. Mais da metade do dote foi pago em peças de ouro e moedas de prata, antes do casamento. Sofia, então, teve a ideia de roubar o próprio dote e fugir com você.

— Nossa! — repetiu a exclamação. — Que loucura! E eu aceitei?

Olhou-o firme e respondeu:

— Sem titubear. Em uma noite, Sofia pilhou o tesouro e com a ajuda da ama-seca, a quem ofereceu algumas moedas, fugiu com você que desertou do exército. Abandonaram tudo e todos. Viajaram para outras terras. Pagaram um padre para consolidar o casamento e foram para muito longe, para outro país. Mudaram-se, depois, por mais de duas vezes, distanciando-se totalmente das vistas de todos. Tiveram filhos...

— Quantos?

— Seis.

— Nossa! — riu. Não conseguia expressar outra coisa para manifestar sua admiração.

— Se quer saber, um foi o Tássio e um dos outros... — sorriu — Eu.

— Você?! Que legal! Você foi meu filho?! — alegrou-se, ficando muito feliz com a revelação.

— Fui. — Breve pausa e prosseguiu: — Vocês compraram terras e criavam cavalos para venda. Era um bom negócio, mas... Isso não amenizou a consciência que, mesmo não cobrando o débito do passado de imediato, naquela encarnação, irá fazê-lo no momento propício. O ódio de Vicente foi inenarrável. A vergonha pela fuga da noiva do filho gerou indignação. George e o pai queriam de volta o dote, mas não obtiveram. A família de Sofia não tinha como pagar, restando a vergonha por tudo o que a filha fez.

— O duque não foi atrás de nós?

— Gastou muito dinheiro, mas não conseguiu saber para onde tinham ido. Nunca os achou. Porém, jurou vingança.

— Eu já acertei o que precisava com essa dívida?

— Em termos financeiros, sim. Mas restou Roxana a quem prometeu casamento e abandonou, naquela época.

— Não foi bem assim. — Pelo que me conta, fui sincero com ela e... Não fui?

— Sincero, sim. Foi. Mas Roxana estava grávida e não sabia. Pelo menos, quando a deixou, não sabiam. Temerosa, ela fez o aborto e sofreu muito, física e moralmente. Na espiritualidade, viveu em desespero pelo arrependimento, pela dor na consciência. Precisou de muita ajuda para se recompor. Desencarnado, ao saber do ocorrido, você se penalizou por ela e pelo filho. Muito tempo depois, para esta reencarnação, você e Sofia decidiram que precisariam ajudar a equilibrar aqueles a quem vocês desequilibraram. Resolveram que não iriam se aproximar um do outro nesta existência. Ela seria a companheira, o braço forte de George e o ajudaria a, digamos, recuperar o que subtraiu dele. Mas George, trazendo no inconsciente o desejo de ter de volta o que ela subtraiu, antecipou-se e fez o que fez, desviando-se do planejamento reencarnatório. Por outro lado, Roxana, que tanto lhe prometeu ser a melhor companheira, traiu-o. Ela também estragou os planos para esta reencarnação.

— Será que a Roxana me traiu por que eu a abandonei no passado?

— Ninguém nasceu para trair ninguém. Ninguém nasceu para roubar, matar, furtar, enganar. Ninguém nasceu para fazer coisa errada. Nascemos, reencarnamos para acertarmos, para fazermos o que é correto, para corrigirmos nossas más tendências. Preste atenção, Yuri, nós reencarnamos para evoluirmos, trabalharmos nossas fraquezas, para superarmos as tentações. Não tem essa de ter de fazer alguém sofrer. É um absurdo pensar que alguém tem de fazer o trabalho sujo na vida do outro.

— Fiquei tão decepcionado com a Roxana que... É difícil você ser enganado. É muita decepção saber que foi traído.

— Se o que ela fez não o matou, então vai fortalecê-lo. Continue sendo honesto e fiel. Mostre que aprendeu com o erro dos outros e com os próprios erros. Vicente e Lucídia, embora tenham tido algumas reencarnações longe de vocês, na espiritualidade, não esqueceram. Não perdoaram Sofia pela vergonha que passaram, pela indignação sofrida. E a você também, pois foram juntos que fugiram. Eles querem alguma espécie de justiça.

— Por isso a envolvem e perturbam, nublando seus pensamentos, deixando que fique confusa e tome decisões erradas?

— Justamente — respondeu Pedro.

— Mas e vocês mentores? Não fazem nada? — perguntou Yuri, parecendo nervoso.

Pedro sorriu, de modo agradável, e explicou:

— Nós os guiamos e protegemos.

Um tanto inconformado, comentou como se reclamasse:

— Por que Sofia foi se meter nessa enrascada? Se tivessem protegendo mesmo...

— Yuri, Yuri... — mencionou calmo e pausadamente. — É normal, antes de encarnar, o espírito ter conhecimento de suas tarefas, de seus deveres, dos gêneros das provas a que irá se ligar. Sofia sempre soube muito bem a que veio, mas descuidou-se. É muito comum, quando estamos confiantes, acreditarmos que podemos tudo. Sofia ficou preocupada com assuntos dos outros e não cuidou de si. Devemos amar ao próximo como a nós mesmos, mas não mais do que a nós mesmos. Sofia foi inspirada por Tássio. As inspirações são desde sutis ou até em forma de sinais mais fortes. Ela surge como um medo, uma dúvida que percebemos nos nossos sentimentos que parecem pedir a nós que avaliemos bem o que estamos fazendo ou deixando de fazer. É uma advertência do espírito protetor em favor de seu pupilo, mas que, infelizmente, muitas vezes, essa intuição, esse pressentimento não é atendido pelo pupilo que não oferece importância. O espírito protetor sempre inspira a viver da melhor maneira possível, seja na conduta moral ou em relação das coisas privadas como trabalho, estudo. Mas o mentor não pode fazer por você. É através da voz da consciência que os inspiramos, mas a pessoa, por conta do egoísmo, do orgulho, da vaidade, da vontade insaciável trazidas por impulsos que ainda os atrasam como o sexo transviado ou vícios que degeneram o corpo e a alma, não atende seu anjo-protetor. Não podemos fazer milagres nem fenômenos extraordinários. Quando muito, envolvemos uma pessoa sensível, com a permissão do mentor dela, para oferecer um conselho, uma orientação ao nosso protegido. Isso é muito comum.

— Diga-me uma coisa, se é que pode. A Sofia estava envolvida com o George e, por conta da vida sexual promíscua do noivo, ela também se envolveu com energias pesarosas, destrutivas que desorganizaram seus centros de forças e centros psíquicos. Ela já se livrou desses fluidos destrutivos? No outro dia, eu só vi porque você facilitou minha condição.

— A vida equilibrada, moralmente falando, e os passes magnéticos são capazes de libertá-la dessas energias com facilidade, pois não são dela. Por isso é importante convencê-la ao tratamento de assistência espiritual.

— Também não vi aqueles três desencarnados que antes estavam colocados perto dela.

— Quando ela sai de casa, eles a acompanham.

— Ah, é! Já me disseram que a casa do pai dela é protegida.

— São vampiros espirituais. Necessitados de toda ordem e que auxiliam na confusão mental e no estado depressivo. No momento em que ela se elevar e fizer brilhar em si a própria luz, eles também irão embora.

— Sofia precisa reagir o quanto antes.

— Sim, precisa. E você sabe o que fazer. Foram suas preces, seu comportamento equilibrado, sua fé que não o deixou entrar nas malhas de Vicente. Enquanto Sofia, como eu já disse, baixou a guarda.

Yuri encarou seu mentor e sorriu de modo agradável.

— Obrigado, Pedro. Obrigado pelo apoio, pela ajuda, pela orientação, pelas inspirações. Embora, quando eu acordar, não vou me lembrar de nossa conversa, em meu coração, sei que devo agradecer a Deus por permitir alguém como você, tão digno e fiel, para estar ao meu lado.

— Não me agradeça. Sou eu que devo ficar grato por ter um protegido como você.

Abraçaram-se.

Capítulo 18

Qual é o sentido da vida?

Nem mesmo quando a luz radiosa do amanhecer se esgueirou pelas frestas da janela do quarto, Sofia quis levantar.

Já eram quase oito horas quando Ágata decidiu chamar a filha.

Embora estivesse acordada, ela não se movia. Permaneceu quieta até a mãe chamá-la:

— Bom dia! Dormiu bem?

Remexeu-se um pouco e olhou para a senhora, dizendo sem motivação:

— Dormi. Bom dia, mãe.

— São 8h. Seria bom você se levantar, tomar um banho... O café está na mesa. Todo o mundo já foi trabalhar — sorriu, tentando animá-la.

— E a Valéria? — quis saber.

— Foi a primeira que saiu. Graças a Deus sua irmã parece outra pessoa. Voltou a estudar, sabia?

— Não.

— É!... Voltou. Está trabalhando em uma ONG também. Abraçou uma campanha sobre a violência contra a mulher. Orienta mulheres que pedem ajuda. A Valéria mudou tanto... — disse, entonando a voz de um jeito afável. Observando que Sofia não se manifestava, após um tempo, perguntou: — E você, filha?

— Não sei o que tenho, mãe. Até para levantar da cama e ir ao banheiro é difícil. Não tenho vontade.

— Não espere pela vontade. Levante! — sorriu.

Ágata foi abrindo a janela e a luz do sol incomodou a moça, que espremeu os olhos ao pôr a mão em frente ao rosto.

— Vai! Levanta, meu bem!

Ela se sentou, na cama, com muito sacrifício. Ficou algum tempo na mesma posição. Não dizia nada.

Precisando de uma força, que parecia sobre-humana, levantou-se e foi para o banheiro.

Aproveitando a oportunidade, a mãe sacudiu as cobertas da cama e a arrumou para que, quando ela voltasse, não sentisse qualquer vontade para se deitar.

Logo, a senhora foi para a cozinha e preparou um suco.

Como ela esperava, a filha lá chegou bastante desanimada.

— Olha seu suco.

— Obrigada, mãe.

— Aqui tem café, pão, mamão e...

— Não. Obrigada. Só o suco.

— Não pode continuar, assim Sofia. Precisa reagir a esse estado. — Diante do silêncio, perguntou: — O que pretende fazer hoje?

— Nem sei. As lojas fecharam. A senhora sabe e... — Olhou-a, diretamente, nos olhos e falou: — Perdi meu apartamento, mãe — quase chorou nesse momento.

Em tom triste, mas sem lamentação, Ágata afirmou:

— Eu sei. Seu pai me contou tudo.

— Parece que o mundo todo caiu sobre meus ombros. Estou confusa.

— Pelo menos, não tem dívidas. Bom, foi o que eu entendi.

— Não tenho, mas estou sem dinheiro e sem emprego.

— Então procure um emprego.

— Mãe... A senhora não entende. Eu estava bem, estabilizada na vida, eu... — perdeu as forças para falar e silenciou.

A pessoa, acometida por um estado emocional depressivo, sente a mais profunda e inexplicável dor em sua alma.

São sensações e sentimentos que, muitas vezes, não consegue descrever.

Tamanho é o sofrimento que, na maioria das vezes, não é só a mente que para, mas também o corpo e a alma, mais ainda.

A criatura nessa condição, não pode ser abandonada nem desprezada. É nesse estado que pessoas capacitadas lhe doam incentivos positivos para que se erga novamente.

Sem esperança, sem expectativa a pessoa deprimida sente sua fé desaparecer à medida que não entende o sentido da vida.

Ela se pergunta: o que estou fazendo neste mundo? O que foi que fiz da minha vida? Qual é o sentido da vida? Valeu a pena eu ter feito o que fiz? Valeu a pena eu ter ajudado quem ajudei?

Onde está o meu mentor que me deixa sofrer assim?

Onde está o Pai Criador, o Deus de amor, que me deixa passar por esta dor? Por que isso aconteceu comigo?

O que fiz para sofrer tamanha e intensa dor na alma?

Muitas vezes, até a revolta pode tomar conta de alguém em momentos de depressão e é aí que, algumas vezes, o perigo ronda.

A fuga para a bebida, para o cigarro, para as drogas de diversos tipos ou a violência, o sexo desregrado e sem compromisso e tudo mais que agrava seu estado consciencial, pode acontecer.

Uma das primeiras coisas que precisa ser entendida é que, na vida, todos os dias colhemos e todos os dias plantamos. E, se o que se está colhendo foi o que se plantou, é importante, a partir de agora, plantar outro tipo de grão, mais nobre.

Em certos momentos, na vida, precisamos tirar o sentimento de medo e fazer um enfrentamento, tirar o sentimento de revolta e procurar entender que somos nós que nos colocamos em todas as situações que vivenciamos. E mais ainda, é muito importante saber que, somos nós que nos tiramos de todas as situações que queremos sair.

Se o estado mental é de depressão, revolta não será, nunca, a solução.

Culpar a Deus ou aos mentores é injusto além de perda de tempo.

A pessoa, para melhorar, precisa entender que foi o seu descaso para consigo mesma que surtiu tal resultado depressivo, se o quadro não for genético. Por isso, a partir de agora, ela não pode mais se deixar em segundo lugar.

Quando as questões depressivas são devido a fortes emoções, profunda tristeza por perdas de nível material, inclusive, precisamos entender que as coisas deste mundo são ferramentas para a evolução e não a própria evolução.

O que você adquire, materialmente falando, mostra o que tem e não o que você é como pessoa, como espírito humano.

É muito comum observarmos, por exemplo, um artista belo e famoso, com muito dinheiro e esbanjando sorrisos. Esse artista tem casa, carro, talento e nós, quando o observamos, vemos o que ele tem e não o que ele é.

Muito provavelmente, se convivermos diariamente com essa pessoa, saberemos o quanto ela é triste, sente-se só, amarga. O quanto pode ser exigente ou chata, insatisfeita, agressiva e muito mais. Descobriremos que não conseguiremos viver bem ao lado de alguém assim, pois iremos ver quem realmente essa pessoa é, além do que ela tem.

Usando o exemplo do querido médium Francisco Cândido Xavier, que sabemos não tinha muito, materialmente falando, mas podemos afirmar que ele era muito. E todos, sem usufruírem nada material que tinha, queriam ficar perto dele.

Por quê?

Por causa de um de seus atributos: Paz.

Não reencarnamos só para vencermos no mundo. Reencarnamos para vencermos o mundo.

E o que é vencer no mundo?

Vencer no mundo é ter fama, sucesso, dinheiro e comprar tudo o que puder.

Quem quer comprar tudo, deve tomar cuidado com o vazio que existe em sua alma. Querer comprar tudo é desejar preencher esse vazio.

E o que é vencer o mundo?

Vencer o mundo é buscar o sentido da vida. É se conhecer e se reconhecer.

Precisamos saber quais são as nossas qualidades e aprender a usá--las. Saber quais são os nossos defeitos e educá-los.

Devemos nos perguntar: o que é preciso eu fazer para ter paz? O que é que me traz paz? Estou aqui, nesta vida, para obter bens materiais ou espirituais?

Se a pessoa só se concentrar no sucesso material, será prejudicada.

Assim como se só se focar, fanaticamente, nas conquistas espirituais, será, igualmente, prejudicada.

Não é possível viver, neste mundo, sem o material mínimo de dignidade que proporciona saúde adequada, descanso propício e bem-estar em todos os sentidos. Para isso, é necessário trabalharmos com honestidade e respeitabilidade a fim de que nos sintamos honrados pelo que fazemos e adquirimos.

É preciso viver, neste mundo, usando com sabedoria e prudência os recursos que são do mundo, sabendo que nós não somos do mundo, partiremos dele e não levaremos o que ele tem.

É certo que há momentos, na vida, em que necessitamos nos voltar para o material, mas nunca nos afastarmos, totalmente, do lado espiritual.

Por essa razão, é fundamental estarmos bem atentos para o que acontece a nossa volta, sem o véu da ilusão, a fim de enxergarmos a vida de forma ampla e entendermos em que precisamos evoluir.

Para fazermos algo equilibrado, nascermos novamente em nossas vidas, para ajudarmos a passar mais rápido o estado de depressão, é necessário nos conhecermos.

Sempre enfrentamos certo grau de depressão quando não nos amamos.

E por que é preciso nos conhecer?

Porque não conseguimos amar quem não conhecemos. Não valorizamos quem não conhecemos. Não acreditamos em quem não conhecemos. Não damos oportunidade a quem não conhecemos. E o pior, temos medo de quem não conhecemos. Não sabemos qual é a capacidade de quem não conhecemos. É só por tudo isso que precisamos nos conhecer.

Daí vale a observação de pessoa que não se conhece não ama ao próximo. Se ela não ama a si, não amará ao próximo porque devemos amar ao próximo como a nós mesmos. E alguém não se ama porque não se conhece. Não conhece seu potencial nem sua capacidade, muito menos sabe usar para a própria vida os atributos que possui a fim de se valorizar.

Quando a criatura se conhece, sabe da sua capacidade, o que consegue ou não fazer, consegue avaliar as possibilidades de sucesso e o quanto de empenho e dedicação precisa para alcançar o que quer. Acredita nos próprios objetivos.

Enquanto que aquele que não se conhece, sente-se frágil, incapaz e se detém, paralisa-se, deprime-se. Deprime-se por medo do desconhecido e, como foi dito, temos medo de quem não conhecemos.

A depressão é um mal, mas podemos dizer que é um mal necessário.

Já vi incontáveis criaturas divinas se transformarem em seres maravilhosos depois de uma forte depressão, porque a depressão leva à profunda reflexão, ao autoconhecimento, ao autoencontro. Só nos acontece aquilo que temos necessidade para evoluir.

Mesmo assim, se vemos a depressão como um mal é bom conhecer O Livro dos Espíritos, item 919, que nos traz a pergunta: "Qual o meio prático mais eficaz para se melhorar nesta vida e resistir ao arrastamento do mal?" Resposta: "Um sábio da antiguidade disse: Conhece-te a ti mesmo".

Como se não bastasse, a questão 919 a, ainda segue: "Compreendemos toda a sabedoria dessa máxima, mas a dificuldade está precisamente em se conhecer a si próprio. Qual o meio de chegar a isso?" Resposta: "Fazei o que eu fazia, quando vivi na Terra: ao fim do dia, interrogava a minha consciência, passava revista ao que fizera e perguntava a mim mesmo se não faltara a algum dever, se ninguém tivera motivo para de mim se queixar. Foi assim que cheguei a me conhecer e a ver o que em mim precisava de reforma. Aquele que, todas as noites, evocasse todas as ações que praticara durante o dia e inquirisse de si mesmo o bem ou o mal que houvera feito, rogando a Deus e ao seu anjo de guarda que o esclarecessem, grande força adquiriria para se aperfeiçoar, porque, crede-me, Deus o assistiria. Dirigi, pois, a vós mesmos perguntas, interrogai-vos sobre o que tendes feito e com que objetivo procedestes em tal ou tal circunstância, sobre se fizestes alguma coisa que, feita por outrem, censuraríeis, sobre se obrastes alguma ação que não ousaríeis confessar. Perguntai ainda mais: "Se aprouvesse a Deus chamar-me neste momento, teria que temer o olhar de alguém, ao entrar de novo no mundo dos Espíritos, onde nada pode ser ocultado? Examinai o que pudestes ter obrado contra Deus, depois contra o vosso próximo e, finalmente, contra vós mesmos. As respostas vos darão, ou o descanso para a vossa consciência, ou a indicação de um mal que precise ser curado. "O conhecimento de si mesmo é, portanto, a chave do progresso individual. Mas, direis, como há de alguém julgar-se a si mesmo? Não está aí a ilusão do amor-próprio para atenuar as faltas e torná-las desculpáveis? O avarento se considera apenas econômico e previdente; o orgulhoso julga que em si só há dignidade. Isso é muito real, mas tendes um meio de verificação que não pode iludir-vos. Quando estiverdes indecisos sobre o valor de uma de vossas ações, inquiri como a qualificaríeis, se praticada por outra pessoa. Se a censurais noutrem, não a poderia ter por legítima quando fordes o seu autor, pois que Deus não usa de duas medidas na aplicação de Sua justiça. Procurai também saber o que dela pensam os vossos semelhantes e não desprezeis a opinião dos vossos inimigos, porquanto esses nenhum interesse têm em mascarar a verdade e Deus, muitas vezes, coloca-os ao vosso lado como um espelho, a fim de que sejais advertidos com mais franqueza do que o faria um amigo. Perscrute, conseguintemente, a sua consciência aquele que se sinta possuído do desejo sério de melhorar-se, a fim de extirpar de si os maus pendores, como do seu jardim arranca as ervas daninhas; dê balanço no seu dia moral para, a exemplo do comerciante, avaliar suas perdas e seus lucros e eu vos asseguro que a conta destes será mais avultada que a daquelas. Se puder dizer que foi bom o seu dia, poderá dormir em paz e aguardar sem receio o despertar na outra vida. Formulai, portanto, de vós para convosco, questões nítidas e precisas e não temais multiplicá-las. Justo é que se gastem alguns minutos para conquistar uma felicidade eterna. Não trabalhais todos os dias com o fito de juntar haveres que vos garantam repouso na velhice? Não constitui esse repouso o objeto de todos os vossos desejos, o fim que vos faz suportar fadigas e privações temporárias? Pois bem! Que é esse descanso de alguns dias, turbado sempre pelas enfermidades do corpo, em comparação com o que espera o homem de bem? Não valerá este outro a pena de alguns esforços? Sei haver muitos que dizem ser positivo o presente e incerto o futuro. Ora, esta exatamente a idéia de que estamos encarregados de eliminar do vosso íntimo, visto desejarmos fazer que compreendais esse futuro, de modo a não restar nenhuma dúvida em vossa alma. Por isso foi que primeiro chamamos a vossa atenção por meio de fenômenos capazes de ferir-vos os sentidos e que agora vos damos instruções, que cada um de vós se acha encarregado de espalhar. Com esse objetivo é que ditamos O Livro dos Espíritos." – Santo Agostinho.

Somente quando nos conhecemos, enxergarmos a luz lançada na sombra da depressão, pois assim reconhecemos a nossa capacidade, sabemos da força interior que nada teme e é capaz de lutar pela realização de lindos sonhos.

Sair do estado de depressão exige se conhecer e disciplinar a mente. Educar pensamentos, palavras e ações de acordo com o estado mental que se deseja estar.

A nossa volta, todos nos reconhecerão pelo que somos e não pelo que temos e assim não só venceremos o mundo, mas também venceremos no mundo, porque o ser sempre vem acompanhado do ter. Talvez, não seja fácil para aquele que enfrenta um período depressivo, conhecer-se e sair sozinho desse estado. Para ajudá-lo, existem profissionais da área da saúde mental, como psicólogos, que podem auxiliar muito.

Além disso, lembrar que quando a mente atravanca, o corpo deverá movê-la.

Insistir em caminhar, sair, andar, passear, praticar algum hobby, esporte, reuniões com amigos equilibrados que não estejam dispostos a bebidas alcoólicas, drogas ou outros vícios.

Conversas saudáveis sempre ajudam, dispor-se a auxiliar aos outros também.

E era disso que Sofia precisava para retomar a vida.

* * *

Ágata não necessitou ser inspirada, naquela manhã, para tomar a iniciativa de propor:

— Tome seu suco, coma pelo menos a metade desse papaia e vamos dar uma volta.

— Hoje não, mãe.

— Hoje sim, Sofia. Comecei a fazer caminhada e não será por você que vou parar! Lembra que você e seus irmãos viviam dizendo que eu precisava caminhar? Pois bem, comecei — falou em tom brincalhão. — E uma caminhada também vai te fazer muito bem. Sabe que já estou andando até o quiosque da Sônia ida e volta? É uma boa distância! — enfatizou. — Estou me sentindo tão bem. Fico mais disposta.

A filha ofereceu um leve e forçado sorriso e se viu compelida a beber o resto de suco e comer a fruta.

Não disse nada, mas sentiu-se como que obrigada a acompanhar a mãe que estava animada para sair.

* * *

Caminharam pela praia de Ipanema indo até onde Ágata costumava andar.

Cumprimentaram conhecidos. A mãe apresentou a filha para novas amigas que não a conheciam ainda.

No quiosque onde pararam, tomaram uma água de coco e apreciaram a bela vista.

Voltaram.

— Se quiser correr um pouco, filha, pode ir à frente. Depois eu te alcanço.

— Não. Está bom nesse ritmo.

Não demorou e pararam próximo a equipamentos de ginástica onde Ágata começou a se alongar. A filha fazia o mesmo, até que ouviu chamar:

— Sofia!

Olharam.

— Não é o Yuri? — perguntou a senhora que não enxergou direito ao ver o rapaz ao longe.

— É sim — afirmou Sofia, sorrindo com leveza e espontaneidade nesse momento.

Ele se aproximou. Estava bastante suado e com a camiseta molhada. Sorridente, cumprimentou-as e disse ofegante:

— Não vou beijá-las, porque... Olha só para mim! — Em seguida, perguntou: — Como você está Sofia?

Ela o encarou e forçou um sorriso ao responder:

— Melhor.

— Não está não — a mãe foi verdadeira, mesmo com semblante descontraído. — Nem queria vir caminhar hoje.

— Eu estou a fim de fazer você caminhar um pouco mais, Sofia — Yuri falou com jeito maroto.

— Por quê?

— Tenho um conhecido que pode se interessar pelo seu trabalho. Agora não dá para ir até a empresa dele porque tenho que dar uma passada na obra. Estou atrasado, inclusive. Porém, mais à tarde posso te pegar para ir até a empresa desse amigo. O que me diz?

— Ela vai sim! Claro que vai! Pode passar lá em casa que vou deixá-la prontinha! — respondeu a senhora animada e rindo. Sabia que estava interferindo na decisão que não lhe dizia respeito.

— É isso aí, dona Ágata! Se ela não vai, a gente empurra! — brincou e riu junto. E, sem querer saber a opinião de Sofia, resolveu: — Eu passo na sua casa mais tarde. Esteja pronta. Certo?

— Está bem. Vou te esperar — respondeu Sofia, agora sorrindo pela molecagem dos dois.

— Agora preciso ir. Estou atrasado.

Despediram-se e Yuri se foi.

— Viu?! Seus caminhos estão se abrindo novamente, filha — comentou a mãe logo após ver o rapaz se afastar.

— Estou tão...

— Tão, o quê? — perguntou diante da demora da moça.

— Triste. Chateada. Puxa vida, mãe. Fui enganada de todas as formas.

— Quem te enganou não merece sua raiva nem sua tristeza. Quem te enganou merece compaixão. Pessoas que enganam e traem sofrem alguma perturbação. Todo comportamento incorreto é sinal de desequilíbrio. Sem dúvida, a pessoa vai ter que acertar as contas de tudo o que fez para atrapalhar a vida do outro, de tudo o que fez para tirar a felicidade de alguém. Não fique com raiva nem guarde mágoa. Esses sentimentos são infelizes e, por causa deles, a gente fica ligada à pessoa desequilibrada. Na verdade, você não precisa disso, Sofia. É uma pessoa melhor e são as suas qualidades que te diferenciam de criaturas maldosas, cruéis como as que te magoaram. — Um momento e a viu reflexiva. Esperou um pouco e convidou: — Vamos, agora. Preciso fazer o almoço. Daqui a pouco seu pai chega para almoçar e não sobrou muita coisa de ontem. Aliás, nossa casa estava muito alegre ontem. Você não achou? — perguntou animada, puxando outra conversa.

— Nem vi direito.

— Ah! Estava sim — comentou risonha, enquanto caminhavam de volta. — Gosto muito de ter todo aquele povo alegre lá em casa. Gosto mais ainda quando me ajudam com a louça! — riu gostoso.

Seguiram caminhando e Ágata conversou bastante, falando sobre assuntos alegres e interessantes para animar a filha ou, pelo menos, tirá-la de pensamentos tristes.

No início da tarde, Sofia encontrava-se pronta e à espera de Yuri que, embora atrasado, compareceu conforme combinaram.

Seus cabelos, agora um pouco compridos, estavam soltos, leves e brilhosos. Bem arrumada. Usava uma maquiagem fraca que combinava com a ocasião. Elegante e esbelta. Ninguém diria que passava por dolorosa condição emocional. Começou a sorrir, mesmo que sem muita vontade. Isso foi orientação de sua mãe.

Ele só parou o carro e a moça entrou.

Yuri reparou o quanto ela estava bonita. Apreciou o suave e gostoso perfume. Desejando até se aproximar para sentir mais.

Cumprimentaram-se e ele perguntou:

— Animada?

— Não sei se a palavra é essa — sorriu com leveza.

— Você está muito bonita! — elogiou. Foi verdadeiro, mas também não queria vê-la falando de sentimentos negativos.

— Obrigada — a moça sorriu ao agradecer. Em seu rosto, o encanto começava a ressurgir.

Yuri apreciou por alguns instantes, respirou fundo e propôs:

— Vamos ao que interessa! — Alegrou-se e não perdeu tempo para explicar: — O Oduvaldo, esse meu amigo, tem salas para alugar em um prédio comercial recém-construído. Os clientes dessas salas são médicos, advogados, fonoaudiólogos, psicólogos... Enfim, profissionais dos mais diversos e, sendo assim, estilos diversos. O legal é que eles querem alugar as salas mobiliadas e decoradas, com estilo e sem muito custo — riu. — Acho que está acostumada a lidar com isso.

— Mas eles já sabem quais salas serão de determinados profissionais?

— Já. Foram locadas na fase final da obra. Alguns ainda estão fechando locação. O proposto é você apresentar seu serviço de decoração, seus preços e, depois, os clientes que quiserem, podem fazer um segundo orçamento aí fora. Como já deve saber, muitos deles nem procuram um segundo orçamento. Resumindo, é mais ou menos isso.

— Eu sei o que é. Já estou acostumada. E... Qual é a porcentagem que o Oduvaldo quer para me apresentar?

— Pelo que entendi, nenhuma. Eu conversei com ele sobre o que você passou e sua vontade de recomeçar. Ele é um cara muito legal.

Entendeu e está disposto a dar a maior força. Mas... — sorriu. — Acho que seria gentil você corresponder.

— Como assim? — intrigou-se.

— Ele e a noiva estão montando uma casa e precisam, desesperadamente, de sugestões — sorriu. — Essa ideia é minha, tá! Não foi ele quem me pediu.

— Entendo — riu junto. — Eu deixo que o Oduvaldo comente que tem uma casa para decorar e me proponho a ajudar.

— Garota esperta! É isso mesmo! — beliscou de leve seu rosto, fazendo um carinho. Admirou-a novamente. Breves segundos e perguntou: — Vamos?

— Sim. Vamos.

— Animada?

— Animada! — sorriu lindamente. Enquanto mudava os pensamentos para novos projetos, novos trabalhos, esqueceu-se das perdas e da traição. Isso iniciou sua saída do estado depressivo. A movimentação de ideias e planos positivos, benéficos alteram a química cerebral e oferece estado de mais ânimo e disposição para a pessoa.

Seguiram.

Sofia se animou mais, principalmente, depois que se apresentou ao novo colega e percebeu que seu trabalho era conhecido.

Apesar disso, as energias espirituais pesarosas a enfraqueciam em alguns momentos.

Ela precisava de determinação para se levantar e seguir, um dia após o outro.

***

Não demorou e Sofia se mudou, definitivamente, para a casa de seus pais. Voltou a dividir o quarto com a irmã que gostou da ideia.

O acolhimento da família foi muito importante naquele momento. Nem todos, em estado semelhante, têm a bênção dessa atenção.

Não podemos desprezar as pessoas que passam pelo estado de

depressão. Se essa condição é necessária para ela, a presença dela, em nossas vidas, é necessária para nós. Sempre experimentamos e temos ao nosso lado o que precisamos para evoluir.

A conselho de seu pai, Sofia procurou por psicólogos para se propor a um tratamento por meio de psicoterapia. Esse tipo de tratamento ajudaria muito seu autoconhecimento para que ficasse ciente de suas forças e de sua capacidade, entendesse o sentido da sua vida, enxergasse novos caminhos e administrasse melhor sua vida.

Ela não sentiu muita confiança no primeiro psicólogo que consultou, mas com o segundo foi diferente. O profissional conseguiu entendê-la e estava disposto a ajudar.

Em meio a isso, Yuri foi se aproximando e a incentivou a fazer assistência espiritual no Centro Espírita.

Acompanhada de Yuri, retornou à Casa Espírita que frequentava e procurou o setor de orientação.

— Sofia! Quanto tempo, minha filha! — admirou-se a amável dona Francisca, sorrindo quando a viu.

— Oi. Tudo bem com a senhora?

— Comigo tudo bem.

A mulher olhou para o rapaz e Sofia o apresentou:

— Esse é meu amigo, Yuri.

— Como vai a senhora? Bem?

— Prazer em conhecê-lo. Já ouvi falar de você.

— Ouviu falar de mim?! — sorriu surpreso.

— O Hélder, criatura maravilhosa que chegou aqui há algum tempo, tem falado de você, que é irmão da namorada dele. Não é isso?

— Ah! Isso mesmo! Sou irmão da Rute.

— Que bênção! A Rute é uma boa moça. A Sofia trouxe o Hélder que, hoje, estuda e trabalha na casa. Daí ele trouxe a Rute — riu. — Sempre disposta e produtiva. Eles me falaram de você e eu sabia que ia te conhecer em breve. — Aproximando-se do rapaz, falou ao seu ouvido como se cochichasse: — Obrigada por trazê-la de volta — brincou e riu.

— Não me agradeça.

Voltando-se para Sofia, perguntou, alegremente, enquanto contornava uma pequena mesa:

— E você, querida? Esteve muito sumida.

— É... Acho que foram quase dois anos.

Sentando-se, a senhora indicou duas cadeiras em frente à mesa. Depois disse:

— Então estamos em festa! Hoje é o dia do retorno da filha querida que vem nos abençoar com sua graça. — Fitando-a com generosidade e invadindo sua alma, a mulher perguntou bondosamente: — Quer comentar o que tem vivido?

Envolvida por fortes sentimentos, Sofia não deteve algumas lágrimas e, entre elas, contou tudo o que experimentou.

— Estou fazendo psicoterapia com um psicólogo que, por sorte, é espírita e consegue me entender e orientar melhor. Esse psicólogo me incentivou a voltar ao centro. Além dele, meus pais, irmãos e o Yuri também. Tem dia que estou sem forças até para isso.

Olhando para o rapaz, dona Francisca afirmou:

— Ainda bem que a trouxe, filho. Seu mentor e o mentor dela vêm te pedindo isso.

— Eu não sei de nada, dona Francisca — sorriu. — Mas se a senhora está dizendo, eu acredito.

— Você tem intensa tarefa enquanto dorme. Ao deitar, a oração firme, bem direcionada nos deixa à disposição de Deus, dos bons espíritos. E você faz isso. Se liga ao Pai.

— É verdade. Eu oro ao me deitar, ao me levantar... Mas não me lembro de tarefa alguma.

A senhora sorriu e voltou-se para Sofia.

— Para sair da depressão, não se pode ficar parado no mesmo lugar. Precisa ir à busca de alguma coisa melhor e mais produtiva. Cultive a alegria. Esse é o antídoto para a depressão. Alegria não quer dizer falta de tristeza, porque a tristeza faz parte da vida. Quando alguém nos magoa, quando encontramos a ingratidão, é lógico que ficamos tristes. Tenha compaixão daquele que a deixou triste porque, certamente, essa pessoa não será tão forte quanto você. Não terá tantos amigos para apoiá-la quando ela experimentar o que você experimentou e isso vai acontecer, se ela não buscar um jeito de harmonizar o que desarmonizou. Se essa pessoa não fizer algo para equilibrar isso, se não se redimir, vai passar pelo mesmo que ofereceu por força de atração. Pessoa ingrata que provoca dores e não se corrige é alguém doente das emoções e pior, doente do espírito. Não permita que alguém mate sua alegria de viver. Alegre-se, mesmo diante de tanta dor pela ingratidão, porque você não é capaz de ter o mesmo distúrbio de comportamento infeliz. Se era para experimentar essa dor, então respire fundo porque a dor já foi. É o momento de deixar tudo isso para trás, sentir-se capaz de começar de novo e fazer tudo muito melhor. — Olhando-a firme, ainda disse: — Filha, é impossível passar pela vida sem experimentar o tormento da ingratidão, sem atravessar o vale das sombras, sem ganhar uma coroa de espinhos, sem ter que sorrir com a alma chorando. Ninguém evolui quando só experimenta uma vida simples e cotidiana. Diante da ingratidão, é necessário não deixar que os maus nos tornem maus, que os infelizes nos tornem infelizes. É a sua reação frente à infelicidade, à maldade, à ingratidão que fará de você uma pessoa diferente, melhor e evoluída. — Breve pausa e orientou em um tom alegre: — Vou te ensinar uma coisa que me ajudou. Você vai fazer isso três vezes ao dia — riu. — Procure um espelho, no quarto, no banheiro... Qualquer um. Fique na frente e olhe o seu reflexo, no espelho, e sorria. — Sofia sorriu. — Isso mesmo! Sorria para o seu reflexo. Vai parecer sem graça, sem emoção, mas faça isso. Vai rir para você mesma. Sorria, ao se ver, e diga em pensamento: "Sou alegre, feliz e produtiva! Amo a vida!" Faça isso três vezes ao dia, repetindo a mesma frase — ressaltou. — Não é nada religioso, místico ou de qualquer ordem. Esse é um exercício psicológico. Você estará entrando em contato com você mesma. Impregnando sua mente com algo bom e fará desaparecer a contaminação ruim. Pode perguntar para o seu psicólogo, ele deve saber. Foi o psicólogo da minha filha que ensinou. Ela passou e venceu a depressão. Hoje é uma pessoa nova, maravilhosa, vitoriosa e muito produtiva.

— Vou fazer — sorriu.

— Faça, sim. Há quanto tempo não entra em contato com você? Há quanto tempo não se elogia, não se ama, não se trata com carinho e atenção? Está na hora de fazer o melhor por si. Não tem nada a perder. Além disso, agradeça a Deus, todos os dias, por ter uma família que a acolhe, por ter amigos que a orientam, por ter espíritos tão queridos e fiéis junto de você que a guiam para o bem. É tão bom ter amigos, Sofia. — Viu-a sorrir novamente. — Ore. Se ligue a Deus. Quando tiver tempo, retome alguma atividade para auxiliar de alguma forma.

— Meu pai me falou isso.

— Uma tarefa de assistência a outro vai fazer bem. Mas precisa se sentir bem. Não se force a atividades que a entristecem. Entendeu?

— Sim.

— No mais... Vou encaminhá-la para uma assistência espiritual com passes magnéticos. Isso vai ajudá-la muito. — Enquanto fazia anotações, dona Francisca falou: — Depressão, como o nome diz, é um buraco. Se a gente não for dar uma espiadinha pra fora dele e não se forçar a subir, não saímos desse buraco nunca. Aproveite a mão de Deus que se estende por meio daqueles que aparecem para te ajudar. Não deixe que só os outros a puxem. Faça força também.

Riram.

Conversaram um pouco.

Foi a partir daí que Sofia se encaminhou para receber auxílio e se libertar das amarras que a prendiam espiritualmente.

Capítulo 19

União

O tempo foi passando...

Sofia passou a se empenhar. Os amigos encarnados e desencarnados ficaram do seu lado amparando e ajudando sempre. Enquanto ela fazia de tudo para retomar à vida. Trabalhava, exercitava-se, ia ao centro.

Simultaneamente, Valéria também prosseguia evoluindo.

Livre das amarras que a escravizaram, ela se especializou. Estudou e passou a ser uma pessoa trabalhadora muito ativa, fazendo parte de uma frente em defesa de mulheres agredidas, esclarecendo quanto aos direitos e deveres que possuíam na luta por justiça.

Enquanto isso, Hélder e Rute estavam se entendendo bem.

Certo dia, o filho chegou à casa de Ágata e Bernardo com a seguinte notícia:

— Eu e a Rute vamos ficar noivos!

Depois de eles receberem os parabéns de todos, Bernardo comentou:

— Rute e Hélder, essa é uma decisão muito importante na vida de qualquer pessoa. Estou muito feliz por vocês. Vou dizer aos dois o mesmo que disse para o Alex e a Ivone quando decidiram se casar, porque as experiências daqueles que já percorreram essa jornada, serve como lição e exemplo para os acertos que, muitas vezes, terão de fazer.

— Rute estava acomodada no sofá enquanto Hélder, sentado ao seu lado, fazia-lhe um carinho. Observando o filho, Bernardo perguntou:

— Está vendo isso o que está fazendo no braço da Rute?

— Sim — sorriu, ao responder um tanto sem jeito. — É um carinho.

— E nesse carinho existe uma troca de energias maravilhosa. Carinho é antídoto, remédio invisível e silencioso que cura momento de desatenção, de tensão, medo. Aquele momento em que, por vezes, podemos ter respondido de forma áspera ou não ter respondido. Quero ver daqui a algumas décadas, um ao lado do outro, usando o antídoto do carinho, do amor que usam hoje. O carinho, a conversa, o diálogo unem um casal, criam vínculos, fortalecem sentimentos. Vocês decidiram formar uma família e vieram se preparando para isso. Família que se forma apressada pode ter experiências com consequências difíceis. Embora isso não seja uma regra, é bom se preparar para uma união. Não é correto levarmos fantasias e ilusões para um casamento, acreditando que esse ato é a compra de uma passagem só de ida para a terra da felicidade plena ou pensar que o companheiro ou companheira vai suprir e completar todas as nossas necessidades. Isso não é verdade. Nós temos necessidades e vazios e não podemos exigir do parceiro que isso desapareça em nós. O parceiro é um amigo, companheiro e não seu empregado sentimental. Todos temos insatisfações e conflitos de origem psicológica e não é o parceiro ou parceira que irá nos deixar equilibrados. Somos nós quem precisamos procurar o nosso equilíbrio. Porém, infelizmente, quando não somos maduros o suficiente para uma união, o nosso vazio, a nossa necessidade, a nossa insatisfação, os nossos conflitos psicológicos vão atrapalhar, e muito, uma união que era para ser equilibrada. — Ofereceu breve pausa e os percebeu bem atentos. — A fase de encantamento, de sedução, de entusiasmo muito vivo vai desaparecer à medida que o relacionamento, que a vida de casado se aprofunda. Isso não significa ausência de amor. A chama do amor verdadeiro pode e vai permanecer acesa com dois tipos de combustível: carinho e atenção. Com o tempo, é compreensível, surgirem tantas coisas para resolverem e que gritem por empenho de vocês como: filhos, escolas, dívidas, conquistas... e que isso cause um desgaste emocional e menos entusiasmo dos dois e as fantasias e os sonhos percam o calor. Mas é, exatamente, nessa fase que, juntos, conversando sempre, dividindo opiniões, esclarecendo pontos de vista somados ao carinho e à atenção de um para com o outro, aconteça uma formação de caráter muito equilibrada. Esse é o momento de saber que assumiram responsabilidades sérias e que deverão concluir a empreitada que abraçaram. As tentações, as provas vão aparecer. Ah! Se vão! Mas será o momento de serem fiéis, um ao outro e, principalmente, à própria consciência. Desviar-se do casamento é desviar-se dos desígnios de Deus. A Doutrina Espírita nos esclarece que nós fazemos essas alianças de união e comprometimento na espiritualidade para, justamente, diluir brigas, discórdias, para realização de nobres tarefas quando duas almas já se entendem bem, para amadurecimento e evolução. Não pense que outra pessoa, que em uma outra união será diferente, porque não será. Tão logo uma nova união começa, a fantasia acaba, os sonhos se perdem, o desgaste emocional acontece e a pessoa vai chegar ao mesmo ponto, exatamente ao mesmo ponto, que a fez se desviar das responsabilidades que abandonou. Então, ficará uma situação ainda muito pior. Terá o acúmulo de deveres e responsabilidades para com duas pessoas, a da primeira e a da segunda união. Será pior ainda, se houver filhos. Você é responsável por aqueles que você cativa. A separação mostra, sem dúvida, a falta de amadurecimento, de coragem e de caráter, em muitos casos. Salvo quando, na união, um quer matar o outro, quando um é agressor, quando um não quer e não se empenha e atravanca o outro. Mas, lamentavelmente, hoje em dia, a separação está fácil. Os casais não lutam para amadurecerem. Não conversam. Mandam mensagem um para o outro — Eles riram.

— É verdade, pai. Não vemos tantos casais conversando. Não queremos ser assim — disse Hélder.

— Não sejam assim. Conversa e calma são alimentos tão importantes para o casamento quanto a chuva e o sol são importantes para a flor. — Ofereceu um momento para reflexão. — Sei que muitos conflitos trazidos por entendimentos equivocados ou por experiências fortes de uniões que presenciaram de um parente ou dos próprios pais podem gerar perturbações na nova família como: eu grito porque minha mãe gritava. Eu bato na minha mulher porque meu pai batia na minha mãe. Eu saio sem dar satisfações porque sempre vi isso. Eu não ajudo no serviço da casa porque isso é trabalho dela. Eu traio porque é normal. Todo o mundo faz isso. Quanto engano! Quanta coisa errada podemos ter entendido. Essas e muitas outras atitudes que fazemos, até de forma inconsciente, é o que atrapalha o casamento. O pior conflito que podemos levar para uma união conjugal é o egoísmo. É o egoísmo que faz um pensar que é o outro que deve sempre ceder quando, na verdade, uma união conjugal é sempre uma parceria em que cada um tem os seus direitos lícitos e honestos e os seus deveres lícitos e honestos. E, ao longo de muitos anos, alguns deveres se tornam direitos. Ou seja: é o meu dever fazer isso, mas depois de tantos anos, você pode me ajudar com essa tarefa.

Na união conjugal, meus filhos — falou olhando-os nos olhos —, é o amadurecimento psicológico que oferece um bom entendimento. Cada dia, na vida em comum, se aprende um pouco mais. À medida que o tempo passa, amadurecemos as reflexões. Toda noite, por mais sono ou cansaço que se tenha, sente-se por um minuto e pense em como foi o seu dia. Lembre-se do que fez de certo e de errado. Pense no que fez certo e se sinta feliz. Lembre-se do que fez de errado e prometa-se corrigir. Pense na sua companheira ou em seu companheiro e observe também se agiu certo, errado ou se foi indiferente. Se agiu certo, sinta-se feliz e faça novamente. Se agiu indiferente, no momento de se deitar ao lado, faça-lhe um carinho, converse um pouco. Se agiu errado, por algo impensado, peça desculpas, pois ele ou ela está ali ao lado, bem perto. Não seja egoísta ou orgulhoso. Mostre que amadureceu. Peça desculpas. Pedido de desculpa, carinho e atenção são fortificantes do amor e fazem a união ficar muito mais segura, equilibrada. — Bernardo sorriu e Ágata se acomodou ao seu lado, pegando sua mão. — Como espírita — ele continuou —, sabemos que a união conjugal começa na espiritualidade e sempre somos otimistas e desejosos para que, juntos, possamos amadurecer e evoluir. Muitas vezes, temos tarefas simples, mas muito dignas para fazer juntos e não podemos nos desviar. Outras vezes precisamos tirar as farpas, as reminiscências dolorosas, pontos de vista inflexíveis e é nesse momento, que estamos juntos, que temos a oportunidade de procurarmos sempre o diálogo agradável e evitarmos as brigas para não retornarmos às animosidades das lutas que não foram encerradas. Se houver uma união, se algo atraiu duas criaturas é porque elas não são inimigas. Só estão juntas porque querem e porque estão dispostas a amadurecerem, limarem as arestas e efetuarem um bom trabalho com essa união.

Todos estavam atentos. Pareciam apreciar o que Bernardo dizia, e ele continuou:

— Casamento não é uma luta horrorosa de insatisfação, a não ser que você faça isso dele. Também não é uma vida de alegria e fantasia. Casamento, união é uma tarefa de ajustamento, comunhão, entendimento, sobretudo, na área da afetividade e da comunhão sexual. Não pense que atividade sexual fora da união conjugal vai ser algo que não fará mal a ninguém, porque está errado. Não crie ilusões. O fenômeno biológico do sexo é sempre o mesmo. Porém, fora da união conjugal ele acarretará muita dor àquele que trai. Proporcionará muito desequilíbrio porque, na espiritualidade, temos miasmas, fluidos, energias que não vemos, mas que destroem e desequilibram os centros de forças e, consequentemente, o bem-estar e a razão. Quando a pessoa perceber, estará em um destrutivo emaranhado de emoções. Adultério é insegurança psicológica de pessoa frustrada consigo mesma. Insegurança psicológica leva à traição, álcool, drogas e outras atitudes desequilibradas. Por isso é muito necessário procurar ajuda psicológica e espiritual quando se vir tentado à traição, à inclinação ao álcool, às drogas e a outras coisas. A monogamia foi um grande passo para a evolução humana. A bigamia e a traição são uma crueldade mental e uma doença espiritual. Como sabem, eu trabalho no setor de orientação do Centro Espírita que frequento, há mais de trinta anos. Já ouvi e ouço muita gente que lá chega à procura de assistência espiritual e nunca encontrei alguém que tenha traído e que estivesse satisfeito, no mínimo. O traidor sempre arrasta consigo a corrente que fere e faz sangrar as juntas da união verdadeira. Fidelidade tipifica a qualidade do seu caráter moral. É importante um deixar bem claro para o outro o que aprova e o que desaprova em uma relação. É importante um olhar para o outro e entender que a beleza dessa jovialidade vai acabar um dia. Quando? Se é daqui a dez ou trinta anos... Não se sabe. Lembrem que a beleza acaba, mas é o calor da compreensão, a ajuda mútua e a afetividade que farão o amor amadurecer e perdurar além dessa experiência de vida e para outra... Lembrem-se de que ninguém se une por acaso e quando chegaram ao ponto de união é porque os dois têm condições espirituais para isso. Não sejam egoístas. Se um existe, o outro também. É preciso que isso fique bem claro para que não tenha um efeito negativo da imposição das opiniões ou dos desejos caprichosos. Não tenham vergonha. Se preciso for, procurem ajuda. Insistam, mas não desistam. — Olhando para o filho, aconselhou: — Não queira que sua mulher seja servidora. — Olhando para Rute, disse: — Não queira que seu marido seja seu provedor. Vocês dois precisam ter respeito, reconhecimento, afetividade, diálogo, compreensão, entendimento, parceria, honestidade, verdade. Isso tudo é garantia de êxito inevitável. — Olhando para Ágata, pegou sua mão e levou até a própria boca e beijou. Sorrindo, comentou: — Podemos falar disso com propriedade. Não tivemos um casamento de ilusão. Não vivemos de fantasias. Tivemos e temos uma união lúcida, firme, consciente, regada a diálogos tranquilos diante de todo e qualquer desafio, buscando soluções equilibradas e boas para nós dois. — Longa pausa e, ao vê-los sorrir, desejou: — Sejam felizes, meus filhos. Contem com a gente, quando e se precisarem.

— Obrigado, pai — Hélder se levantou e foi até seu pai. Abraçou-o e beijou seu rosto. Em seguida, abraçou e beijou sua mãe. Rute, emocionada, fez o mesmo.

Eles não viram Sofia e Valéria, que estavam em pé, próximas ao corredor que ia para os quartos e ouviram tudo.

Não apareceram porque não quiseram interromper.

As irmãs se olharam e voltaram para o quarto onde Valéria exclamou:

— Uauhhh! Que lição linda!

— Nossos pais sempre nos deram exemplo de convivência, não foi? — perguntou Sofia.

— Foi sim. Eles sempre nos deram princípios para que pudéssemos ter valores. O amor dos pais é a coisa mais importante para o caráter dos filhos. Tem gente, tem casal que fica procurando fazer a diferença no mundo, na comunidade, no centro espírita, quando, na verdade, eles precisam fazer a diferença dentro de casa. Servir de exemplo, de amor e de equilíbrio para os filhos no lar. É tarefa simples, mas que não cumprem. Gritam, berram, brigam, descontam nas crianças suas frustrações. Descontam um no outro suas frustrações quando brigam entre si. Os filhos, coitados, ficam perturbados. Pior ainda, quando esses pais querem que os professores, psicólogos deem um jeito.

— Quando, na verdade, são os pais que precisam ir ao psicólogo para aprenderem a lidar com os filhos, mas mandam os filhos para aprenderem a lidar com eles — opinou Sofia.

Alguns instantes e Valéria lembrou:

— Nossa! Preciso preparar uma apresentação para o curso de evangelização. É aniversário de O Livro dos Espíritos e eu me candidatei para uma exposição no curso que estou fazendo.

— Quem te viu e quem te vê, hein, Valéria! — a irmã riu.

— É verdade. Eu, que não acreditava em nada, agora estou me ajustando. O pai falava, a mãe falava, mas eu não cuidava da minha religiosidade. Lembro quando um motorista de táxi me deu uma mensagem do espírito André Luiz, psicografada por Francisco Cândido Xavier. Eu estava triste e...

— Que mensagem foi? — Sofia ficou curiosa.

— Esta aqui... — Abriu a bolsa, depois uma carteira e encontrou um papel dobrado. Abriu-o e leu: — "Não estrague o seu dia" — era o título. Sorriu e continuou lendo:

> A sua irritação não solucionará problema algum.
> As suas contrariedades não alteram a natureza das coisas.

Os seus desapontamentos não fazem o trabalho que só o tempo conseguirá realizar.
O seu mau humor não modifica a vida.
A sua dor não impedirá que o Sol brilhe amanhã sobre os bons e os maus.
A sua tristeza não iluminará os caminhos.
O seu desânimo não edificará a ninguém.
As suas lágrimas não substituem o suor que você deve verter em benefício da própria felicidade.
As suas reclamações, ainda mesmo afetivas, jamais acrescentarão, nos outros, um só grama de simpatia por você.
Não estrague o seu dia. Aprenda, com a Sabedoria Divina, a desculpar infinitamente, construindo e reconstruindo sempre para o Infinito Bem.[3]

— Nossa! Que mensagem completa — admirou Sofia.

— Quando li que: as lágrimas não substituem o suor que eu deveria verter em benefício da minha própria felicidade, eu disse a mim mesma: É agora ou nunca! Não vai adiantar ficar aqui chorando por tudo o que vive se continuar sem fazer nada. Foi o momento de me libertar! Sair daquele cativeiro. Decidi escolher como eu queria viver. Continuar, ali, sofrendo humilhações ou me libertar.

— O que a deixou presa naquela situação, Valéria? Você sabe dizer?

— Pode parecer grosseria o que vou te falar, Sofia, mas... O que me fez prisioneira daquela situação foi o mesmo sentimento, a mesma compreensão de vida que a prendeu no estado depressivo.

— Como assim? — sorriu.

— Não me conhecer. Achar que não sou capaz. Que não sou merecedora de ter de volta a minha vida. — Pequena pausa. — Sabe, acho que eu, inconscientemente, acreditava que era bom ter alguém gostando de mim, mesmo sendo aquela porcaria de homem — riu. — Assim como você se acomodou ao lado do George e achou que estava bom. Hoje, percebe, assim como eu, que não era a pessoa certa.

— Acho que tem razão.

— Hoje penso assim. Mas não penso muito não. Estou voltando minhas ideias, meus desejos para coisas boas. E saiba que, pensar

---

[3] – Mensagem extraída do livro *Agenda cristã*, pelo espírito André Luiz, psicografia de Francisco Cândido Xavier – edição FEB.

coisas boas exige esforço. Não sei muito bem se foi por consequência do passado, de outra vida, que me prendi ao Éverton. Talvez. Quem sabe eu o agredi, magoei e toda aquela raiva dele ficou acumulada... Não sei. Mas... O que vou fazer com essa informação hoje? Nada, não é mesmo? Então não quero saber. O importante agora é que estou consciente e desperta. Cresci. Amadureci. A ocupação com projetos e propostas úteis me deixou bem melhor. Ainda tenho tristeza, mas sou feliz! Você pode entender?

— Sim. Claro — sorriu. — E o Éverton?

— O processo está rolando. Como tudo no nosso sistema judiciário é demorado, tenho de esperar. Mas não vou deixar por menos. Os tímidos não podem ser covardes. Ele vai pagar por tudo o que fez, pois, nenhuma consciência fica impune. Isso não é vingança da minha parte, é justiça.

— Tem razão.

Valéria sorriu e quis saber:

— E você? Como está? — pediu com jeitinho.

Sofia sorriu lindamente. Parecia melhor. Mais refeita emocionalmente.

Suspirou fundo e respondeu:

— Estou me construindo de novo. Já me sinto bem melhor do que quando cheguei aqui. Nossa! Bem melhor. Ainda um pouco decepcionada, frustrada pela enganação, mas bem mais equilibrada.

— E o Yuri?

— O que tem? — Valéria não respondeu e sorriu de um jeito maroto. Sofia se sentiu obrigada a responder. Sorriu e justificou: — Ah... Ele é um grande amigo.

— Amigo?! Sei! — riu gostoso.

Sofia, sorrindo, ainda considerou:

— Ah... É um amigo sim. É um cara muito legal!

— Faz tempo que a Rute me disse que ele terminou o noivado e não teve mais ninguém.

— Não quero me iludir, Valéria. Já me decepcionei tanto.

— Eu mais ainda, mas... — riu e se jogou sobre a cama.

— Você está com alguém?! — animou-se Sofia para saber mais. — Quem é?

— Ele é advogado... — riu gostoso, feito adolescente mimada. — Trabalhamos juntos e... ele é das antigas e quer vir aqui em casa. Vê se pode!

— Jura?!

— Vou trazê-lo aqui amanhã. A gente está namorando há dois meses.

— Ai! Que legal! Você merece ser feliz! — puxou-a para um abraço.

— Você também, minha irmã. Você também merece ser feliz. — Afastando-se do abraço, aconselhou: — Dê-se uma chance. Dê uma olhadinha para o Yuri... — riu.

— Ah, não sei. Acho que com ele é só amizade — suspirou fundo e sorriu com um toque de esperança no olhar.

— Amizade?! Deixe de ser boba, Sofia! É só a gente olhar para o cara e ver que ele... Ele está gostando de você! Não te larga! — Um instante e perguntou: — Você gosta dele?

— Ai... Acho que... — não completou.

O telefone celular de Sofia tocou. Ela pegou o aparelho. Olhou no visor e disse rindo:

— É o Yuri.

Valéria se levantou e saiu do quarto rindo.

— Oi, Yuri! Tudo bem?

— Tudo. E você?

— Estou bem.

— O que vai fazer hoje?

— Hoje... — riu e ele pode ouvir. — Não tenho nenhum plano.

— Por que está rindo?

— Porque eu estava procurando algo para fazer e, com sua pergunta, já vi que encontrei.

— Eu gostaria que viesse comigo para mostrar a minha casa.

Quem sabe você me dá sorte!

— Como assim? Do que está falando?

— Sabe a casa que eu tenho. Construí quando ia me casar.

— Sei.

— Eu a coloquei à venda. Alguns candidatos à compra já foram lá, mas não deu em nada. Não quero abaixar o preço. A casa tem grande valor. Logo mais, vou com o corretor da imobiliária mostrá-la para mais um possível comprador e gostaria que fosse comigo para me dar sorte.

Sofia riu e concordou:

— Tá. Eu topo! Vamos lá vender sua casa! — animou-se.

— Posso passar aí depois do almoço?

— Estarei pronta.

— Legal!

Conversaram um pouco mais e depois desligaram.

* * *

Conforme combinaram, o rapaz a pegou e foram até a casa que estava à venda.

Chegaram antes do corretor e, enquanto aguardavam, o rapaz mostrou o imóvel.

— Grande! Linda, Yuri! — ela se admirou. — Não acha que deveria ficar com ela?

— Não. Ela me traz recordações.

— Vai deixá-la mobiliada?

— Vou. Por isso esse preço. A Roxana já veio aqui e tirou tudo o que queria. O resto, eu não quero.

— O que você acha?

— O preço é justo. Não deve abaixá-lo. — Observou um pouco e comentou: — Faz lembrar um pouco daquele apartamento que eu tinha — sorriu.

— Ainda pensa nele?

— Às vezes. Mas não como antes. Eu estava em uma auto-obsessão tão grande por causa das perdas, dos prejuízos, dos golpes que sofri.
— Melhorou, não foi?
— Ah, sim. Eu estava tão confusa, decepcionada — sorriu. — Lembro que...
— Quê? — quis saber diante da pausa.
— Teve um dia que você me ligou e eu estava pensando tanta coisa ruim. Com todo conhecimento que tenho, eu pensei em pôr um fim em tudo. Pensei em pular da janela do apartamento... Mas... você me telefonou... foi até lá e...
— Eu sei. Senti isso. Foi o dia em que te levei para a casa de seus pais.
— Foi.
— Obrigada, Yuri. Acho que nunca lhe agradeci como deveria — disse, olhando-o nos olhos.
— Não agradeça. Não precisa.
— Hoje estou muito melhor. Não penso mais naquilo tudo como antes. Vejo que sou capaz! — sorriu meigamente. — Posso até dizer que já me recuperei, financeiramente falando — riu. — Devo muito a você.
— Não me deve nada.
— Claro que sim. Os primeiros contatos para novos trabalhos vieram de você.
— Muitos podem fazer de tudo para ajudar, mas é a própria pessoa quem resgata a própria vida — dizendo isso ele, ficou calado.
Ela continuou caminhando pela residência e não disse mais nada. Sabia que aquilo realmente era verdade.
Passou a se concentrar novamente na casa.
Sofia ficou analisando tudo. Talvez, estivesse usando seu olho arquitetônico para avaliar detalhes. Parou em frente à porta larga de vidro, que dava para um belo jardim. Percebeu a aproximação de Yuri ao seu lado. Não se importou nem o olhou.
Junto a ela, o rapaz a tocou no ombro dizendo:
— Tenho algo para te falar e faz tempo.
— O quê? — perguntou com ingenuidade, no primeiro instante.

Ao se virar, seus olhos se encontraram e sentiram o coração bater forte.

Yuri tocou suavemente seu rosto com as costas da mão e lhe fez um carinho ao murmurar com cuidado no tom generoso da voz grave:

— Estou gostando muito de você e não consigo mais ficar ao seu lado como seu amigo. E... Eu quero saber o que você sente por mim.

— Eu... — gaguejou. — Eu acho que... Eu também... Também gosto de você de um modo diferente.

O rapaz a envolveu em seus braços, com carinho, e beijou-a nos lábios. Sofia correspondeu.

Uma forte emoção tomou conta de seus corações. Mas, o som da campainha os interrompeu.

Riram. Estavam felizes e encantados.

Foram atender.

Era o corretor com os possíveis compradores.

De mãos dadas, rindo sempre, receberam todos sem tirar o sorriso do rosto. Mostraram toda a casa.

Os compradores se interessaram e resolveram fechar negócio para completar a felicidade de ambos.

Depois, a sós com Sofia:

— Viu como você me deu sorte?

— Dei nada. A casa é tão bonita que até eu compraria.

— A nossa será melhor porque é você quem vai decorar.

Deixou-a sem palavras e, diante de seu silêncio, só um beijo para expor os sentimentos.

* * *

À medida que o tempo passava, as energias significativas que fazem parte da depressão se dissipavam e Sofia se via cada vez mais liberta, até que se sentiu totalmente recomposta. Principalmente, quando o perdão tocou seu coração. Esqueceu seus malfeitores e soube entender que quando alguém tira, o Pai dá.

Voltou a trabalhar com afinco. Seu trabalho evoluiu e se destacou mais do que antes.

Junto com o noivo, desenvolveu tarefa na oficina de artesanato do Centro Espírita.

Por gostar muito dos cursos doutrinários, Yuri tornou-se um expositor.

Para aqueles que abraçam o trabalho no bem, o Pai acresce recursos antes de qualquer necessidade. Por isso, por mais que tentassem, os espíritos Vicente e Lucídia não conseguiram mais atingir Sofia nem impregnar seus pensamentos, agora, mais vigilantes e em outra sintonia.

Seria desnecessário os mentores e benfeitores espirituais tentarem esclarecer Vicente e a companheira, que deveriam aprender com a lição da felicidade inabalável daqueles que quiseram atrapalhar. Vicente e Lucídia eram criaturas dignas de compaixão, vítimas de seus próprios venenos.

Há momentos em que, para resgatar a própria vida, é preciso não dar importância às pessoas que nos magoaram. Jogar fora o que nos faz mal. Desprezar lembranças amargas e começar de novo com toda garra, esperança e fé.

Yuri e Sofia construíram uma bela casa, em lugar privilegiado da cidade maravilhosa, com a vista que ela sempre quis.

Lógico que ouviram de Bernardo tudo o que ele pôde falar sobre união, quando anunciaram o casamento.

Valéria e o noivo, Hélder e Rute, que não encontrava um vestido que lhe agradasse no quinto mês de gravidez, foram padrinhos de Sofia e Yuri.

Era uma nova etapa após um resgatar a vida do outro com sinceridade, fraternidade e afetividade. Elementos essenciais para o verdadeiro amor.

Fim.

Schellida.

Leia os romances de Schellida!
Emoção e ensinamento em cada página!
Psicografia de **Eliana Machado Coelho**

CORAÇÕES SEM DESTINO – Amor ou ilusão? Rubens, Humberto e Lívia tiveram que descobrir a resposta por intermédio de resgates sofridos, mas felizes ao final.

O BRILHO DA VERDADE – Samara viveu meio século no Umbral passando por experiências terríveis. Esgotada, e depois de muito estudo, Samara acredita-se preparada para reencarnar.

UM DIÁRIO NO TEMPO – A ditadura militar não manchou apenas a História do Brasil. Ela interferiu no destino de corações apaixonados.

DESPERTAR PARA A VIDA – Um acidente acontece e Márcia passa a ser envolvida pelo espírito Jonas, um desafeto que inicia um processo de obsessão contra ela.

O DIREITO DE SER FELIZ – Fernando e Regina apaixonam-se. Ele, de família rica. Ela, de classe média, jovem sensível e espírita. Mas o destino começa a pregar suas peças...

SEM REGRAS PARA AMAR – Gilda é uma mulher rica, casada com o empresário Adalberto. Arrogante, prepotente e orgulhosa, sempre consegue o que quer graças ao poder de sua posição social. Mas a vida dá muitas voltas.

UM MOTIVO PARA VIVER – O drama de Raquel começa aos nove anos, quando então passou a sofrer os assédios de Ladislau, um homem sem escrúpulos, mas dissimulado e gozando de boa reputação na cidade.

O RETORNO – Uma história de amor começa em 1888, na Inglaterra. Mas é no Brasil atual que esse sentimento puro irá se concretizar para a harmonização de todos aqueles que necessitam resgatar suas dívidas.

FORÇA PARA RECOMEÇAR – Sérgio e Débora se conhecem e nasce um grande amor entre eles. Mas encarnados e obsessores desaprovam essa união.

LIÇÕES QUE A VIDA OFERECE – Rafael é um jovem engenheiro e possui dois irmãos: Caio e Jorge. Filhos do milionário Paulo, dono de uma grande construtora, e de dona Augusta, os três sofrem de um mesmo mal: a indiferença e o descaso dos pais, apesar da riqueza e da vida abastada.

PONTE DAS LEMBRANÇAS – Ricos, felizes e desfrutando de alta posição social, duas grandes amigas, Belinda e Maria Cândida, reencontram-se e revigoram a amizade que parecia perdida no tempo.

MAIS FORTE DO QUE NUNCA – A vida ensina uma família a ser mais tolerante com a diversidade.

MOVIDA PELA AMBIÇÃO – Vitória deixou para trás um grande amor e foi em busca da fortuna. O que realmente importa na vida? O que é a verdadeira felicidade?

MINHA IMAGEM – Diogo e Felipe são irmãos gêmeos. Iguais em tudo. Até na disputa pelo amor de Vanessa. Quem vai vencer essa batalha de fortes sentimentos?

NÃO ESTAMOS ABANDONADOS – João Pedro quis viver uma vida sem limites. E conheceu a morte ainda na juventude...

Av. Porto Ferreira, 1031 - Parque Iracema
Cep 15809-020 - Catanduva-SP
Tel. 17 3531.4444

www.lumeneditorial.com.br | atendimento@lumeneditorial.com.br
www.boanova.net | boanova@boanova.net